| 光明社科文库 |

哲学思维与班主任工作智慧

刘　彦◎主编

光明日报出版社

图书在版编目（CIP）数据

哲学思维与班主任工作智慧 / 刘彦主编 . -- 北京：
光明日报出版社，2022.8
ISBN 978 - 7 - 5194 - 6744 - 9

Ⅰ. ①哲… Ⅱ. ①刘… Ⅲ. ①中小学—班主任工作—
文集 Ⅳ. ①G635.16-53

中国版本图书馆 CIP 数据核字（2022）第 153343 号

哲学思维与班主任工作智慧

ZHEXUE SIWEI YU BANZHUREN GONGZUO ZHIHUI

主　　编：刘　彦

责任编辑：郭思齐　　　　　　　　责任校对：阮书平
封面设计：中联华文　　　　　　　责任印制：曹　净

出版发行：光明日报出版社

地　　址：北京市西城区永安路 106 号，100050

电　　话：010 - 63169890（咨询），010 - 63131930（邮购）

传　　真：010 - 63131930

网　　址：http：// book. gmw. cn

E - mail：gmrbcbs@ gmw. cn

法律顾问：北京市兰台律师事务所龚柳方律师

印　　刷：三河市华东印刷有限公司

装　　订：三河市华东印刷有限公司

本书如有破损、缺页、装订错误，请与本社联系调换，电话：010-63131930

开　　本：170mm×240mm

字　　数：305 千字　　　　　　　印　　张：17.5

版　　次：2023 年 1 月第 1 版　　　印　　次：2023 年 1 月第 1 次印刷

书　　号：ISBN 978 - 7 - 5194 - 6744 - 9

定　　价：98.00 元

"那些不应用哲学去思考问题的教育工作者必然是肤浅的，一个肤浅的教育工作者，可能是好的教育工作者，也可能是坏的教育工作者——但是好也好得有限，而坏则每况愈下。"

——美国学者乔治·F. 奈勒

前　言

全国著名语文特级教师、"改革先锋"和"人民教育家"国家荣誉称号获得者于漪说："一个教师真正的成长就在于他内心深处的觉醒。我这一辈子有两把尺，一把尺子量别人的长处，一把尺子量自己的不足。只有看到自己的不足或缺点，自身才有驱动力。我做了一辈子教师，但一辈子还在学做教师！"于漪老师的话值得我们每一位教育工作者深思。

教师的自我觉醒主要是指教师内心深处的醒悟。通过思想意识、心灵认知、职业态度、科学思维等方面的反思与转变，不断强化责任意识和进取精神、加强师德修养，提升教育教学智慧和艺术，进而落实到教书育人的实践工作中。自我觉醒是教师在学校立足和成长的内在根本，也是担当教书育人职责使命的重要条件。

唯物辩证法认为，事物的内部矛盾（内因）是事物自身运动的源泉和动力，是事物发展的根本原因。事物的外部矛盾（外因）是事物变化发展的第二位的原因。内因是变化的根据，外因是变化的条件，外因通过内因起作用。正如"装睡的人喊不醒"一样，认识自我往往是很难的，甚至是最难的事情。尽管有很多教师都不愿意承认，有文凭不一定有水平，有学历不等于有能力，但是我们千万不要低估当教师的难度。

习近平总书记2016年12月在全国高校思想政治工作会议中强调，教师不能只做传授书本知识的教书匠，而要成为塑造学生品格、品行、品味的"大先生"。

大国良师要有大格局、大境界和大智慧。因为心有大格局，方能立天地。正如高度不够看到的都是问题，格局太小看到的都是鸡毛蒜皮。格局是指对事物的认知范围。教师的格局主要是指教师的觉悟、眼界、胸襟、能力、修为、内涵、胆识等专业素养的内在布局。教师格局将影响自己的教育价值观、工作态度和工作成效等。学高为师，身正为范。教师必须树立正确的价值观，树立讲责任、敢担当、有智慧的教育情怀格局。

一、教师要有政治责任的情怀格局

习近平总书记 2014 年 9 月在同北京师范大学师生代表座谈时说："好老师应该懂得，选择当老师就选择了责任，就要尽到教书育人、立德树人的责任，并把这种责任体现到平凡、普通、细微的教学管理之中。"老师责任心有多大，人生舞台就有多大。

教育是国之大计，党之大计。教师要树立为党育人，为国育才的责任担当和家国情怀。政治是方向，政治是灵魂。《新时代中小学教师职业行为十项准则》中的第一条就是坚定政治方向，坚持以习近平新时代中国特色社会主义思想为指导，拥护中国共产党的领导。教师必须全面贯彻落实党的教育方针，不得在教育教学活动中及其他场合有损害党中央权威、违背党的路线方针政策的言行。

（一）教师要牢记立德树人的根本任务。教师肩负着培养下一代的重要责任，"培养什么人、怎样培养人、为谁培养人"被称为我国教育的"新时代三问"，也是教育的根本问题。我们的教育是为人民服务、为中国特色社会主义服务、为改革开放和社会主义现代化建设服务的，党和人民需要的是社会主义事业建设者和接班人。教师必须引导学生树立正确的世界观、人生观和价值观，在思想意识形态上始终与党中央保持高度一致。身为教师，必须认识到时代赋予我们的伟大使命，必须忠诚党和人民的教育事业。

（二）教师要有家国情怀的责任担当。教师眼里不只有学生，还有民族和未来。教师的师德不只是爱岗敬业和爱学生，还必须具备家国情怀。教师既有对国家的高度认同感，也有对民族和家乡的责任感和使命感。我们要培养学生的爱国情、强国志、报国行，在学生心中厚植爱国主义情怀。我们必须对中华五千年的优秀文化充满自信，对民族文化有深刻的认同和热爱。只有这样，我们才能把这份家国情怀的信仰、信念、信心传递给青少年学生。绝不能培养一些长着中国脸、不是中国心、没有中国情、缺少中国味的"香蕉人"。

二、教师要有理想信念的情怀格局

教师是人类灵魂的工程师，是人类文明的传承者，承载着传播知识、传播思想、传播真理，塑造灵魂、塑造生命、塑造新人的时代重任。

正确的理想信念是教书育人、播种未来的指路明灯。教师要用自己的知识、思想、言行和人格魅力去教育影响学生，要始终同党和人民站在一起，带头践行社会主义核心价值观。陶行知先生说，教师是"千教万教，教人求真"，学生是"千学万学，学做真人"。好老师应该做中国特色社会主义共同理想和中华民族伟大复兴中国梦的积极传播者，帮助学生筑梦、追梦、圆梦，让一代又一代年轻人都成为实现我们民族梦想的正能量。

（一）教师要强化自己的职业认同感。当今时代，教师是一个始终被需要而且越来越被重视的职业。能否正确认识自己从事的教师职业，直接影响教师的工作态度和幸福指数。孟子曰："君子有三乐，而王天下者不与存焉。父母俱在，兄弟无故，一乐也；仰不愧于天，俯不怍于人，二乐也；得天下英才而教育之，三乐也。"（《孟子·尽心上》）当教师一定要摆正自己的心态，一个不认同自己职业的人，看不到自己职业价值的人，哪怕有再好的条件，再高的平台，也体会不到职业的幸福。如果老师在学校感受不到幸福和快乐，学生也不会感到幸福和快乐。

（二）教师要有一颗成为名师的心。人的一生，你求上，有可能居中；你求中，则可能居下；你若求下，则必定不入流。作为一线教师，我们经常在课堂上教育学生要树立理想目标，却忘记自己也要有人生目标和理想追求。虽然我们每个人不一定都能成为名师，但我们一定要有颗成为名师的心。教师要有明确的奋斗目标和职业规划，能够预见自己的职业发展前景。教师不仅仅是园丁，也应该成为一朵美丽的花朵。师生都要花开灿烂，才能各美其美，美美与共，才能保持良好心态和不断追求进步的敬业精神。其实，成功的路上并不拥挤，毕竟坚持的人不多。

三、教师要有教育智慧的情怀格局

教育需要有智慧。教育的智慧来源于教育实践，来源于实践—认识—再实践—再认识的不断追求教育真理的认识和反思过程，要努力做一名智慧型的好老师，不断提高自己的教育智慧和教学艺术。

教育是有规律的，教育的智慧需要按照教育教学规律办事。规律是事物运动过程中固有的、本质的、必然的、稳定的联系。教师必须在科学理论的指导下，在教育教学实践中不断总结反思、认识和把握教育教学的内在本质规律。

（一）教师要有危机意识和终身学习理念。时代和社会在快速发展，学生也在不断成长变化。虚心使人进步，"心虚"使人更进步。教师要有危机意识，教师的学习状况直接影响学生的成长与进步，教师职业的特殊性决定了终身学习应该成为教师成长的必修课。教师必须与时俱进，走在新时代教育改革的前沿，积极探索教书育人的新方法、新理念，潜心研读新的课程标准和新的考试评价体系，从而达到事半功倍的教育效果，提升教书育人的智慧与艺术，提高教育教学效率。而不是搞题海战术，搞纯粹的、单一的应试教育模式。

教师只有好好学习，学生才能天天向上。只有具备教师应具备的扎实的知识功底、过硬的教学能力、勤勉的教学态度、科学的教学方法等基本素质，才能够在各个方面给学生以帮助和指导。有人说，在学校里最危险的是一群不读书、缺乏智慧的教师，辛勤甚至拼命地工作着，这样的教师会辛辛苦苦地把本来聪明的学生教得不会学习。有的教师总是喜欢把成绩不好的原因归结为学生基础太差，是学生比较"笨"，却很少反思自己是否真的很聪明。不愿承认自己缺乏教育智慧，更不愿承认自己有时候可能真的不一定比学生聪明。

（二）教师要千方百计把课上好。有人把教师分为四种境界：第一是让学生瞧得起；第二是让自己心安；第三是让学校骄傲；第四是让历史铭记。不管是哪一种境界，都离不开优异的教育教学业绩。有人的地方就有"江湖"，人与人之间的比较和竞争无法避免。"人活一张脸，树活一张皮。"每个人都有自己的尊严，绝大多数人很讲究"面子"，知识分子更加严重。

教育教学成绩是硬道理。教师只有把课讲得有滋有味，才能让学生真学、真信、真懂、真用，才能让道理入耳、入脑、入心、入魂。把课上好是教师的天职、是最关键的担当、是最重要的师德；把课上好是教师的立身之本、成长之基、幸福之源；把课上好是教师最愉悦的享受、最深厚的底气、最崇高的荣耀。

教师必须深耕课堂。教师要跟学生共同努力，共同成长。教师要不断提高自己的教育教学水平、智慧和艺术，要千方百计帮助和引导学生，让学生的努力更有价值，让学生的努力更为高效，让学生的努力与成绩提高划等号。千万不要总是为自己的教学成绩差找借口，如果总是埋怨他人，就会推卸自己的责任。

四、班主任更加需要哲学智慧的引领

哲学是一门给人智慧、使人聪明的学问，是指导人们生活得更好的艺术。在古希腊文和英文中，哲学的本意是爱智慧或追求智慧。在汉语中，"哲"就是智慧，"哲学"就是智慧之学或者追求智慧之学，即爱智之学。哲学有广义和狭义之分，本书中所提到的哲学或者哲学思维，是指与时俱进的马克思主义哲学思想。

班主任教师作为基础教育领域中一个庞大而特殊的教师群体，在落实立德树人的根本任务和学校各项教育教学管理中发挥着不可或缺的关键作用。然而班主任工作任务繁重、琐碎繁杂，班主任普遍存在工作动力不足、经验智慧欠缺等现象，出现工作很辛苦、效率不高、实际效果很一般等问题。因此，班主任教师特别需要马克思主义哲学思想的浸润。

（一）班主任特别需要正确价值观的引领

《中小学班主任工作规定》指出：班主任是中小学日常思想道德教育和学生管理工作的主要实施者，是中小学生健康成长的引领者，班主任要努力成为中小学生的人生导师。班主任在落实立德树人根本任务，帮助学生形成正确的世界观、人生观、价值观等方面，发挥着更重要的作用，特别需要树立正确的人生观和价值观。

《中共中央 国务院关于进一步加强和改进未成年人思想道德建设的若干意见》指出："要完善班主任制度，高度重视班主任工作，选派思想素质好、业务水平高、奉献精神强的优秀教师担任班主任。"但是，目前的班主任队伍中部分存在着不想做、不愿做的现象。有的是为了达到评定职称所规定的当班主任年限，有的是学校安排了不好推辞，不得已而为之，真正发自内心愿意担任班主任工作的教师不多。

班主任是学校管理的关键终端，是与学生接触最频繁、联系最密切的人。班主任的工作态度直接影响班级各项工作的开展，直接影响学校的校风学风建

设，最直接最全面而且无可代替地影响学生群体的成长。因此，班主任老师特别需要正确价值观的引领，需要强化责任意识、奉献精神和高尚的教育情怀。

（二）班主任特别需要哲学思维方法的指导

班主任特别需要讲究工作方法，提高管理能力和育人能力，提升工作智慧，加强科学方法论的指引。班主任虽然只是学校最小的一个"主任"，却是一项专业性极强的工作。没有掌握相关的专业知识与技能，没有领悟该专业的核心素养就很难取得良好的育人效果。尤其是面对不断变化的时代和不断变化的学生，班主任必须不断加强学习，不断提升自身能力。

提升班主任的专业素养，不应仅是一些简单的工作方法的学习，而应该是顶层的思维方式的学习和构建。马克思主义哲学智慧博大精深，构建和运用马克思主义哲学思维，能够有效提升班主任的工作智慧和育人效果。例如，针对班主任批评教育学生这个日常教学经常遇到的问题，班主任要从实际出发，做好调查研究；把握适度原则，掌握好分寸；要全面地看问题，防止片面性；要具体问题具体分析，因材施教；要善于抓住关键，分清主次等。班主任运用哲学思维提高批评教育学生的艺术智慧，能够增强教书育人工作的有效性和教师职业的幸福感。如果班主任能够以哲学智慧为指导，尽量使用顺耳的"忠言"和可口的"良药"，将更有利于学生的健康成长。

实践哲学智慧，落实立德树人。哲学是智慧的沉淀，它源于人们在实践中对世界的追问和思考，教师的教育教学实践是教育智慧的源泉。马克思主义哲学作为一门"智慧之学"，将它运用到班主任工作实践中，构建马克思主义哲学思维体系，能为班主任提供科学世界观与方法论的指导，有利于提升班主任的工作智慧与拓展方法体系，从而对提高班主任的工作效率和育人成效，增强班主任的责任感、成就感和幸福感，具有重要的理论和实践意义。

目 录
CONTENTS

第一章 马克思主义哲学思维概述 ·· 1

第一节 马克思主义哲学思维方法 ····························· 1

第二节 习近平总书记治国理政思想的哲学思维 ······· 13

第三节 哲学思维的主要特征 ··································· 18

第四节 哲学思维的主要功能 ··································· 21

第二章 哲学思维与班主任的育人观 ······················· 24

第一节 哲学思维与班主任的职业观 ······················· 25

第二节 哲学思维与班主任的学生观 ······················· 34

第三章 哲学思维与教师工作智慧 ··························· 41

第一节 哲学思维与自身修养 ··································· 41

对教师隐喻和"教师支架论"的哲学思考 ··········· 41

以生为本，回归教育本真 ······························ 50

对《高效能人士的七个习惯》的哲学思考 ·········· 53

第二节 哲学思维与思想引领 ··································· 56

求实思维视角下的班级规划 ···························· 56

运用哲学思维品读疫情防控这部"无字天书" ······ 61

引导学生扣好人生的"第一粒扣子" ················· 65

第三节　哲学思维与主题班会 ·············· 68

　　哲学思维在班会课教学设计中的有效运用 ·········· 68

　　系统思维指导下的高中主题班会设计 ·········· 76

第四节　哲学思维与师生交流 ·············· 84

　　人本思维指导下的谈心工作例谈 ·········· 84

　　浅谈哲学思维在赏识教育中的有效运用 ·········· 87

　　运用哲学思维提高批评学生的艺术 ·········· 91

　　师生携手同行，共建美好班级 ·········· 95

第五节　哲学思维与家校共育 ·············· 100

　　坚持问题导向　优化家校合作策略 ·········· 100

　　构筑"3+3+X"家校合作　共筑教育同心圆 ·········· 105

　　实践思维与班级家访工作 ·········· 109

　　例谈哲学思维在家校合作中的运用 ·········· 112

　　应用适度思维化解家校联系册的"危机" ·········· 116

第六节　哲学思维与班级管理 ·············· 118

　　用哲学思维点亮高中班主任工作智慧 ·········· 118

　　让榜样文化从"共生效益"走向"魅力效益" ·········· 121

　　用好底线思维让你的班级运行更顺畅 ·········· 124

　　哲学思维指导下的心理健康教育策略 ·········· 126

　　例谈班主任在教育教学中渗透的哲学智慧 ·········· 129

　　"大与小"的辩证关系在班级管理中的应用范例 ·········· 133

　　用仁爱之心关注学生身体健康的哲学智慧 ·········· 137

　　底线思维在班级管理中的应用 ·········· 140

　　高中全寄宿制学校学生宿舍管理的有效途径 ·········· 143

第七节　哲学思维与学科智慧 ·············· 146

　　地方优秀文化融入思政课教学的哲学思考 ·········· 146

　　强化价值思维 培育历史素养——以"文化遗产：全人类共同的财富"

　　　一课为例 ·········· 149

哲学思维引领的高中地理"水循环"教学策略 ················ 156

基于哲学思维的高中生物学实验教学探索——以室外种群密度调查

实验为例 ·················· 160

借助"四四"法则提升群文阅读教学实效——以高中语文随笔单元

群文项目式阅读为例 ·················· 166

立足本土资源精意"粤味文化"课堂 ·················· 170

将学生生活与哲学教学相结合的优势与策略 ·················· 175

第四章 哲学思维与德育特色 ················ **179**

第一节 哲学思维与学校德育特色 ·················· 179

"知行合一、体验内生"的立德树人之路 ·················· 179

创建信息化特色高中 促进学生全面发展 ·················· 187

构建"六境"德育课程的实践探索与哲学思考 ·················· 193

系统思维视角下的学校共生德育体系建设 ·················· 197

基于责任教育的体验式德育实践探索 ·················· 206

"兰品润心，共育美好"的德育实践探索 ·················· 216

"四个学会"引领下的卓越青少年德育培养特色 ·················· 223

用马克思主义哲学为学校意识形态教育赋能提效 ·················· 226

第二节 哲学思维与专项德育工作 ·················· 230

城镇普通高中加强劳动教育的探索与思考 ·················· 230

做一名具有哲学智慧的年级组长 ·················· 235

以"共生精神"引领年轻教师成长的哲学思考 ·················· 238

第五章 寓言故事蕴含的哲学思维 ················ **243**

巧用寓言故事，助推班级管理 ·················· 243

班级管理切不可"揠苗助长" ·················· 244

把握转化条件，促进学生向好发展 ·················· 246

善用"破窗效应"，优化育人环境 ·················· 248

"一粒沙子"与培养学生良好习惯的哲学思考 ………………………… 251

底线思维助你避免"冲动的惩罚" ………………………… 254

给荒芜的土地种庄稼的哲学寓意和应用 ………………………… 255

做一个"幸福让路者" ………………………… 259

后 记 ………………………… **261**

第一章

马克思主义哲学思维概述

本章主要阐述马克思主义哲学思维的主要内容、主要特征、主要功能作用，深入学习与领会习近平总书记治国理政思想蕴含的深邃哲学思维。

第一节　马克思主义哲学思维方法

思维是客观存在在人的主观方面的反映，马克思主义哲学思维方法指的是人们认识、改造客观世界时所运用具有哲学特征的思维方法。它包括对立统一的思维、共性与个性的思维、统筹兼顾的思维、系统思维、实践思维等。

工欲善其事，必先利其器。学习马克思主义哲学重在掌握其世界观和方法论，作为科学的世界观和方法论，马克思主义哲学的辩证唯物主义和历史唯物主义探究自然、社会和人类思维发展的本质和规律，是整个马克思主义理论体系的核心，是科学分析问题、解决问题和做好工作的方法论，它能帮助我们透过现象把握事物的本质和规律，增强辩证思维能力。学好马克思主义哲学，把哲学思维转化为解决问题的工作方法，才能不断提高驾驭复杂局面、处理复杂问题的能力。

一、辩证唯物主义

辩证唯物主义是关于自然、社会和思维发展一般规律的普遍概括，是我们分析和处理一切问题的思想方法。"物质"范畴是辩证唯物主义的基石，"矛盾"范畴是辩证唯物主义的灵魂，"规律"范畴是辩证唯物主义的实质，"实践"范畴是辩证唯物主义的核心。世界的物质统一性原理、事物的矛盾运动原理、认识的能动反映原理是辩证唯物主义的三个基本原理。

（一）辩证唯物论

1. 求实思维

（1）内涵：我们想问题办事情要一切从客观实际出发，实事求是。

（2）哲学依据：辩证唯物主义认为，自然界是物质的；人类社会的产生、存在、发展及其构成要素（地理环境、人口因素、生产方式）也具有客观的物质性；人的意识一开始就是社会的产物。因此，世界是物质的世界，世界的真正统一性在于它的物质性。

物质决定意识，意识是对物质的能动的反映，又对物质具有能动的反作用。人可以能动地认识世界和改造世界。正确的意识对事物发展有促进作用，错误的意识对事物发展起着阻碍作用。

事物运动的规律具有客观性和普遍性。尊重客观规律，是正确发挥主观能动性的前提和基础；发挥主观能动性，是认识和利用规律的必要条件。人可以发挥主观能动性，在认识和把握规律的基础上，根据规律发生作用的条件和形式利用规律，改造客观世界，造福人类。

（3）意义：求实思维是人们正确地认识世界和改造世界的根本立足点。认识世界和改造世界的前提和根本立足点，是反映和体现事物的本来面目，揭示现实世界的本质和规律。求实思维是人们获得正确思想、开展正确行动的基础。一切根据和符合客观事实的思想是正确的思想，一切根据正确思想的做法或行动是正确的行动。求实思维是我们做好各项工作的基本要求。开展并做好各项工作，必须从客观实际出发，只有这样，才能取得实效。不从客观实际出发，仅仅依靠书本甚至以往经验，是解决不了实际问题的。

（4）要求：从变化发展的客观实际出发，不能完全用从过去的实践中积累的经验来看待当前的、新的客观实际；从特定的客观条件出发，把握多方面的客观实际；按照客观事物的本来面目来认识和评价它，使主观符合客观，尽可能地摒弃主观成分甚至主观偏见，反对和克服教条主义和经验主义的错误倾向。

我们做事情要尊重物质运动的客观规律，从客观存在的事物出发，经过调查研究，找出事物本身固有的而不是臆造的规律性，作为我们行动的依据。充分发挥主观能动性，不断解放思想，与时俱进，以求真务实的精神探求事物的本质和规律，用科学的理论武装头脑、指导实践。把发挥主观能动性与尊重客观规律结合起来，把高度的革命热情同严谨踏实的科学态度结合起来，既要反对夸大意识能动作用的唯意志主义，又要反对片面强调客观条件、安于现状、无所作为的思想。

2. 绝对运动与相对静止相结合的思维

（1）内涵及哲学依据：运动与静止是标志物质存在状态的哲学范畴。辩证唯物主义认为，运动是物质固有的根本属性和存在方式，一切事物都处在运动和变化之中，世界是永恒发展的。辩证唯物主义在承认绝对运动的同时，并不否认相对静止的存在，当事物在一定条件下保持基本性质稳定、基本状态平衡时，它就是静止的。静止是从特定的条件考察运动，是运动所表现出的一种特殊形式，是一种不显著的运动。一切事物都是动中有静、静中有动，物质世界是绝对运动和相对静止的统一。

（2）意义：掌握绝对运动与相对静止的思维，有利于我们坚持用变化发展的眼光看问题，有利于我们正确认识事物的性质，把握事物发展的状态和阶段。

（3）要求：既要用运动、变化、发展的观点观察和处理问题，又要看到事物相对静止的存在，坚持绝对运动和相对静止的统一。反对只承认静止而否认运动的形而上学的不变论；反对只承认绝对运动而否认相对静止的相对主义和诡辩论。

（二）唯物辩证法

马克思主义唯物辩证法告诉我们，世界万事万物都是相互联系和不断发展的。联系是一切事物、现象和过程所共有的客观、普遍的本性，任何事物都不是孤立存在的。整个世界是一个相互联系、相互依存的统一体，每一具体事物都是这个统一体上的一个"环节"或"链条"。正是客观世界的这种相互联系和相互作用构成了事物的运动和发展。联系和发展的观点是唯物辩证法最基本的观点。唯物辩证法还认为，对立统一规律、量变质变规律、否定之否定规律是事物发展的最基本规律。在这三大基本规律中，对立统一规律由于揭示了普遍联系的本质内容和发展变化的根本源泉，被称为唯物辩证法的实质和核心，由对立统一规律概括出的矛盾分析方法是我们认识世界和改造世界的根本方法。

辩证思维指的是人们自觉运用唯物辩证法分析问题和解决问题的科学思维方式，是唯物辩证法在人们思维中的运用，是客观辩证法在思维中的反映。联系的观点、发展的观点是辩证思维的基本观点，它要求我们在认识和分析问题时，必须以联系和发展的眼光看问题，不能以孤立和静止的形而上学观点看问题。唯物辩证法的基本规律即对立统一规律、质量互变规律和否定之否定规律，其实也是辩证思维的基本规律。辩证思维坚持问题导向，着眼于解决重大矛盾，坚持和发展了唯物辩证法的对立统一规律。

1. 联系思维

（1）内涵：联系思维指运用事物存在普遍联系的哲学观点，努力发现事物之间的联系，在对立中看到统一，在分离中看到渗透，寻求新发展机会的思维方式。

（2）哲学依据：唯物辩证法认为，联系就是事物之间以及事物内部各要素之间的相互依赖、相互影响、相互制约和相互作用。事物是普遍联系的，任何事物都与周围其他事物有着这样或那样的联系，没有任何一个事物是孤立存在的。整个世界是一个普遍联系的有机整体。

（3）意义：把握联系的普遍性，学会用联系的观点看问题，才能自觉地坚持唯物辩证法，反对形而上学；才能从客观事物的内在联系去把握事物，正确认识和处理问题。

（4）要求：想问题、办事情时必须坚持用联系的观点看问题，反对否认或无视联系的客观性，割裂事物之间的内在联系，反对用孤立的观点来看问题。

2. 系统思维

（1）内涵：系统思维是人们运用系统观点，把对象互相联系的各方面及结构和功能进行系统认识的一种思维方法。其实就是一种从整体和全局上把握问题的思维方式。

（2）哲学依据：唯物辩证法认为，世界上的万事万物都是作为系统而存在的。系统是由相互联系和相互作用的诸要素构成的统一整体，具有鲜明的整体性、关联性、层次结构性、动态平衡性、开放性和时序性特征。系统作为一个整体具有它的每一个要素都不能单独存在的功能，系统的各要素总是按照一定的顺序和方向发生作用，整体功能不是部分功能的简单相加。

（3）现实意义：只有坚持系统思维，才能抓住整体、抓住要害，才能不失原则地采取灵活有效的方法处置事务。

（4）要求：用综合的思维方式认识事物，全面地而不是片面地、系统地而不是零散地、普遍联系地而不是孤立地观察事物、分析问题、解决问题，即掌握系统优化的方法，从整体出发，遵循系统内部结构的有序性，注重系统内部结构的优化趋向。

3. 差异思维

（1）内涵：差异思维是根据物质世界的具体存在样态而提炼出的思维方法。是唯物辩证法的联系观点和发展观点的具体运用。

（2）哲学依据：联系具有普遍性、客观性和多样性。发展具有普遍性。发展的实质是事物的前进和上升，新事物的产生和旧事物的灭亡。

（3）意义：这是人们认识事物的重要方法，有助于避免形而上学的错误。

（4）要求：掌握事物的差异性（性质、特点、发展水平及状态），善于分析和把握事物存在和发展的各种条件，把握发展主体的进步性。

4. 适度思维

（1）内涵：度，指事物保持其质和量的限度。适度，就是做人做事注意讲究"度"或分寸。

（2）哲学依据：唯物辩证法认为，量变是事物的增减和场所的变迁，是一种渐进不显著的变化。质变是事物根本性质的变化，是一种根本的显著的变化。量变是质变的必要准备，质变是量变的必然结果。质变为新的量变开辟道路，使事物在新质的基础上开始新的量变。事物的发展就是这样由量变到质变，又在新质的基础上开始新的量变，如此循环往复，不断前进。只有在一定的范围内，事物才能保持它自身的存在，超过了特定的范围，就会向对立面转化。

（3）意义：在实践中掌握适度的原则，办事情才能取得成功。

（4）要求：坚持适度原则，使事物的变化保持在适当量的范围内，既要防止"过"，又要防止"不及"，采取正确的方法，促使在实践活动中取得成功。

5. 因果联系的思维

（1）内涵及哲学依据：唯物辩证法认为，"原因"是引起某种现象产生的现象，"结果"是被某种现象引起的现象。任何现象都会引起其他现象的产生，任何现象的产生都是由其他现象所引起的。这种引起和被引起的关系，就是因果联系。在每事每物的具体因果联系中，原因和结果有严格区别，在一定条件下，可以相互转化。因果联系具有普遍性、客观性、条件性。

（2）意义：认识和掌握客观事物的因素联系，对于我们科学认识事物和有效地进行实践活动具有重要的方法论意义。首先，承认因果联系的普遍性和客观性，是人们正确认识事物，进行科学研究的前提；其次，正确把握事物的因果联系，才能提高人们活动的自觉性和预见性。

（3）要求：承认因果联系的普遍性和客观性，善于总结，善于反思找原因，提高人们实践活动的自觉性和预见性。认识事物时，反对只看到客观原因而看不到引起的结果；反对在总结经验教训时不去分析其产生的客观原因；反对倒因为果，倒果为因。

6. 发展思维

（1）内涵及哲学依据：用发展的眼光看待人和事物。唯物辩证法认为，自然界、人类社会和人的认识都是不断变化和发展的。发展是有方向性的，发展的实质是事物的前进和上升，是新事物的产生和旧事物的灭亡。发展作为一个过程，是前进性和曲折性的统一。任何事物的发展总趋势是前进的、上升的，但具体的道路是曲折的、迂回的。

（2）意义：掌握发展思维，才能正确认识人和事物发展的方向、道路，自觉抵制各种唯心主义和形而上学的错误观念。

（3）要求：把事物如实地看成一个变化发展的过程；弄清事物在其发展过程中所处的阶段和地位；树立创新意识，热情支持和悉心保护新事物，促使其成长壮大，正确对待成功与挫折，不断克服前进道路上的困难；反对用静止的眼光看待人和事物，破除思想僵化、墨守成规和安于现状的旧观念。

7. 创新思维

（1）内涵：创新思维是指以新颖独创的方法解决问题的思维过程，这种思维能突破常规思维的界限，以超常规甚至反常规的方法、视角思考问题，提出与众不同的解决方案，从而产生新颖的、独到的、有社会意义的思维成果。其本质在于用新的角度、新的思考方法解决现有的问题。

（2）哲学依据：质量互变规律、否定之否定规律、对立统一规律。由量变到质变包含着创新；否定之否定规律的本质是批判的、革命的、创新的；对立统一规律是事物变化发展的内在动因，推动着创新。

（3）意义：创新是引领发展的第一动力，以创新思维推动实践创新，能够提升工作质量及效率。

（4）要求：坚持辩证否定观，反对形而上学的否定观，既不能肯定一切，也不能否定一切；要有革命批判的精神，密切关注变化着的实际，敢于突破与实际不相符合的陈规陈说；敢于破除落后的思想观念，注重研究新情况，善于提出新问题；敢于寻找新思路，确立新观念，开拓新境界。

8. 底线思维

（1）内涵：底线思维是一种思维方法，拥有这种方法的思想者会认真计算风险，估算可能出现的最坏情况，从而有的放矢地制定应对措施。底线思维的最大特点在于它是一种关注矛盾转化的思维和决策过程，着眼于负面后果，建立防范体系；在防范的同时积极转化，从坏处准备，向好处努力。底线思维是问题导向型思维，要求围绕问题可能造成的最坏结果来制订解决方案，从而最大限度减少损失。底线思维是防控风险型思维，要求打好防范风险的"主动仗"，善于排查各种潜在风险，拿出务实措施，防范化解，切实做到未雨绸缪，稳中求胜。底线思维是积极发展型思维，要求摒弃被动的惰性思维，以积极的态度解决问题，增强创新意识和动力，创新发展路径，争取更加理想的发展成果。

（2）哲学依据：是对量变质变规律的坚持和发展。

（3）意义：善于运用底线思维的方法，不回避矛盾，不掩盖问题，凡事从坏处准备，努力争取最好的结果，这样才能有备无患、遇事不慌，牢牢把握工作主动权。

（4）要求：客观地设定最低目标，立足最低点，争取最大期望值。既要高度警惕"黑天鹅"事件，又要防范"灰犀牛"事件；既要有防范风险的先手，又要有应对和化解风险挑战的高招；既要打好防范和抵御风险的有准备之战，又要打好化险为夷、转危为机的战略主动战，从而促使事物向好发展。从守住底线开始，量力而行，步步为营，谋求发展。比如，树立正确的政绩观，善于确立政绩底线。摒弃为了出政绩、树形象而不顾一切后果，只有前瞻没有后顾的错误思维方式。

9. 内外因相结合的思维

（1）内涵：事物的内部矛盾叫作内因，事物的外部矛盾叫作外因。观察事物、分析问题时，既要看到内因，又要看到外因，坚持内外因相结合的观点。

（2）哲学依据：唯物辩证法认为，矛盾是事物发展的动力，矛盾着的双方既对立又统一，推动了事物的运动、变化和发展。事物的变化、发展，既离不开内部矛盾，也离不开外部矛盾。内因是事物变化发展的根据，事物的内部矛盾是事物发展的源泉，决定着事物的性质和发展方向；外因是事物变化发展的条件，外因对于事物的变化发展，能够起加速或延缓的作用，外因对于事物的发展不仅是不可缺少的，有时甚至还会起到非常重大的作用；外因必须通过内因起作用，而绝不能撇开内因单独地起作用；任何事物的发展都是内外因共同作用的结果。

（2）意义：准确把握事物发展的原因，有利于正确看待个人成长过程中的机遇及外部条件的作用，善于通过自己的主观努力，抓住机遇，发挥有利因素的促进作用，克服不利因素，尽量抵制削弱其不良影响。

（3）要求：在个人成长过程中，要学会正确对待内因和外因，充分利用顺利的境遇，尽量抵制、削弱周围环境中不利因素的影响，善于捕捉和利用机遇，促进个人成长和发展。

10. 矛盾思维（对立统一）

（1）内涵：矛盾思维是指人们在认识事物、分析矛盾时，既要看到矛盾双方的斗争性，又要看到矛盾双方的同一性；既看到矛盾双方的相互区别、相互排斥，又看到矛盾双方的相互联系、相互依存以及在一定条件下相互转化；既看到事物的积极方面，也看到事物的消极方面；坚持在对事物既肯定又否定的基础上理解事物。

（2）哲学依据：唯物辩证法认为，一切事物的内部都包含着两方面。这两方面是不同的、相互对立的，同时又是相互依赖、相互统一的。两方面存在着既对立又统一的关系。事物自身包含的既对立又统一的关系叫作矛盾。简而言之，矛盾即对立统一。矛盾是反映事物内部对立统一关系的哲学范畴。矛盾的对立属性是斗争性，矛盾的统一属性是同一性，它们是矛盾所固有的相反相成的两种基本属性。矛盾的同一性是指矛盾双方相互吸引、相互联结的属性和趋势。它有两方面的内涵：一是矛盾双方相互依赖，一方的存在以另一方的存在为前提，双方处于一个统一体中；二是矛盾双方相互贯通，即相互渗透、相互包含，在一定条件下可以相互转化。矛盾的斗争性是指矛盾双方相互排斥、相互对立的属性，它体现着对立双方相互分离的倾向和趋势。矛盾的同一性是相对的，矛盾的斗争性是绝对的。矛盾的同一性也不能脱离斗争性存在，矛盾的同一性是对立中的同一，是包含差别的对立；矛盾的斗争性也不能脱离同一性而存在，斗争性寓于同一性之中，并为同一性所制约。矛盾双方既对立又统一，由此推动事物的运动、变化和发展。所以，矛盾是事物发展的源泉和动力。

（3）意义：把握矛盾思维即对立统一的思维，有利于我们坚持用辩证的、批判的观点认识事物，用一分为二的观点分析问题，防止认识的片面性与绝对化。

（4）要求：用一分为二的观点、全面的观点看问题，在对立中把握统一，在统一中看到对立。反对用片面的观点看问题，反对形而上学的一点论。

11. 精准思维（具体问题具体分析的思维）

（1）内涵：精准思维是一种非常务实的思维方式，它强调具体和准确，要求动作精准到位、在一个个具体的点上解决问题，排斥大而化之、笼而统之地抓工作。

（2）哲学依据：唯物辩证法认为，矛盾的特殊性是世界上诸种事物之所以千差万别的内在原因，是构成这个事物区别于其他事物的特殊本质。矛盾的特殊性是指矛盾着的事物及其每一个侧面各有特点。表现为：一是不同事物有不同的矛盾；二是同一事物在发展的不同过程和不同阶段上有不同的矛盾；三是同一事物有不同矛盾，同一矛盾的两方面也各有其特殊性。

（3）意义：具体问题具体分析是人们正确认识事物的基础，是正确解决矛盾的关键。现实矛盾都是由一系列具体问题累积起来的，化解矛盾、推进工作必须养成精准思维，从一个个具体问题入手，积小胜为大胜。没有解决问题的具体办法，只会"高屋建瓴"地提原则性的要求和空洞的口号，什么问题也无法解决。

（4）要求：承认矛盾的普遍性和客观性，注意研究事物的特点、本质以及该事物存在的具体条件。在运动中把握事物及其矛盾，反对"一刀切"和"一风吹"。

12. 共性与个性相统一的思维

（1）内涵：共性与个性相统一的思维即普遍与特殊相统一的思维、一般与个别相结合的思维。

（2）哲学依据：唯物辩证法认为，矛盾的普遍性与特殊性的关系，也就是矛盾的共性和个性、一般与个别的关系。唯物辩证法指出，一切事物都是普遍性与特殊性的矛盾统一体。普遍性寓于特殊性之中，并通过特殊性表现出来，没有特殊性就没有普遍性。同时，特殊性也离不开普遍性，不包含普遍性的事物是没有的。矛盾的普遍性和特殊性在一定场合下会相互转化。

（3）意义：把握共性与个性相统一的思维，有利于我们更好地认识事物的本质，把握知识之间的内在联系与逻辑结构，顺利地开展工作。

（4）要求：我们在认识事物、分析矛盾时，坚持共性与个性具体的历史的统一。遵循从特殊到普遍、再从普遍到特殊的认识规律，并掌握一般号召与个别指导相结合的科学工作方法。

13. 要事优先，统筹兼顾的思维

（1）内涵：突出中心任务的同时，总揽全局、科学筹划、协调发展、兼顾各方。

（2）哲学依据：唯物辩证法认为，在复杂事物的发展过程中，存在许多矛盾，其中必有一种矛盾，它的存在和发展，决定或影响着其他矛盾的存在和发展。这种在事物发展过程中处于支配地位、起决定作用的矛盾，就是主要矛盾。其他处于从属地位、对事物发展不起决定作用的矛盾则是次要矛盾。主要矛盾和次要矛盾相互依赖、相互影响，并在一定条件下相互转化。主要矛盾不能脱离次要矛盾孤立地存在，次要矛盾对主要矛盾起着一定的反作用，次要矛盾的解决有利于主要矛盾的解决。

（3）意义：把握统筹兼顾的思维，有利于我们想问题、办事情从全局出发，既突出重点，又兼顾一般，坚持两点论和重点论的统一。

（4）要求：我们看问题、办事情既要善于抓住重点，集中力量解决主要矛盾，又要统筹兼顾、恰当地处理好次要矛盾。

14. 分清主流与支流的思维

（1）内涵：主流指事物的本质方面，决定事物发展的方向；支流指事物的非本质方面，是事物发展的次要的、非根本的趋势和方向。

（2）哲学依据：唯物辩证法认为，每一个矛盾有两方面，其力量都是不平衡的。其中，必有一方处于支配地位、起着主导作用，这就是矛盾的主要方面。另一方处于被支配地位，是矛盾的次要方面。事物的性质，主要是由主要矛盾的主要方面决定的。矛盾的主要方面和次要方面相互排斥又相互依赖，并在一定条件下相互转化。

（3）意义：分清事物的主流与支流，我们才能识大体、顾大局，把握事物的本质和发展方向，否则就可能混淆事物的性质。这对于我们认清形势，正确估计工作中的成绩和缺点，处理好人与人之间的关系，具有重要的指导意义。

（4）要求：我们想问题办事情既要全面，又要善于分清主流和支流。坚持两点论和重点论相统一。

（三）辩证唯物主义认识论

实践思维：

（1）内涵：以社会实践为中心、为对象、为目的的思维方式。要求知行合一、求真务实，注重言行一致、实干实效，强调言必信、行必果。

（2）哲学依据：辩证唯物主义认识论认为，实践是指人们改造客观世界的一切物质性活动。实践的基本特征是客观物质性、能动性和社会历史性。认识是主体对客体的能动的反映。实践决定认识，实践是认识的基础。实践是认识的来源，实践是认识发展的动力，实践是检验认识真理性的唯一标准，实践是认识的目的和归宿。

人类在实践中认识和把握世界的过程，也就是追求真理的过程。认识具有反复性，追求真理的过程不是一帆风顺的，受到主客观等各种条件制约，人们对一个事物的正确认识往往要经过从实践到认识，再从认识到实践的多次反复才能完成。认识具有无限性，人类认识是无限发展的，追求真理是一个永无止境的过程。认识具有上升性，认识不是一种圆圈式的循环运动，相反，从实践到认识、从认识到实践的循环是一种波浪前进或螺旋上升的过程。真理永不会停止前进的步伐，它在发展中不断超越自身。

（3）意义：实践是社会生活的本质，实践是人区别于动物的本质。实践的观点是马克思主义认识论首要的和基本的观点。实践观点是马克思主义哲学的基础，贯穿辩证唯物主义和历史唯物主义的全部。人们通过实践不仅可以符合规律地改造世界，而且也通过实践改造自身。实践不仅对社会发展起着极其重大的作用，而且对人的认识具有决定作用。

（4）要求：我们要坚持实践第一的观点，知行合一；与时俱进，开拓创新，在实践中认识和发现真理，在实践中检验和发展真理，不断推进实践基础上的理论创新。

二、历史唯物主义

历史唯物主义也称"唯物主义历史观""唯物史观"，是关于人类社会发展一般规律的哲学理论，是马克思主义哲学的重要组成部分。包括三个基本观点（社会存在决定社会意识、物质生产是社会生活的基础、人民群众是历史的创造者）和一个基本方法（社会基本矛盾分析法）。

（一）人本思维

1. 内涵

一切活动要尊重人（尊重人的独立人格、能力差异、创造个性和权利）、依靠人、塑造人和为了人，即人民立场、以人民为中心的思想。以人民为中心的发展思想鲜明回答了"依靠谁发展、为了谁发展"这一发展中的根本问题、原则问题，彰显了中国共产党热爱人民、服务人民、坚持人民至上的立场和感情。

2. 哲学依据

历史唯物主义认为，人民群众是一切对社会历史起推动作用的人们。人民群众是社会实践的主体，是社会历史的主体，是社会物质财富和精神财富的创造者，是社会变革的决定力量。

3. 意义

以人民为中心的发展思想是习近平新时代中国特色社会主义的价值取向，体现了更加注重促进社会公平正义、增进人民福祉的价值追求。运用好人本思维，才能更好地解决问题、做好工作。

4. 要求

必须坚持群众观点和群众路线，即相信人民群众自己解放自己，全心全意为人民服务，一切向人民群众负责，虚心向人民群众学习；一切为了群众，一切依靠群众，从群众中来到群众中去。坚持人民的主体地位，发挥人民的主人翁精神，更好地保障人民权益，保证人民当家作主。

（二）价值导向思维

1. 内涵

哲学上的价值是指一件事物对主体的积极意义，即一事物所具有的能够满足主体需要的属性和功能。人的价值就在于创造价值，在于对社会的责任和贡献，即通过自己的活动满足社会、他人以及自己的需要。对一个人的评价主要看他的贡献。人的贡献是多方面的，但最根本的是对社会发展和人类进步事业的贡献。评价一个人价值的大小，就是看他为社会、为人民贡献了什么。衡量一个的人生价值，既要看他在物质方面对社会的贡献，又要看他在精神方面、思想道德方面对社会的贡献。至于哪一方面的贡献大一些、突出一些，则是因人而异的。

2. 哲学依据

历史唯物主义认为，价值观作为一种社会意识，是社会存在的反映，对社会存在具有反作用。价值观对人们认识和改造世界的活动有重要的导向作用，即影响人们对事物的认识和评价；影响人们改造世界的活动；影响人们的行为选择；价值观是人生的重要向导。

价值判断是人们对事物能否满足主体的需要以及满足的程度作出的判断，价值判断是价值选择的基础。价值判断和价值选择具有社会历史性，会因时间、地点和条件的变化而不同。价值判断和价值选择具有主体差异性，人们的社会地位及需要不同，认识事物的角度不同，立场不同，价值判断和价值选择也不同。在社会实践的基础上做出正确的价值判断和价值选择，必须坚持真理，遵循社会发展的客观规律，走历史的必由之路；自觉站在最广大人民的立场上，把人民群众的利益作为最高价值标准。

3. 意义

拥有正确的价值观，才能作出正确的价值判断与价值选择，在劳动和奉献社会中创造、实现和证明自己的人生价值，从而找到人生的真谛，创造幸福人生。崇高的理想对人生、对社会有着重大的指导、促进作用。

4. 要求

我们要树立正确的价值观，克服错误的价值观，培育和践行社会主义核心价值观，倡导社会主义的集体主义价值观。要树立崇高理想，选择崇高的人生目标，把个人的理想追求与国家民族的命运和人类的幸福结合在一起，展现自己的人生价值。

第二节　习近平总书记治国理政思想的哲学思维

马克思主义哲学既是科学的世界观又是科学的方法论。恩格斯早就说过："马克思的整个世界观不是教义，而是方法，它提供的不是现成的教条，而是进一步研究的出发点和供这种研究使用的方法。"① 习近平总书记把马克思主义世界观、人生观、价值观比喻为人们认识世界和改造世界的"总钥匙"，他认为"掌握了这把总钥匙，再来看看社会万象、人生历程，一切是非、正误、主次，一切真假、善恶、美丑，自然就洞若观火、清澈明了，自然就能作出正确判断、作出正确选择"②。习近平总书记的治国理政思想蕴含着丰富的马克思主义哲学思维，下面从三大方面进行学习分享。

（一）辩证唯物主义是中国共产党人的世界观和方法论

《求是》杂志2019年第1期发表习近平总书记的重要文章《辩证唯物主义

---

① 恩格斯. 致威纳尔·桑巴特 [M] //马克思，恩格斯. 马克思、恩格斯全集（39卷）. 北京：人民出版社，1974：404-406.

② 习近平. 青年要自觉践行社会主义核心价值观——在北京大学师生座谈会上的讲话 [EB/OL]. 人民网，2014-05-05.

是中国共产党人的世界观和方法论》。

文章指出，辩证唯物主义是中国共产党人的世界观和方法论。毛泽东同志曾经说过，马克思主义有几门学问，但基础的东西是马克思主义哲学。他在革命战争年代写下的《反对本本主义》《实践论》《矛盾论》和在社会主义建设时期写下的《论十大关系》《关于正确处理人民内部矛盾的问题》等著作，灵活运用了辩证唯物主义世界观和方法论，形成了具有鲜明中国特色的马克思主义哲学思想，为我们党掌握和运用辩证唯物主义树立了光辉典范。

邓小平同志非常善于运用辩证唯物主义解决实际问题。他强调，必须抓住社会主义初级阶段的主要矛盾，坚持以经济建设为中心；必须用实践来检验我们的工作，坚持"三个有利于"标准；必须坚持"两手抓、两手都要硬""摸着石头过河"，处理好计划和市场、先富和共富等关系。

我们党要团结带领人民实现"两个一百年"奋斗目标、实现中华民族伟大复兴的中国梦，必须不断接受马克思主义哲学智慧的滋养，更加自觉地坚持和运用辩证唯物主义世界观和方法论，增强辩证思维、战略思维能力，努力提高解决我国改革发展基本问题的本领。

当前，结合我国实际和时代条件，学习和运用辩证唯物主义世界观和方法论，要注重解决好以下四个问题。第一，学习掌握世界统一于物质、物质决定意识的原理，坚持从客观实际出发制定政策、推动工作。第二，学习掌握事物矛盾运动的基本原理，不断强化问题意识，积极面对和化解前进中遇到的矛盾。第三，学习掌握唯物辩证法的根本方法，不断增强辩证思维能力，提高驾驭复杂局面、处理复杂问题的本领。第四，学习掌握认识和实践辩证关系的原理，坚持实践第一的观点，不断推进实践基础上的理论创新。

（二）新发展理念凸显马克思主义哲学思想

"创新、协调、绿色、开放、共享"是以习近平同志为核心的党中央提出的新发展理念，是党的十八大以来一系列治国理政新战略的有机构成，具有丰富的哲学意蕴。创新发展注重的是解决发展动力问题；协调发展注重的是解决发展不平衡问题；绿色发展注重的是解决人与自然和谐问题；开放发展注重的是解决发展内外联动问题；共享发展注重的是解决社会公平正义问题。五大发展理念相互贯通、相互促进，是具有内在联系的有机整体。

1. 创新发展理念体现了唯物辩证法的发展观

发展就是旧事物的灭亡和新事物的诞生。创新发展的实践决定创新发展的理念。创新越来越成为经济社会发展的第一推动力。创新理念是引领创新实践、破解时代难题的内在要求，是唯物辩证法发展观的必然逻辑。

2. 协调发展的理念体现了唯物辩证法的普遍联系观

世界是普遍联系的有机整体，要坚持区域、城乡协调发展，强调"绿水青山"，严格划定生态红线，秉承和谐共生、绿色发展理念；既着眼公平正义，又要使全体人民在发展中有更多的获得感。新发展理念注重普遍联系整体性，它强调发展的全面、协调和可持续，强调社会各要素的综合。在事关发展的诸多重大关系中，运用整体性联系理念处理好发展中出现的困难。

3. 开放发展的理念体现了内外因辩证关系

内因是变化的根据，外因是变化的条件。全球化使世界越来越成为有机联系的"地球村"。开放的理念是内、外因辩证关系原理在发展实践中的具体运用，体现了鲜明的时代精神。

4. 绿色发展的理念体现了尊重客观规律及人与自然和谐共生的哲学思想

马克思主义哲学强调人既有改造自然的能动性，又必须尊重自然法则的规律性，违背规律就会受到大自然的惩罚。新发展理念倡导绿色发展，以人与自然的和谐为价值取向，推动社会经济发展和生态文明建设的规划与实践，强调"让居民望得见山、看得见水、记得住乡愁"。

5. 共享发展理念是人本思维的集中体现

共享发展理念体现了必须坚持发展为了人民、发展依靠人民、发展成果由人民共享。共享发展理念强调人民群众是发展的主体和依靠力量，必须坚守人民群众的价值立场，维护人民群众的根本利益。

（三）多次强调辩证思维和底线思维等七大哲学思维

党的十八大以来，中共中央政治局多次集体学习马克思主义哲学，习近平总书记高瞻远瞩、殷切推动，学哲学、用哲学成为全党的重要工作着力点，成为马克思主义中国化最新理论成果的重要基础。习近平总书记在省部级主要领导干部坚持底线思维着力防范化解重大风险专题研讨班上的重要讲话中强调："领导干部要加强理论修养，深入学习马克思主义基本理论，学懂弄通做实习近平新时代中国特色社会主义思想，掌握贯穿其中的辩证唯物主义的世界观和方法论，提高战略思维、历史思维、辩证思维、创新思维、法治思维、底线思维能力。"① 现对习近平总书记反复强调的部分哲学思维进行简要分析。

1. 战略思维

战略思维指的是从全局视角和长远眼光把握事物发展总体趋势和方向、客观辩证地思考和处理问题的科学思维。推进中国特色社会主义伟大事业、实现中华民族伟大复兴中国梦要求我们必须不断提升战略思维能力。战略思维是高瞻远瞩、统揽全局、善于把握事物发展总体趋势和方向的思维方法，展示的是看问题的高度和深度。古人讲："不谋万世者，不足谋一时；不谋全局者，不足谋一域。"

2. 辩证思维

辩证思维指的是以普遍联系、变化发展和一分为二的观点看待事物，运用唯物辩证法观察事物、分析问题、解决问题的科学思维，要求我们无论做任何事情都必须正视矛盾、分析矛盾、解决矛盾，善于抓住关键、找准重点、洞察事物发展规律。唯物辩证法认为，世界是普遍联系、永恒发展的，内在的矛盾运动是事物发展的根本动力，必须坚持用全面、联系和发展的眼光看问题。在信息化、全球化的今天，世界已经成为地球村，国内外各种矛盾相互交织，新问题层出不穷，如果孤立、静止、片面地看问题，一定会寸步难行。

3. 底线思维

底线思维指的是以底线为导向的思维方法，不仅考虑底线是什么、底线在哪里、跨越底线会有什么危害，而且还关注由量变到质变的矛盾转化过程，思考如何守住底线、远离底线，如何防患于未然，掌握主动，如何化危机为契机、变挑战为机遇。从唯物辩证法的角度来看，底线是由量变到质变的一个临界值，一旦量变突破底线，即达到质变的关节点，事物的性质就会发生根本性的变化。在推进中国特色社会主义的伟大实践过程中，我们必须学会运用底线思维方法，凡事从坏处准备，努力争取最好的结果，做到有备无患，牢牢把握主动权。习近平总书记多次强调："要坚持底线思维，增强忧患意识，提高防控能力，着力防范化解重大风险，保持经济持续健康发展和社会大局稳定。"② 用好底线思

---

① 习近平. 坚持用马克思主义及其中国化创新理论武装全党 [J]. 当代党员，2021 (24)：3-5.

② 习近平在省部级主要领导干部坚持底线思维　着力防范化解重大风险专题研讨班开班式上发表重要讲话 [EB/OL]. 新华网，2019-01-21.

维，"要高度警惕'黑天鹅'事件，也要防范'灰犀牛'事件"①。要居安思危、未雨绸缪、防患未然，认真评判决策处事的风险和可能出现的最坏局面；要慎独、慎初、慎微，守住做人、做事、做官的底线，守住政治生命线，守住纪律红线。

4. 系统思维

系统思维指的是把复杂的事物看作一个系统，把握其内在联系，善于从全局视角、长远眼光、整体思路上把握问题。对事情进行全面思考，不只是就事论事，把想要达到的结果、实现该结果的过程、过程优化以及对未来的影响等一系列问题作为一个整体系统进行研究。系统具有鲜明的整体性、关联性、层次结构性、动态平衡性、开放性和时序性。习近平总书记指出："全面深化改革是一项复杂的系统工程，需要加强顶层设计和整体谋划，加强各项改革关联性、系统性、可行性研究。"② 思考和处理问题的时候，必须从整体出发，把着眼点放在全局上，注重整体效益和整体结果。

5. 精准思维

精准思维指的是在全面掌握客观实际的情况下，深入细致地分析客观实际，坚持具体问题具体分析，从而有针对性地提出解决问题的方案，确保问题的实际解决。精准思维是一种非常务实的思维方式，它强调具体和准确，要求动作精准到位、在一个个具体的点上解决问题，排斥大而化之、笼而统之地抓工作。只有以精准思维方式对问题进行认真全面、细致具体的分析，才能真正提高工作落实的质量和效率。习近平总书记的精准思维方式，广泛运用于脱贫攻坚、全面深化改革、生态文明建设、城市治理、党的建设等各个领域，贯穿于习近平治国理政的方方面面。提高精准思维能力的前提是要深入调查研究，摸清情况，把握规律。

6. 人本思维

人本思维指的是以人民为中心的价值取向，坚持人民立场，坚持共享发展。人民对美好生活的向往，就是我们的奋斗目标。这种通俗易懂的语言阐述了党的宗旨，也是马克思主义唯物史观的体现。强调人民群众是历史发展的主人翁，是社会物质财富和精神财富的真正创造者，尊重群众、依靠群众、为了群众、

① 习近平在省部级主要领导干部坚持底线思维 着力防范化解重大风险专题研讨班开班式上发表重要讲话［EB/OL］. 新华网，2019-01-21.
② 韩庆祥. 运用系统观念推动各领域工作［N］. 人民日报，2022-04-12（09）.

造福群众是马克思主义不变的立场。习近平总书记在国内外重要场合都由衷倡导"为人民服务，担当起该担当的责任"的执政新理念，多次讲到"要树立以人民为中心的工作导向"，提出"江山就是人民，人民就是江山"①。坚持一切为了人民、一切依靠人民，充分发挥广大人民群众积极性、主动性、创造性，不断把为人民造福事业推向前进。

7. 求实思维

求实思维就是我们想问题办事情要一切从客观实际出发、实事求是，主观愿望必须符合客观实际。要敬畏客观世界，尊重客观规律；要看到阶段性新变化和新特点；把握全面的、发展变化着的实际，尽可能抛弃主观成分甚至主观偏见；在实践中按照客观规律办事，反对单凭热情的盲目蛮干。习近平总书记多次强调，我们干事业做工作要树立求实思维，一切从实际出发，按客观规律办事。实事求是作为党的思想路线，既是马克思主义中国化理论成果的精髓和灵魂，也是我们党的基本思想方法，工作方法和领导方法，要求领导干部作决策、办事情、谋发展，要认识规律，遵循规律。因此，领导干部树立求实思维是必修课。

第三节　哲学思维的主要特征

哲学思维是一种高度抽象化和理性化的思维，许多专家学者对于哲学思维的主要特征都进行了研究和概括，提出了自己的见解。

（一）从思维特性的角度，哲学思维具有抽象性、批判性和反思性

李德顺、崔唯航两位学者在《学习与探索》（2009 年第 005 期）中认为，哲学思维具有抽象性、批判性和反思性。这三大特性表现于哲学上观察任何对象的视角和层次之中，也表现于哲学思考所使用的概念形式、哲学推理所追求的逻辑走向之中。

1. 抽象性

哲学的抽象性首先通过哲学概念的高度抽象性表达出来。哲学往往因为抽象而显得脱离实际、晦涩难懂。但实际上，思维的抽象性不仅仅是哲学的特色

---

① 江山就是人民　人民就是江山——习近平总书记关于以人民为中心的重要论述［N］人民日报，2021-06-28（01）.

之一，也是它的优势所在。正是因为有了抽象，人的思维才能超越现象走向本质，超越个别走向一般。

2. 批判性

在高度理论抽象层次上的批判性，是哲学思维的主要特征之一。批判性是哲学思维的本质和精神标志，是哲学批判与一切科学批判的共同特点。但是哲学批判并不满足于既有的结果，不迷信任何权威，不拘泥于习惯和成见，而是对他们保持一定的怀疑和审视的态度。

3. 反思性

哲学批判不仅仅是在逻辑上最彻底的批判，并且这种批判是对外部对象和内部批判者的思想自身。这就是哲学的反思性的特征。

此外，还有学者认为，哲学思维具有严密性和清晰性的特征。哲学思维的严密性主要指逻辑严密性，就像在数学中一样，任何命题都需要有尽可能严谨的论证。哲学思维的清晰性，是尽可能追求概念界定的准确性，对事物本质和规律的描述及问题的清晰性。

（二）从思维内容方式的角度，哲学思维具有六大特征

韩震教授在《哲学思维与领导力》一书中，认为哲学思维具有以下六大特征。

1. 哲学思维是系统的战略性思维

从整体看问题，不是一个问题、一个概念就能解决的。哲学思考整体性和全局性的问题，思考部分和要素之间的关系或联系问题，是对一类概念的思考，是对整个人类命运的思考。

2. 哲学思维是反思性的批判性思维

有反思才有批判，哲学不是直接就事论事，而是对事物本质及其已有知识观念的反思。

3. 哲学思维是创新性思维

在哲学的语境中，批判的思维本身就指向问题的发现，问题的发现就是创新的开始，没有发现问题就不可能提出问题和解决问题。

4. 哲学思维是理性思维

哲学思维必须合乎逻辑、遵循科学的推理、符合理性的思考，不能想怎么样就怎么样。

5. 哲学思维是辩证思维

事物之间是相互联系却又不断变化发展的，必须用普遍联系和发展的观点去看问题。

6. 哲学思维是底线思维

底线思维在哲学上就是量变到质变，不要因为量而忽视质。客观地设定最低目标，争取最大的期望值；在价值规范上，有些是不能突破的底线。从本质上来讲，小错犯多了，就可能铸成大错。

（三）从思维方法的角度，哲学思维主要具有四个特点

有的学者从哲学思维方法的层面，认为哲学思维具有下列四个方法论的特点。

1. 哲学思维是辩证性的思维方法

辩证法是对现存事物肯定和理解中同时又包含对现存事物的否定理解，对任何事物都应一分为二地看待，反对片面性和绝对性。

2. 哲学思维是批判性的思维方法

辩证法不崇拜任何东西，按本质来说，它是批判的和革命的。所以哲学思维本质上就是一种不盲从权威的、批判性的反思。

3. 哲学思维是实践第一的思维方法

哲学思维强调人的正确认识来源于社会实践，人对客观规律的正确认识不可能一次完成，社会实践发展了，人的思想认识就必须不断前进，实践是检验真理的唯一标准。

4. 哲学思维是超经验的思维方法

哲学思维反对经验主义；反对把实践观庸俗化；反对把过去的、一时成功的经验作为绝对真理照搬套用，它以高度的抽象性、概括性、逻辑性，冷静地审视客观世界的事物和人类经验中的一切行为。

（四）哲学思维与科学思维的主要区别与联系

哲学是关于世界观和方法论的理论体系。哲学思维方式指的是人们认识、改造客观世界时所运用的具有哲学特征的思维方法。科学是正确反映世界本质与规律的理论。科学思维，即形成并运用于科学认识活动、对感性认识材料进行加工处理的方式与途径的理论体系。

哲学与具体科学既有联系又有区别。哲学是对自然、社会和思维知识的概括和总结，它是人们通过对一系列关乎宇宙和人生的一般本质和普遍规律问题

的思考而形成的一门学科。具体科学揭示的是自然、社会和思维某一具体领域的规律，哲学则对其进行概括和升华，从中抽象出最一般的本质和最普遍的规律。哲学以具体科学为基础，随着具体科学的发展而发展，具体科学的进步推动哲学的发展，哲学为具体科学研究提供世界观和方法论的指导。两者的关系是普遍和特殊、一般和个别的关系。

哲学思维和科学思维都是运用概念的逻辑去把握世界、描述世界和解释世界，都试图为解释世界而提供某些原理和公理。哲学思维是以逻辑推论为方法的综合性、间接性、抽象性、理论性的思维，通常又称为理论思维。科学思维是以实验为方法的单纯性、直接性、实证性、经验性的思维，又称为经验思维或实证思维。

第四节 哲学思维的主要功能

哲学思维的功能或职能问题，主要是哲学具有什么样的功效或能力的问题，也就是学习哲学有什么用的问题。学习的目的在于运用，认识的根本目的在于指导社会实践和改造世界。我们学习马克思主义哲学，从根本上说，就是为了运用它指导实践。如果不了解马克思主义哲学具有哪些功能，以及怎样发挥这些功能，那就会影响到我们学习马克思主义哲学的效果。

关于哲学思维的主要功能问题，不同的学者从各自的角度有不同的阐述。韩震教授在《哲学思维与领导力》（北京出版社，2010 年）一书中，认为哲学具有八方面的独特价值与功能：因逻辑分析而言行条理；因反思活动而思想深刻；因宏大视野而关照全局；因辩证思维而头脑灵活；因憧憬理想而满怀希望；因高度概括而精神丰富；因理性信念而品格坚毅；因追求智慧而心胸豁达。

哲学就在我们身边，哲学与教育都致力于人的美好生活。杜威在《民主主义与教育》中说，哲学是教育的普遍原理，教育是哲学的实验室。这说明哲学与教育是相通的，哲学与教育紧密相连。从哲学思维与教育智慧的角度来看，哲学思维至少具有下列三种功能。

（一）哲学思维有助于教师树立正确的育人价值观

价值观具有驱动、制约和导向作用，是人生的重要向导。哲学思维影响教师的育人价值追求。立德树人是教育的根本任务，也是教师的根本职责所在。

拥有马克思主义哲学思维的教师，将拥有更高的育人情怀，使教师对于自己作为教育者的价值和责任具有自觉的理解。他们以更宏大的格局观察时代和社会变迁，以更深邃的思维理解立德树人的根本要求，以更长远的视角思考自身的言行举止对学生成长的影响。他们坚持马克思主义哲学价值理论的引领，努力构建遵循社会发展的客观规律、符合最广大人民根本利益的育人价值观，不断加强自身教育情怀和师德品行的修养，更加有效地帮助学生"扣好人生的第一粒扣子"，帮助学生树立正确的世界观、人生观和价值观，确立正确理想信念，使其在认识和改造世界的过程中少走弯路，从而走上幸福美好的人生道路。

（二）哲学思维有助于教师成为明智的教育者

哲学本身具有一套严密的逻辑思维体系，马克思主义哲学是科学的系统的思想方法体系。比如，学会运用唯物辩证法的联系、变化、发展、全面的观点看问题，有利于我们进行辩证思维和理性判断，分析问题的思维更敏捷，思路更清晰，久而久之，可以养成比较良好的辩证思维习惯，避免静止、孤立、片面地看问题，思想就变得更加深邃，有助于从根本上提升思维层次。哲学思维影响教师教育教学的方式方法，哲学思维能够帮助教师形成正确的教育教学方法，锻炼教育教学能力，激发想象力和创造力。拥有哲学智慧的老师，更善于运用客观、全面、辩证、发展、系统、创新的思想方法研究学情，设计教学，辅导学生，更注重培育学生合理的思维习惯、强大的思辨能力。由此，哲学智慧促使学科老师更"聪明"地教学，他们的学生也变得日益聪明，拥有智慧，教书育人的工作事半功倍。

（三）哲学思维有助于提升教师的眼界格局与战略思维

乔治·F. 奈勒在《教育哲学导论》中说："哲学解放了教师的想象力，同时又指导着他的理智。教师追溯各种教育问题的哲学根源，从而以比较广阔的眼界来看待这些问题。"哲学是对世界的不断追问与反思，是系统化、理论化的世界观和方法论。哲学思维帮助我们正确看待自然、社会和人生的变化与发展，用睿智的眼光看待生活和实践，从而为我们的生活和实践提供积极有益的指导。哲学思维可以扩大人的眼界，放大人的格局，可以从整体上把握教育的基本问题，从系统上把握教育的各项要素及其相互关系，从国家、民族、未来发展的高度理解党的教育方针。用哲学的思维方式对教育实践中遇到的问题加以思考，对人们的教育观念进行反思，对教育活动进行审视，有助于养成质疑和批判精神，从而为我们的教育行动的各方面提供一种理性的、理智的指引，促进教育实践向更好的方向变革，减少工作上的武断和盲从，提升教师独立思考、缜密分析和科学推断的能力，促进教师观念更新和实践创新能力，从而提高教育教学工作的境界和水平。

（刘作彪　佛山市顺德区龙江中学）

第二章

哲学思维与班主任的育人观

本章将从宏观上探讨如何运用马克思主义哲学思维，审视和优化班主任的育人观，帮助和引导其树立正确的价值导向和育人观。

马克思主义哲学认为，价值观对人的行为具有重要的驱动、制约和导向作用。价值观不同，人们对事物的认识和评价就不同，对做人做事的行为选择也不同，对人生道路的选择也就不同。习近平总书记反复强调的"扣好人生的第一粒扣子"，就是要求我们坚持正确价值观的导向作用，进行正确的认识，作出正确的评价及行为选择，走出正确的教育道路。

马克思主义哲学认为，价值判断和价值选择具有社会历史性，正确的价值判断和价值选择，应当遵循社会发展的客观规律，走历史必由之路；价值判断和价值选择具有主体差异性，正确的价值判断和价值选择，应当把人民群众的利益作为最高标准，要站在最广大人民群众的立场上。

人本思维集中体现了马克思主义哲学的人民至上立场，坚持了正确的价值判断和价值选择。人本思维强调，人民群众是社会历史的主体，是社会物质财富的创造者、精神财富的创造者，是社会变革的决定力量；强调必须坚持"坚信人民群众自己解放自己，全心全意为人民服务，一切向人民群众负责，虚心向群众学习"的群众观点；坚持"一切为了群众，一切依靠群众，从群众中来，到群众中去"的群众路线。十八大以来，习近平总书记始终坚持"以人民为中心、人民至上"价值导向，努力做到"为了人民、依靠人民、人民共享"。

党的教育事业，始终要坚持人民至上的价值导向，办人民满意的教育。教育是国之大计、党之大计，事关国家发展、事关民族未来、事关人民幸福，事关时代新人培养和接班人锻铸。习近平总书记反复强调，教育必须把"立德树人"作为根本任务，培养一代又一代拥护中国共产党领导和我国社会主义制度、立志为中国特色社会主义奋斗终身的"德智体美劳全面发展"的社会主义建设者和接班人。这是教育工作的根本任务，也是教育现代化的方向、目标。

办好教育的关键在于教师，教师必须坚持正确的育人观，提高师德修养。教师是履行教育教学工作职责的专业人员，必须具有良好的职业道德，掌握系统的专业知识和专业技能。其中，教师拥有良好的职业道德，树立科学的育人观，才能正确认识和评价教育教学中的各种事物，才能对教书育人中的具体价值判断做出正确的行为选择，才能走出教师生涯的正确道路。教师一定要牢记教书育人的神圣职责，立志为社会主义建设事业培养出德智体美劳全面发展的建设者和接班人。

班主任的育人观，就是班主任的育人价值观，也是职业道德标准。本章将从班主任自身的职业观和对学生的学生观两方面，就班主任应该具备什么样的育人观，怎样加强育人观修养进行探讨。

第一节　哲学思维与班主任的职业观

班主任要全权负责管理班级，负责班级学生的思想、学习、健康和生活引导工作，是班级的组织者、领导者和教育者，也是班级科任老师教学、教育工作的协调者，与普通科任老师相比，责任更加重大。在实际工作中，班主任面临工作时间长、工作范围广、工作内容杂的现实，感受到工作风险大、突发事件多的忧虑，面对着生源变化大、家长要求多、沟通协同效果差的困难，承受着工作要求高、工作待遇差、公平公正评价难等困惑。要胜任班主任这个重任，必须克服班主任工作的各种挑战，最根本的还是不断审视和优化自己的职业观，用科学的职业观强化自身的责任感和使命感，提升教育情怀，从而源源不断地为自己注入心理和精神正能量。

在中国，应该做一名什么样的老师，党和国家很早就提出了一系列明确要求，并随着经济社会的发展变化而不断完善。这些要求是我们审视和优化自己的育人观的基本方向。其中，我们最应该理解和认同的，一是教育部《中学教师专业标准》提出的要求；二是习近平总书记于 2014 年 9 月在北京师范大学提出的做"四有好老师"的要求；三是习近平总书记于 2019 年 3 月在学校思政课教师座谈会上提出的"六个要求"。学习、领会、认同、践行这些要求，是班主任审视和优化职业观的根本指南。

一、理解和践行《教师专业标准》

教育部于 2012 年 9 月颁布的《中学教师专业标准》中的要求，是中学教师实施教育教学行为的基本规范，是引领中学教师专业发展的基本准则。《中学教师专业标准》首要的基本理念提出师德为先，具体是："热爱中学教育事业，具有职业理想，践行社会主义核心价值体系，履行教师职业道德规范，依法执教。关爱中学生，尊重中学生人格，富有爱心、责任心、耐心和细心；为人师表，教书育人，自尊自律，以人格魅力和学识魅力教育感染中学生，做中学生健康成长的指导者和引路人。"

此外，《中学教师专业标准》还从"对教师职业的理解和认识""对学生的态度与行为""教育教学的态度与行为"以及"个人修养与行为"对教师的职业观念提出了明确要求。

在"对教师职业的理解和认识"上提出："贯彻党和国家教育方针政策，遵守教育法律法规；理解中学教育工作的意义，热爱中学教育事业，具有职业理想和敬业精神；认同中学教师的专业性和独特性，注重自身专业发展；具有良好职业道德修养，为人师表；具有团队合作精神，积极开展协作与交流。"

在"对学生的态度与行为"上提出："关爱中学生，重视中学生身心健康发展，保护中学生生命安全。尊重中学生独立人格，维护中学生合法权益，平等对待每一位中学生。不讽刺、挖苦、歧视中学生，不体罚或变相体罚中学生。尊重个体差异，主动了解和满足中学生的不同需要。信任中学生，积极创造条件，促进中学生的自主发展。"

在"教育教学的态度与行为"上提出："树立育人为本、德育为先的理念，将中学生的知识学习、能力发展与品德养成相结合，重视中学生的全面发展。尊重教育规律和中学生身心发展规律，为每一位中学生提供适合的教育。激发中学生的求知欲和好奇心，培养中学生学习兴趣和爱好，营造自由探索、勇于创新的氛围。引导中学生自主学习、自强自立，培养良好的思维习惯和适应社会的能力。尊重和发挥好共青团、少先队组织的教育引导作用。"

在"个人修养与行为"上提出："富有爱心、责任心、耐心和细心。乐观向上、热情开朗、有亲和力。善于自我调节情绪，保持平和心态。勤于学习，不断进取。衣着整洁得体，语言规范健康，举止文明礼貌。"

这些要求是国家以政策法规的形式对所有中学教师提出的，理所当然也是班主任审视和提升自己的职业观的对标依据，非常值得我们在实际工作中加以践行。

二、理解和践行"四有好老师"的导向

2014年9月9日，习近平总书记在看望北京师范大学师生时，以"做党和人民满意的好老师"为主题发表了重要讲话，强调"教育是一门'仁而爱人'的事业，爱是教育的灵魂，没有爱就没有教育"，要求全国广大教师做"有理想信念、有道德情操、有扎实学识、有仁爱之心"的"四有"好老师，为发展具有中国特色、世界水平的现代教育，培养社会主义事业建设者和接班人作出更大贡献。我们要不断学习领悟"四有"要求的深刻内涵，把"四有"作为自己的教师价值观，努力做一名"四有"好老师。

（一）要有理想信念

正确的理想信念是教书育人、播种未来的指路明灯。这里的理想信念，至少包括三层内涵。一是立志做一名"经师"和"人师"相统一的优秀教师。唐代韩愈说："师者，所以传道授业解惑也。"其中"传道"是第一位的。只知道"授业""解惑"而不"传道"的教师只能是"经师""句读之师"，而非"人师"了，是不称职的。古人云："经师易求，人师难得。"我们既要精于"授业""解惑"，更要以"传道"为责任和使命。二是始终忠诚于党和人民的教育事业，做中国特色社会主义的坚定信仰者和忠实实践者，自觉把党的教育方针贯彻到教学管理工作的全过程，严肃认真对待自己的职责。做中国特色社会主义共同理想和中华民族伟大复兴中国梦的积极传播者，帮助学生筑梦、追梦、圆梦。三是用实际行动培育社会主义核心价值观。用好课堂讲坛，用好校园阵地，用自己的行动倡导社会主义核心价值观，用自己的学识、阅历、经验点燃学生对真善美的向往，使社会主义核心价值观润物细无声地浸润学生们的心田、转化为日常行为，增强学生的价值判断能力、价值选择能力、价值塑造能力，引领学生健康成长。

（二）要有道德情操

教师的人格力量和人格魅力是成功教育的重要条件。学高为师，德高为范。教师对学生的影响，离不开其学识和能力，更离不开为人处世、于国于民、于公于私所持的价值观。一位教师应当在是非、曲直、善恶、义利、得失等方面守住底线，才能真正引导和帮助学生把握好人生方向，扣好人生的第一粒扣子。

师德是深厚的知识修养和文化品位的体现。做一个高尚的、纯粹的、脱离

了低级趣味的人，应该是每一位教师的不懈追求和行为常态。好教师要有"捧着一颗心来，不带半根草去"的奉献精神，自觉坚守精神家园、坚守人格底线，带头弘扬社会主义道德和中华传统美德，以自己的模范行为影响和带动学生。

好教师的道德情操最终要体现到对所从事职业的忠诚和热爱上来。我们要热爱教育工作，不能把教育岗位仅仅作为一个养家糊口的职业。有了为事业奋斗的志向，才能在教师这个岗位上干得有滋有味，干出好成绩。如果身在学校却心在商场或官场，在金钱、物欲、名利同人格的较量中把握不住自己，那是当不好教师的。教师要有"衣带渐宽终不悔，为伊消得人憔悴"的精神，兢兢业业做好工作。做教师，最好的回报是学生成人成才，桃李满天下。想想无数孩子在自己的教育下学到知识、学会做人、事业有成、生活幸福，那是何等让人舒心、让人骄傲的成就。

（三）要有扎实学识

教师自古就被称为"智者"。扎实的知识功底、过硬的教学能力、勤勉的教学态度、科学的教学方法是教师的基本素质，其中知识是根本基础。学生往往可以原谅教师严厉刻板，但不能原谅教师学识浅薄。"水之积也不厚，则其负大舟也无力。"知识储备不足、视野不够，教学中必然捉襟见肘，更谈不上游刃有余。

"为了使学生获得一点知识的亮光，教师应吸进整个光的海洋。"在信息时代做好教师，自己所知道的必须大大超过要教给学生的范围，不仅要有胜任教学的专业知识，还要有广博的通用知识和宽阔的胸怀视野，具备学习、处世、生活、育人的智慧，既授人以鱼，又授人以渔，还能授人以欲，在各方面给学生以帮助和指导。

陶行知先生说："出世便是破蒙，进棺材才算毕业。"我们教师要始终处于学习状态，站在知识发展前沿，刻苦钻研、严谨笃学，不断充实、拓展、提高自己。为了给学生一碗水，教师要有一桶水，甚至一潭水。

（四）要有仁爱之心

教育是一门"仁而爱人"的事业，爱是教育的灵魂，没有爱就没有教育。高尔基说："谁爱孩子，孩子就爱谁。只有爱孩子的人，他才可以教育孩子。"教育风格可以各显身手，但爱是永恒的主题。爱心是学生打开知识之门、启迪心智的开始，爱心能够滋润、浇开学生美丽的心灵之花。教师的爱，既包括爱岗位、爱学生，也包括爱一切美好的事物。

有人说，好教师的眼神应该是慈爱、友善、温情的，透着智慧、透着真情。好教师对学生的教育和引导应该是充满爱心和信任的，在严爱相济的前提下晓之以理、动之以情，让学生"亲其师而信其道"。好教师要用爱培育爱、激发爱、传播爱，通过真情、真心、真诚拉近同学生的距离，滋润学生的心田，使自己成为学生的好朋友和贴心人。好教师应该把自己的温暖和情感倾注到每一位学生身上，用欣赏树立学生的信心，用信任增强学生的自尊，让每一位学生都健康成长，让每一位学生都享受成功的喜悦。

有爱才有责任。选择当教师就选择了责任，就要尽到教书育人、立德树人的责任，并把这种责任体现到平凡、普通、细微的教学管理之中。正是因为爱教育、爱学生，我们才有在三尺讲台默默奉献的力量、才有了在学生遇到危难时挺身而出的勇气、才有了敢于攻克新知新学的锐气。"三寸粉笔，三尺讲台系国运；一颗丹心，一生秉烛铸民魂。"今天的学生就是未来实现中华民族伟大复兴中国梦的主力军，广大教师就是打造这支中华民族"梦之队"的筑梦人。

三、理解和践行"六个要求"

"经师易求，人师难得。"教师，特别是班主任承载着传播知识、传播思想、传播真理，塑造灵魂、塑造生命、塑造新人的时代重任。是"学生思想成长的引路人、学生人生导师"。班主任还需要对职业观做更深一层次的审视和提升。2019 年 3 月 18 日，习近平总书记在学校思政课教师座谈会上，对做一个什么样的思想政治教师提出了六方面的明确要求，这些要求毫无疑问也是适用于班主任的。我们一起来重温学习：

（一）政治要强

班主任工作是铸魂育人、立德树人的工作，责任重大。所以班主任自己要成为有正确政治信仰的人，也就是要让有信仰的人讲信仰。你自己都不信，怎么能让别人信？你自己头脑不清楚，怎么把别人讲明白？马克思主义的理想信念也好，社会主义的价值观念也好，班主任都要真学真信真懂真用，使之在自己的心里扎根，才能拥有育人大爱，才能在育人工作中自然流淌，才能在学生心里开花结果，才可能传递给学生真学问、真道理。反观现实，还有很多的班主任对政治信仰不敏感，报以无所谓的态度；对重大的政治事件、政治思潮等缺乏必要的基本判断，在大是大非面前立场还不那么坚定；对《中学生守则》、社会主义核心价值观还有不怎么相信的情况、讲不清楚的问题，不懂得系统应用等问题。所以，班主任应该自觉加强学习，坚定马克思主义、社会主义的政治信仰。

（二）情怀要深

情怀是超越个人利益的情感关切和精神追求。班主任要引导学生立德成人、立志成才，完成铸魂育人的任务，就必须升华自己的情怀。班主任首先要有家国情怀。家是人生的起点，国是放大的家。应该心系国家和民族，心中揣着时代，眼睛关注社会，从时代大势与社会实践中汲取养分，丰盈自己的精神世界。其次要有仁爱情怀。爱是教育的灵魂，要有仁爱之心。以真爱拉近与学生的距离，成为学生的好朋友和贴心人，用欣赏增强学生信心，用信任树立学生自尊，使学生享受成功的喜悦，引领学生的精神世界。把对家国的爱、对教育的爱、对学生的爱融为一体，心中始终装着学生，真正把班级建设成为一个有温度的生命共同体。还要有传道情怀，对党的教育事业投入真情实感，对班级建设有执着追求，传社会主义核心价值观之道，育担当大任的时代新人。

（三）思维要新

思维主要是指辩证唯物主义和历史唯物主义的思维方法，如本书第一章介绍的求实思维、人本思维、精准思维、辩证思维等。比如，辩证思维，就是既要讲问题，也要讲成绩；既要讲历史，也要讲现实；既要讲复杂现实，也要讲光明前景；既要讲批评，也要讲引导；既要讲树木，也要讲森林。思维要新，要求班主任要与时俱进，因时而变，特别善于运用创新思维、辩证思维，善于运用矛盾分析方法抓住关键、找准重点、阐明规律，创新课堂教学，给学生深刻的成长体验。就是要求班主任应该加强思维方法的学习，用马克思主义哲学的立场观点和方法观察、研究和解决班级建设中遇到的各种问题；学会用马克思主义哲学的思维方法观察认识当代世界、当代中国，观察自己所处的社会、学校和家庭，观察自己的老师、同学和自己的人生。

（四）视野要广

我们正处于"百年未有之大变局"，在这个大变局里成长起来的学生，总会把自己遇到的、看到的、想到的事情联系起来，把自己的事情和社会的变迁联系起来，受到各种思潮、各种信息、各种人群的影响，学生在这个过程中就会产生各种疑惑。为了对学生授业解惑，我们要具有宽广的国际视野，要善于利用国内外的事实、案例、素材，在比较中回答学生的疑惑，既不封闭保守，也不崇洋媚外，引导学生全面、客观地认识当代中国、看待外部世界，善于在批判鉴别中明辨是非。历史是最好的老师，我们要有历史视野通过将 5000 多年中华文明史、500 多年世界社会主义史、中国人民近代以来 170 多年斗争史、中国共产党 100 余年的奋斗史、中华人民共和国 70 多年的发展史、改革开放 40 多年的实践史、中国特色社会主义新时代取得的历史性成就以及发生的历史性变革进行生动、深入、具体的纵横比较，把一些道理讲明白、讲清楚。

（五）自律要严

这是指教师对自己要求要严格，既要遵守教学纪律，也要遵守政治纪律和政治规矩；要言行一致，做到课上课下一致、网上网下一致，不能在课上讲得不错却在课下乱讲，不能在现实生活中表现不错却在网上乱说。一个班主任在课堂上跟自己学生传递的和在家里跟自己孩子传递的，应该是完全一致的观点和理念。当然，遵守纪律不意味着不讲问题，我们不是神仙，我们自己的政党和国家就有过曲折和徘徊，要实事求是，只要坚持正确的政治方向，立足于引导学生坚定理想信念，全面客观地看问题，就不用担心在政治上出问题。

（六）人格要正

有人格，才有吸引力。亲其师，才能信其道。教师特别是班主任，要有堂堂正正的人格，用高尚的人格感染学生、赢得学生。要有学识魅力，用真理的力量感召学生，以深厚的理论功底赢得学生。思想要有境界，语言也要有魅力，从教师的话语中，学生能够感受到教师的人格和学识。要自觉做到修身，像曾子那样"吾日三省吾身"，像王阳明那样"诚意正心""知行合一"，自觉做为学为人的表率，做让学生喜爱的人。

四、立足工作实践，提高职业观修养

纵观教育部《中学教师专业标准》提出的要求、习近平总书记提出的做"四有好老师"的要求、习近平总书记 2019 年 3 月在学校思政课教师座谈会上提出的"六要"的要求，都充分体现了马克思主义哲学的人本思维，也就是人民立场、以人民为中心的价值导向。我们要理解和认同党的教育方针，理解和认同党和国家对教师尤其是对班主任的职业要求，扎扎实实地加强职业观修养。具体建议如下：

（一）加强职业观修养的理论学习

一个人的行动是受思想控制的，而正确思想的重要来源，就是理论学习。教育部于 2020 年 7 月发布了《中小学教师培训课程指导标准（师德修养）》，这是我们进行职业观修养理论学习的一份"黄金标准"。该标准以习近平总书记关于"四有"好老师的重要讲话为统领，列举了师德修养的框架内容，值得每一位教师逐一对照。一是要有理想信念，要爱党爱国、爱岗敬业、乐于奉献；二是要有道德情操，要为人师表、团结协作、严于律己；三是要有扎实学识，要严谨治学、科学施教、与时俱进；四是要有仁爱之心，要以人为本、关爱学生、公平公正。教师要提升自己的道德修养，就要朝着这几个方向努力。

我们还要多品读一些能提升职业观的书籍，尤其是一些具有教育意义的教育名著。通过学习，透彻地认识自己所从事的事业的价值，深刻把握教育规律，正确处理义与利、奉献与索取、耕耘与收获的关系，才能明确自身事业发展的方向，培养和升华自己的教育情怀。

（二）在教育实践中锤炼师德

实践出真知，实践长才干。实践已经证明，并将继续证明，良好的师德是教师最有力的教育工具，是教师职业价值的光辉体现。我们要在具体的教育教学活动中处理好自己与学生之间的关系、自己与同事之间的关系、自己与家长之间的关系、自己与领导之间的关系；要正确认识自己言行的是与非、对与错，辨别真善美与假恶丑，积累经验教训，培养良好的道德行为，提高思想境界，提高自己的师德修养。特别是班主任必须在自己的道德、情操、品行、作风等方面给学生做出好的榜样，把立德树人、为人师表作为自觉的行为，用良好的实际行动来熏陶感染学生，成为学生心目中的良师益友。当学生在我们的言行中汲取了正能量，受到了启发，教师是非常欣慰、非常幸福的。

（三）积极进行自我反思

鲁迅曾说："我的确时时解剖别人，然而更多的是无情地解剖自己。"一位师德修养良好的教师，必定是常常进行自我反思的人。班主任职业观的修养，要求我们在实践中自我学习、自我修炼、自我约束、自我调控、自我革新、自我修正、自我完善、自我提高；在反思中提升自己的道德判断力、道德领悟力、道德执行力，使我们的职业观修养更上一层楼。

（四）要向师德模范人物学习

榜样的力量是无穷的。师德模范人物在人们的心中确立了师德的典范，激发教师们不断升华自己的师德境界。一切优秀教师的道德实践，都是师德修养理论在教育教学实践中的具体化，具有鲜明、生动、形象、亲近的特点。云南省华坪女子高级中学校长张桂梅，创办全国第一所全免费女子高中，累计帮助

1800 多名大山女孩圆梦大学，是为教育事业奉献一切的"张妈妈"。2021 年 6 月 29 日，张桂梅老师荣获习近平总书记亲手颁发的"七一勋章"，并发表了动情而又朴实获奖感言，说出了一名人民教师的心声，反复阅读都极其感动。让我们再次重温张老师的发言精彩片段：

> 大家好！我叫张桂梅，是一名普通的人民教师……46 年前，我从东北到云南支边，成为一名教师。在无数次家访中，看着一个个山区女孩因贫困失学，我心痛到无法呼吸。我体会到，一个受教育的女性，能阻断贫困的代际传递，改变三代人的命运。于是，我决心创办免费女子高中，点亮贫困地区孩子们的梦想。

> 在党的关怀和社会各界支持下，华坪儿童之家、女子高中先后建立，近 2000 个女孩考入大学，172 个孤儿有了温暖的家……我们始终牢记习近平总书记"教育是国之大计、党之大计"的谆谆教导，坚持为党育人、为国育才，以党建统领教学、以革命传统立校、以红色文化育人，引导学生们感党恩、听党话、跟党走，做党的好女儿。

> 许多学生和我说，上大学后，第一件事就是申请入党，要成为一名光荣的共产党员，沿着革命先烈的足迹，哪里需要就到哪里去。我们在学生心中深埋一颗颗红色的种子，帮她们系好人生第一粒扣子，引着她们做共产主义事业的接班人。学生们远方有灯、脚下有路、眼前有光，在山沟沟里也能看到外面精彩的世界，看到美好的未来。

> 有人问我，为什么做这些？其中有我对这片土地的感恩和感情，更多的，则是一名共产党员的初心和使命。小说《红岩》和歌剧《江姐》是我心中的经典，我最爱唱的是《红梅赞》。受革命先烈影响，受党教育多年，我把党的声誉看得很重，把共产党员这个称号看得很重。我们所做的一切，不过是许多共产党员每天正在做的事情，而党和人民却给了我们如此崇高的荣誉。戴着这枚沉甸甸的勋章，我受到莫大的鼓舞。① 习近平总书记说："征途漫漫，惟有奋斗。"只要还有一口气，我就要站在讲台上，倾尽全力、奉献所有，九死亦无悔！

---

① 张桂梅老师代表"七一勋章"获得者的发言稿［EB/OL］.《人民教育》微信公众号，2021-06-29.

像张桂梅老师这样的楷模人物,其高尚的品德让人敬佩仰慕。学习先进人物的事迹,会使我们的精神受到洗礼,情感得到陶冶,信念更加坚定。我们要努力做到见贤思齐,见不贤而内自省,不断加强班主任育人观的修炼提升。

(五)要与同事相互交流学习

独学而无友,则孤陋而寡闻。同一个年级、同一所学校的班主任队伍中,都有许多育人情怀高远、工作经验丰富,班级建设成果显著的榜样。学校一般会通过德育分享会、德育教研会等正式场合,安排爱岗敬业、职业道德高尚、立德树人效果好的班主任分享,我们要多点赞,多学习借鉴;我们还可以利用各种非正式场合相互学习借鉴、相互提醒督促、相互帮助共同成长,强化团队共建意识,形成一个风清气正的教育生态。在区域内、区域之间,我们也可以通过名班主任工作室的微信公众号、各类德育交流群、德育名家公开讲座等途径进行协作互动,实现资源共享和信息交流,这对于提高职业观修养是大有裨益的。

第二节 哲学思维与班主任的学生观

马克思主义的价值观学说认为,正确的价值观应该遵循社会发展的客观规律,走历史必由之路,要站在最广大人民群众的立场上,维护人民群众的根本利益。班主任的学生观,亦是班主任的育人价值观,是指班主任对学生的本质、特征、成长发展过程等方面的基本看法,是班主任对学生的基本观点。班主任的学生观形成于自身的教育教学实践中,受一定的社会政治经济制度、文化传统、教育传统制约,受班主任对学生身心发展规律的认识水平的影响,还受班主任的职业观的影响。不同的学生观影响着班主任的工作原则、工作方式以及工作的倾向性,并在一定程度上影响着教育方向和效果。

按照正确的价值判断和价值选择的标准,正确的学生观必须遵循学生成长的客观规律,维护学生成长的长远利益和根本利益,以培育德智体美劳全面发展的社会主义建设者和接班人。这是我们审视和优化班主任的学生观的根本准则。

一、学生观的演化趋势

从"传统的学生观"向"新学生观"进化,是学生观的发展趋势。我们应当顺应这一必然趋势。

（一）摒弃传统的学生观

传统的学生观强调"师道尊严""师为上，生为下；师为主，生为仆；师为尊，生为卑"，是典型的"教师中心论"。在传统学生观的价值引导之下，学生被动地接受知识，学生的任务就是在教师主导下达到某种知识与道德体系的标准。这种学生观严重抹杀了学生的个性、创造性和进取精神。这种学生观与时代发展趋势和学生成长规律不相符。但传统的学生观依然存在于一些班主任的头脑中，他们推崇"师道尊严"，自觉或不自觉地忽视学生的合理诉求，压制学生的个性发展，造成了负面影响而不自知。

（二）辩证看待当前的学生观

在今天的教育，尤其是在普通高中，尽管传统的学生观已经初步退出教育舞台，但受应试教育、功利化教育思潮的影响，学生作为积极的、独特的、活生生的生命个体仍没有得到完全的认同。学生的合法权益、学生时代的独特价值、学生内在世界的尊严和秘密仍缺乏班主任的真诚接纳、理解和尊重。以"灌输"和"塑造"为主导的学生观还很有市场，学生被视作等待加工和塑造的"小大人"，被当成弱小的，被动的，需要保护、改造和加工的对象，学生没有完全摆脱被动接受教育的对象这一角色。

（三）拥抱新学生观

新学生观充分体现了马克思主义的人本思维，正在越来越被人们认可和推崇。在新学生观看来，学生是具有独立人格的、发展中的、有着完整生命表现形态的生命个体。新学生观真正遵循了社会发展和学生成长的客观规律，有利于实现学生全面而有个性的发展，是值得拥抱的学生观。

二、新学生观的特点

（一）学生是独立存在的、具有主体性的、活生生的人

班主任必须真正将学生视作具有独立人格、思想感情、主观能动性和认知潜能的活生生的人，要尊重学生的人格尊严，将学生视作主动、积极、有进取精神和创造性的学习者；必须要承认和接受学生个体发展的差异性，并将其真正视为人个性形成和完善的内在资源，因材施教，促进学生的个性化发展；必须给学生自由想象与创造的时间和空间，把精神生命发展的主动权交给学生，

使学生真正成为学习活动的主人。

（二）学生是富有潜力的发展中的人

学生具有巨大的发展潜能尚待开发，其身心发育还不够完善，需要教育者科学、合理地开发与发掘；学生又是已具有一定能力并享有一定权利的主体，我们对这个权利要给予应有的尊重和适当的保护。班主任必须相信每一个学生蕴藏的巨大潜能，自觉地将"让每个孩子都获得成功"作为教育信条，相信、热爱每一位学生，成为每一位学生发展道路上的助燃器和指导者；必须以发展的眼光看待学生，把学生作为一个发展的人来对待，要理解学生身上存在的不足，允许学生犯错误，并努力帮助学生改正错误，从而不断促进学生的进步和发展。

（三）学生是独特的成长中的人

学生时代是人生命历程中最富生命活力、生命色彩最为丰富斑斓、生命成长最为迅速、最为重要的时段。班主任必须肯定其作为人完整生命历程的重要组成部分所具有的价值；必须理解并尊重学生独特的精神生活、内在感受以及不同于成人的观察、思考和解决问题的方式，肯定充盈着纯真情趣、智慧、和谐和生命活力的学生世界的价值；必须深入学生独特的内在世界，关注学生内心的奥秘，真正地把学生当"学生"，尊重学生的生活经验和独特体验，充分关注每一位学生身上蕴藏的丰富、独特的发展"资源"，将教育定位为激活学生潜能、唤醒学生灵性，从而实现学生人格、个性、生命活力的真正"解放"。

梳理学生观的演化趋势，剖析新学生观的要点，会使我们对学生成长规律的认识有所深化。顺应全面而有个性地发展的社会潮流，摒弃传统的学生观，辩证梳理当前的学生观，热情拥抱新的学生观，我们才能全身心地去热爱学生、理解学生、尊重学生，为有着悠久文化历史的中华民族培养出一批批能自立于世界民族之林的人。

三、强化"五育并举"的学生观

新修订的《中华人民共和国教育法》第五条明确规定党的教育方针是："教育必须为社会主义现代化建设服务、为人民服务，必须与生产劳动和社会实践相结合，培养德智体美劳全面发展的社会主义建设者和接班人。"党和国家反复强调，我们的教育事业必须落实"立德树人"的根本任务，培育德智体美劳全面发展的社会主义建设者和接班人。2018年9月10日，习近平总书记在全国教育大会上明确提出，健全立德树人落实机制，扭转不科学的教育评价导向，要坚决克服唯分数、唯升学、唯文凭、唯论文、唯帽子的顽瘴痼疾，从根本上解决教育评价指挥棒问题，扭转教育功利化倾向。2020 年 10 月，中共中央、国务院印发的《深化新时代教育评价改革总体方案》指出，正确评价"指挥棒"对促进学生身心健康、全面发展具有十分重要的意义。该方案明确要破除以分数给学生贴标签的不科学做法，强调德智体美劳全面发展的育人要求，提出树立科学成才观念、完善德育评价、强化体育评价、改进美育评价、加强劳动教育评价等改革要点。作为新时代的班主任，要通过理解《深化新时代教育评价改革总体方案》，深刻领会到国家"破五唯"，改革教育评价的价值导向，结合实际审视和优化自身的学生观，与国家意志保持一致。

受长期以来的应试教育的影响，当前很多学校和班主任对学生的评价普遍存在"重智、轻德、弱体、抑美、缺劳"的弊端。作为新时代的班主任，要充分认识到"学生没有分数，就过不了今天的高考，但如果只有分数，恐怕也赢不了未来的大考"。我们的眼里不要"只有分而没有人"，我们的学生眼里不要"只有分而没有光"。为此，我们在班级管理和学生评价中，要自觉地克服"唯分数"的错误习惯，坚决不以分数给学生贴标签，要树立科学成才观念，坚持以德为先、能力为重、全面发展，坚持面向人人、因材施教、知行合一；在班级建设和学生评价中，要切实引导学生坚定理想信念、厚植爱国主义情怀、加强品德修养、增长知识见识、培养奋斗精神、增强综合素质。我们既要着力培养良好的生活学习习惯，更要引导学生践行社会主义核心价值观，立志听党话、跟党走、扎根人民、奉献国家；要创设丰富多彩的平台渠道和活动，让学生得到充分发展；要指导学生建立和丰富自己的成长档案，顺应综合素质评价的要求。

受社会和家庭等因素的影响，患有抑郁、厌学等心理疾病的学生越来越多，情况越来越复杂。心理健康教育越来越成为班主任工作的重要内容。强化德智体美劳全面发展的目标导向，应该特别强调心理健康教育，将心育与德育深度融合，增强学生的心理素质。应当坚持以心育引领五育，协同科任老师、家长和同伴，全员参与心育工作，把心育贯穿学生成长的全过程，并全面覆盖到教育各方面，帮助每一个学生自由呼吸、真诚交流、向阳生长，为学生的终身幸福发展奠基、领航。

四、用新学生观促进学生自主有为成长

众所周知，人本思维的本质是"以人民为中心，人民至上"价值导向。从世界观看，它强化了人民群众的主体地位；从方法论看，它是群众观点、群众路线。习近平总书记解读为"为了人民、依靠人民、人民共享"。以班主任的视角看，一切育人工作是为了学生的全面和长远发展，并在育人工作中实现自我发展。

现实中，绝大多数班主任是信奉"一切为了学生，为了学生的一切"这个价值导向的。很多班主任对学生的主体地位认识不够，对学生的个体差异缺乏充分的了解，对学生成长的潜力开发不足，对学生成长的进程缺乏必要的耐心；他们为学生想得太多太细，以自己的思考和安排代替学生的思考和谋划，将学生所有的时间、事务都做了安排，呈现出无微不至的、事必躬亲的"保姆式"工作风格。班主任包办太多、过度劳累，却没有实现自身的德育专业成长，学生被过度保护而失去成长机会。显然，这与时代发展潮流、学生成长规律、学生根本利益是不符合的。

我们要以人本思维为指导，审视和优化学生观，真正做到尊重学生的主体性，依靠学生的力量和智慧推动班级建设，以全体学生共享班级建设的成果作为最有效的抓手。要大张旗鼓、千方百计地践行自主管理、自主教育，鼓励学生在建设班级生命共同体中做人做事，"在游泳中学会游泳"，在具体实践中实现自主有为成长。

（一）明确推进自主管理、自主教育的奋斗目标

为了培养学生自主有为成长，为未来一生的发展奠基，需要改善班主任的职业体验，从事务性保姆型班主任升级为有温度、有思想的智慧型班主任。

（二）梳理推进自主管理、自主教育的关键抓手

我们要真正相信学生自主成长的权利和潜力，以发展的眼光观察和发掘学生的优点，相信学生和学生干部有积极向上生长的愿望和智慧，大胆放手地教学生学会自主生活、自主学习、自主交往、自主做事。只要我们摒弃"唯分数、唯升学"的狭隘思想，就会回归"多元智能"的基本常识，发现我们身边没有真正的"差生"，人人都是别具一格的优生。只要我们认真观察，深入发掘，就会发现每一位学生都有独到的长处，就会看到学生成长的潜力。我们一定要平等对待每一位学生，尊重学生的个性，理解学生的情感，包容学生的缺点和不

足，善于发现每一位学生的长处和闪光点，让所有学生都成长为有用之才。以真心相信学生，就会真正建立和强化师生之间的相互信任，为班级建设和育人工作奠定最宝贵的基础。我们要引导学生学习书本知识仅仅是学习的一方面，生活是一部无字书，要引导学生学会独立，学会做人，学会自强不息；人要谦虚谨慎，所以要向周围的同学学习，要在学习的过程中学会合作，学习团队精神。

（三）创设情景，搭建平台，发展学生的优势和长处

从班主任视角看，推进班级建设、促进学生成长的维度主要是"班级规则与制度的制定与执行""班级事务的梳理与布置""班级干部的培养与使用""班级活动的筹划与实施"和"班级发展规划的编制与推进"。我们不仅仅要把学生当成管理和教育的对象，更要把学生当作管理和教育的资源；要理直气壮地推行自主管理、自主教育，激发学生的主人翁精神，引导学生参与班级规则与制度的制定和执行；要系统梳理班务，使班务分工明确，把善于管理的学生安排到班务管理的各个岗位，让学生成为班级管理的直接参与者；要向学生灌输"有为才有位，有位更要有为""管理就是沟通、管理就是服务"的正确观念，充分调动学生班级管理的积极性；要指导学生干部学生梳理、班务处理的标准和流程，帮助他们进行谋划、沟通、布置、检查、评价、反思工作，实现班级的自主管理，发展学生的管理才能；要建立班级内部良性有序的竞争机制，利用学生争强好胜的心理激发学生在良性竞争中发展潜能；要围绕成长导向、生涯规划进行主题教育，引导学生全面深入地认识自我、分析环境，实现未来学业、职业和人生规划，有效管理自己的学习和生活，认识和发现自我价值，发掘自身潜力，有效应对复杂多变的环境，发展成有明确人生方向、有生活品质的人。

（四）遵循科学的人才观，向学生灌输成长意识

制定班级公约等班级规则，充分让学生参与讨论，发表意见，聚合学生的集体智慧，为自主管理奠定深厚的民意基础；通过班级的评优推先，鼓励学生全面梳理自己的成长和贡献，在班上进行述职报告和民主投票，为优秀学生和学生干部确立权威，为班集体树立正确的舆论和先进的榜样；在落实学生操行评定等德育量化评分规则时，组织学生进行自评、互评、小组评，从而引导学生按照正确的尺度进行自我反思，吸纳他人和组织的意见，实现自我成长；学生犯错误后，遵循《学生惩戒教育规则》的要求，及时实施适当的惩戒教育，

引导学生反思散漫任性带来的多方面不良后果，思考遵规守纪对维护公共利益和个人私德修养的积极意义，寻求行之有效的悔过自新的方式途径；我们还要利用"综合素质评价系统"，指导学生自主积累和整理自己的阶段性成果，以充实成长档案，强化成长体验，并为未来的升学、择业和长远发展积累竞争优势。

推进自主管理。自主教育是符合人的发展规律的，是符合学生长远发展利益的。"自主"不仅是人的需求，更是社会的需求、教育的需求。坚持人本思维的引领，拥抱新学生观，践行自主教育，让学生终身受益。推进自主管理、自主教育也是最能够"改善职业体验"的。一方面，千方百计地教学生、大张旗鼓地放手让学生有序有效地处理各种事务，从学生自主有为的成长中体验到班主任育人工作的喜悦；另一方面，有助于实现班主任从琐碎的重复的事务性劳动中解放出来，把精力用来总结和梳理育人故事，把教学生做人做事的实践经验整理提炼为德育科研成果，推进自身的德育专业成长。

总之，班主任的育人观包括职业观和学生观两个部分。自觉遵循人本思维的价值导向，深入思考我们从事的教育事业、教师职业和学生成长的重要意义，审视和优化我们的职业观，丰盈自己的精神世界，提高育人工作的精神动力；审视和优化我们的学生观，自觉推行自主教育，既可让学生受益，也能促进教师自身发展。

（陈钊　佛山市顺德区伦教中学）

第三章

哲学思维与教师工作智慧

本章是全书的主体部分，重点阐述"怎么办"的问题。主要从相对微观的角度说明班主任教师如何运用马克思主义哲学思维提高教育教学的工作效率，提升教书育人的实际效果和工作智慧，以及哲学思维在班级管理实际工作中的具体运用等。

第一节　哲学思维与自身修养

对教师隐喻和"教师支架论"的哲学思考

习近平总书记说："一个人遇到好老师是人生的幸运，一个学校拥有好老师是学校的光荣，一个民族源源不断涌现出一批又一批好老师则是民族的希望。"① 自古以来，世人给了教师很多的尊称，有关教师的隐喻很多，内涵也十分丰富，相互之间还有交叉之处。由于教师隐喻本身具有内涵不确定性、解释多元化、带有情感色彩等特点，每个人会有不同的感悟。再加上人们的立场、观点和方法不同，每个人的知识结构、认识能力和认识水平不同，对同一个确定对象会产生不同的认识。事物是运动、变化、发展的，我们要用发展的观点看问题，尤其是随着新时代教育的发展，教师本身对每一个说法都有自己的见解，甚至会觉得有些教师隐喻的部分内容跟当今时代的教师工作实际不贴切了。

教师对自身职业标准的自我认知和自我觉醒很重要，它直接关系到教书育

---

① 习近平同北京师范大学师生代表座谈时的讲话 [EB/OL]. 人民网，2014-09-10.

人工作的态度和效果。矛盾是事物发展的源泉和动力，矛盾具有普遍性，我们要用对立统一的观点看问题，坚持用辩证、全面、一分为二的观点看问题。不同的教师隐喻表达了对教师职业某些特征的歌颂与赞美，但是又不可能涵盖教师职业的全部特点及教师的职业素养要求。我们必须坚持用联系、发展、全面的观点看问题，反对用孤立、静止、片面的观点看问题。矛盾分析法是认识事物的根本方法，具体问题具体分析是马克思主义的活的灵魂，是正确认识事物的基础和正确解决矛盾的关键。就像真理具有条件性一样，教师隐喻同样也要随着时代的变迁和学校教育教学改革的发展而不断充实、完善内涵，坚持与时俱进，牢记立德树人的初心使命，紧跟我国经济社会的发展步伐。下面结合收集整理的观点和自己的思考，对这些隐喻进行简要的分析，探讨教师到底是做什么的，这些隐喻反映了什么样的教育理念，进而探讨新时代新课程理念下需要什么样的教师观，希望有助于拓宽并加深我们对教师职业的理解，不断更新教育教学理念，努力成为一名优秀的人民教师。

一、传统教师角色的几种隐喻和反思

在历史上，很长一段时间教师职业功能的核心内涵就是：教师是社会上传播文化知识的人。韩愈在《师说》中写道："师者，所以传道受业解惑也。"教师角色被各种比喻性的说法描述、概括和定位。经过整理，在历史传统中具有代表性的教师隐喻有：教师是照亮学生的蜡烛；教师是人类灵魂的工程师；教师是园丁；教师要给学生一碗水，自己要有一桶水。这些观点可以简单被概括为"蜡烛论""工程师论""园丁论"和"桶水论"。针对上述观点进行重新审视，这些经典性的教师隐喻也有不足之处，需要进行反思。

（一）蜡烛论

"老师像红烛，燃烧自己，照亮学生；老师像春蚕，默默无闻，无私无畏。"作为教师，我一直对把老师比作蜡烛有种不太好的感受，"春蚕到死丝方尽，蜡炬成灰泪始干"。这样的说法让做教师有一种悲壮的感觉。

首先，"蜡烛论"体现了教师这个行业的无私奉献精神，对教师职业给予了崇高的赞美和肯定的同时，也对教师的思想境界提出了苛刻的要求。教师是蜡烛，是奉献和给予，它表明教师从事的是一个非常崇高的事业。一名优秀的教师就像红烛一样，无论身处繁华的都市，还是偏僻的乡村，都会无私地将自己全部的光和热洒向每一个角落。但"蜡烛论"给教师的定位太高，它反映了社会普遍对教师这个职业所抱有的过高期待。实际上，蜡烛的光是十分有限的，只能照亮学生的一部分，甚至有时会限制学生的发展。教师也是普通的人，也要重视自己的生活，有自己的情感和兴趣爱好。如果教师认识到自己在服务于别人的同时也在为自己谋福利，便会在"为人师表"的同时创造条件发展自身。"学高为师，身正为范。"身为教师就要发扬奉献和敬业精神，自觉遵守教师职业道德规范。

其次，教师这个职业享受着很高的社会地位，受到社会各界人士的尊重。教师被认为是知识的拥有者、道德的表率、行为的楷模。"蜡烛论"忽视了教师自身的持续学习与成长，淡漠了教师的内在尊严与劳动的快乐。因为教师不仅要把自己的光照到需要光的地方，而且需要给自己不断充电。为学生的发展和自己的成长而不断充电，于人于己都受益无穷。教师不必像蜡烛牺牲得那么悲壮，把自己全部燃烧尽了。如果一定要从燃烧发光的角度比喻教师，也可以把教师比作现代的火炬，"教师像火炬，照亮别人、升华自己"。这样的比喻，教师就没有悲壮感了。

最后，"蜡烛论"过于强调教师照亮别人和传播知识的功能，表现出一种"生重于师"的不平等的师生关系。光是有方向的，总是朝着一定的目标去照亮。而教师的光只能跟着学生走，围着学生转，教师的自身发展没有得到重视。教师作为蜡烛，不仅要照亮别人，也要照亮自己，教师也有自己的生命，需要与学生"教学相长"。教与学其实是一个相辅相成的过程，教师在发展学生的同时也发展了自身，而教师在发展自身的同时也就发展了学生。新的课程改革特别强调了新型的民主、和谐、平等的师生关系，强调教师既要照亮别人、传播知识，也要实现教学相长、发展自我，不断推动自我的提升与超越，推动教育教学工作的发展与进步。只是一味地满足于照亮学生而逐步耗尽自己，这不应该是教师追求的最后结局。

（二）工程师论

"教师是人类灵魂的工程师"，这种说法认为教师的职责是育人，教师不仅仅是向学生灌输知识、培养能力，而且要注重学生的心灵发展，要塑造学生的灵魂。然而，"工程师论"隐含了一个致命的矛盾，即活的（有生命的）灵魂和死的（无生命的）工程之间的冲突。

首先，将教师比喻为工程师，忽视了学生的差异性，违背了因材施教的原则，不利于培养创新型人才。教育被作为一个大工厂，教师是工厂里的工程师，学生是被批量生产的、规格相同的产品，教师在进行教育之前就已经有了一张事先设计好的蓝图。这种工业化管理模式要求"工程师"们用整齐划一的尺度和标准衡量和检验每一个工业产品。符合统一标准的产品是合格的，不符合的则将被淘汰，"工程师论"暗示了一种固定、统一的质量标准，这样培养出来的学生缺乏创新精神，不利于推动社会的进步。

其次，"造灵魂"这个工程将教师提升为一个"圣人"，可以按照自己既定的方案塑造学生的精神世界，这在夸大教师作用的同时也忽视了家庭社会的责任。"灵魂"这个概念将教师提升到一个神圣的境地，可以按照自己既定的方案塑造学生的精神，把学生看作一张白纸或一团泥巴，由教师画画或塑造。也许，这个隐喻反映了中国人的一种思维方式，即将抽象和具体、有生命的和无生命的、人和宇宙合为一体。教师工作的主要职责是教书育人，同时也要特别注重学生心灵的健康发展，而不仅仅是向学生灌输知识。教师要对学生进行德育教育，帮助学生树立正确的世界观、人生观、价值观，但学生"灵魂"的形成是学校、家庭、社会等多种因素起作用的结果，我们不能否认也不要夸大教师的作用，更不能忽视家庭和社会应尽的责任。

最后，"工程师论"一方面比较重视教师的主观能动性，教师可以按照自己的意愿塑造学生；另一方面由于评价标准的统一让教师缺乏必要的自主权，有自相矛盾的地方。教师可以塑造学生的灵魂，表明教师可以发挥主观能动性，充分施展自己的才智，有较大的教师自主权，可以改变学生。但由于学校教育中学生评价标准的同一性，上级对"产品"通常有统一的要求和规定，工程师只能按照一定的工艺要求、方案和流程操作，这就不具备教师所应该具有的主动性。而学生是有思想、有灵魂的人，是一个个活生生的个体。教育从某种意义上说，既是一门技术又是一门艺术，教师的工作不能完全被规范，必须给予一定的想象和创造空间。学生是具有灵性的人，其灵魂需要的不是被"塑造"，而是被"唤醒""激发"和"升华"。

（三）园丁论

教师是园丁，修枝整叶，用心培育祖国的花朵。

首先，"园丁论"这个隐喻反映的是一种农业生产模式，这个模式考虑到了教育的过程性，教育学生就像培育花朵，但教师的作用只是辅助其生长。"园丁论"认为学生像种子，有自己发展的胚胎和自然生长的可能性都依赖于教师来浇水、培土。与"工程师论"相比，"园丁论"更加重视学生的生长性，既考虑了学生发展的共同规律，同时又照顾了学生个体发展的差异性。园丁无论多么努力浇水施肥，都无法将一株玫瑰培育成一棵紫荆；他们能够做的就是顺其自然，使这株玫瑰长得枝繁叶茂，花开似锦。种子没有园丁的培育也能自己生根发芽、开花结果，虽然这种生长可能质量不高。学生没有教师的帮助也会自行发展，虽然这种发展可能"误入歧途"。但是，如果教师不能提供学生所需要的帮助，也有可能阻碍学生的发展，如不恰当的施肥、浇灌、打药。这种教育不仅不能帮助学生成长，反而会给学生的心灵造成危害，扼杀他们的好奇心、创造力和正义感。

其次，园丁修枝剪叶在一定程度上限制了学生的发展，教育是一个充满了不确定性的过程，教师对学生不能过分地强制和灌输。教师是园丁，教育阶段的顺序具有固定性，教育缺陷具有不可修复性（季节与时令），存在着淘汰制（间苗），还有人为的强迫制（修剪）。学生的学习是在与教师、教学资源以及其他学生的互动中建构出来的，新的知识可以随机进入，是一个动态的过程。教育是一个充满了不确定性的过程，并且在不断发展变化，所以存在许多可能性，需要教师运用自己的智慧面对很多事先无法预料的新问题。强制会激发孩子的叛逆心理，原本有魅力的知识，变成孩子们心中的敌人，他们会以为就是这些知识让他们的童年不再快乐，从而产生厌学心理。

因此，有教师认为，与其把教师比喻为园丁，不如比喻为太阳。太阳有永恒的光和热，能给天地万物提供温暖和阳光，使种子发芽、成长。教师就像是一轮太阳，可以为学生的发展播下光和热，使学生变得强健有力、自强自立，完成自身生命的追求。

（四）桶水论

"教师要给学生一碗水，自己要有一桶水"这一隐喻强调的是教师知识和能力的必要储备，对教师的职业能力提出了很高的要求。

首先，"桶水论"是用一种静态的眼光来衡量教师的知识储备，而且是重量轻质的知识观。桶比碗大，一桶水总能对付得了一碗水的需求，它强调教师在知识和能力的储备上要多于学生，教师以"先知者"和"过来人"自居。"桶水论"对教师知识和能力的要求主要是量上的储备，似乎越多越好，缺乏对"水质"的要求。而我们不得不考虑教师桶中水的质量如何，这涉及"什么是知识""什么样的知识最有价值"这类问题。即使教师自己也很难肯定自己这桶水对学生是否有用，这桶水倒给学生，学生是不是真的想要。特别是在当前这个知识日新月异的时代，教师如果不及时更新自己的知识储备，原有的那桶水恐怕不但没有用，甚至早已过时了。当然，强调质并不是说就不需要量，但质和量必须结合起来。教师光有满满一桶平常的水（信息、知识）是不够的，还需要更加精练的、营养丰富的、高质量的水（智慧、修养、情操、全面素质）。

"桶水论"这个隐喻认为教师的知识和能力的储备一定要多于学生。有人甚至认为，在现代社会的教师只有"一桶水"已经不够了，应该是"自来水"，学生什么时候想要，随时都可以拧开水龙头，不管要多少水，都可以哗哗地流出来。而在科学技术突飞猛进的今天，教师在某些方面的知识储备并不一定多于学生。学生在日常生活中有很多机会接触新事物，可以在新闻媒体、网络和与人交往时学到很多老师不知道的东西。"桶水论"正面临新的挑战——学生的知识不是或不全是来自老师。中国人民大学附属中学就推出了"无线网络教学实验班"，该实验班的学生不受时空限制，通过无线网络分组讨论，并能借助无线环境自由进入学校图书馆数据库查询资料。无线网络教学对教师"一桶水"的挑战简直就是致命的，教师知道得再多，能比得上网络吗？这个例子也许极端了些，有教师觉得那离我们似乎还是遥远的事情，但是我们从现在开始必须先从观念上改变自己"水桶"的地位。

其次，在教育方法方面，"桶水论"体现的是一种灌输式的教育方法，忽视了教学的创造性。"桶水论"不仅没有强调教师知识储备的质量，而且没有考虑到对教学方法的要求，倒水的方式、时机、策略均不在考虑之列；不仅没有考虑到学生作为独立学习者和终身学习者的能力和条件，而且没有考虑到对教师教学的要求。似乎教师只要有一桶水就够了，至于他们应该如何倒这桶水、往学生的碗里倒时会不会倒歪、水会不会溢出来等问题都不在考虑之列。这种灌输式教学，学生被当作知识的容器，忽视了教学的创造性，不利于知识的融会贯通。

最后，如果教师在教学中坚持"桶水论"，将很难使自己的学生做到"青出于蓝而胜于蓝"。"桶水论"所隐含的学习观非常狭窄，认为学习涉及的主要是学校内、课堂上、书本上和教师拥有的知识，而没有意识到学习具有十分丰富的内涵，它可以超越学校、课堂、书本和教师，延伸到不断变化着的、丰富多彩的生活世界。因此，与其期待教师时刻有一桶水往学生的碗里倒，还不如把教师当成一个帮助学生挖掘泉水的人。学生就是一眼泉，一眼取之不尽、用之不竭的泉，而教师就是引导发掘泉水的人，使泉水喷涌而出，永不停息。教师应该从"倒水人"变成"挖泉人"，为具有不同个性的学生的终身成长出一镐之力。

二、"教师支架论"和新时代的教师观

在对"蜡烛论""工程师论""园丁论"和"桶水论"进行重新思考之后，需要强调的是，教师本身应该扮演多重角色，新时代教育教学改革并没有否定它们，而是根据新课程改革的思想和理念剔除了它们的不足，进而强调要创新关于教师的概念，要按照新课程的要求切实转变教师的观念。刘儒德教授有关"教师支架论"的讲座讲到教师支架的精髓是让教师去做学生的指导者、引导者，教师支架的作用是发展学生能力，促进学生全面发展，它符合新时代教育教学改革的实际和理念要求，带给我们许多的启示。

（一）什么是支架式教学

"支架"是建筑业中的一个用语，也叫"脚手架"或"鹰架"，指的是搭在正在修建的房屋外围的一种结构物，作用在于为建筑工人提供站立的平台，使他们能逐层地建房子。"支架"在字典上解释为"支持物体用的架子"。

"支架式教学"是近几十年来国外流行的一种教学模式，该模式强调对教师"教"与学生"学"之间相互关系的一种新的见解，探讨其以学生为中心的教学过程中的师生互动。"支架式教学应当为学习者建构对知识的理解提供一种概念框架。这种框架中的概念是为发展学习者对问题的进一步理解所需要的，为此，事先要把复杂的学习任务加以分解，以便于把学习者的理解逐步引向深入。"①目前开发出的支架式教学流程为：搭脚手架→进入情境→独立探索→协作学习→效果评价。简言之，支架式教学就是教师先围绕当前学习主题，按"最邻近发展区"的要求建立概念框架。接下来将学习者引入一定的问题情境并创造合适的条件让其独立探索。探索开始时要先由教师启发引导，然后让学生自己去分析；探索过程中教师要适时提示，帮助学生沿概念框架逐步攀升。这期间学习者通过各种学习策略如协作等进行意义建构；最后对学习者的意义建构进行整体评价。

（二）支架式教学的理论依据

"支架式教学"是美国教育家布鲁纳根据著名心理学家维果茨基的社会建构主义理论和最近发展区理论提出来的。维果茨基认为，在测定儿童智力发展时，应至少确定儿童的两种发展水平：一是儿童现有的发展水平；二是儿童潜在的

---

① 何克抗. 建构主义的教学模式、教学方法与教学设计 [J]. 北京师范大学学报（社会科学版），1997（05）：8.

发展水平，这两种水平之间的区域称为"最近发展区"。教学应从儿童潜在的发展水平开始，不断创造新的"最近发展区"。支架教学中的"支架"应根据学生的"最近发展区"来建立，通过支架作用不停地将学生的智力从一种水平引导到另一种更高的水平。

从马克思主义哲学思维的角度来分析，"教师支架论"强调以学生为中心的教学过程中的师生互动，体现了以学生为中心的人本思维；按"最近发展区"的要求建立概念框架，体现了具体问题具体分析的因材施教教学理念。

（三）教师的支架作用与建筑业中的支架作用的主要区别（如图1、2所示）

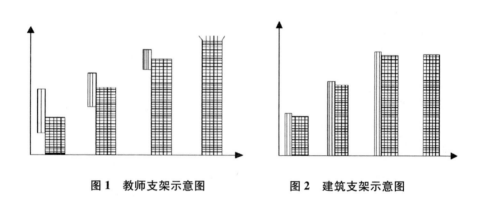

图1　教师支架示意图　　　图2　建筑支架示意图

首先，建筑支架总是平地而起，而教师的支架不能从零开始，而是架在学生需要的地方。因为学生不是空着脑袋走进课堂的，所以支架就不能从零点搭起，支架的落脚点应在学生的最近发展区，即现有水平和学生独立完成任务达到的水平之间的落差。

其次，建筑楼房所用的"支架"与所建的楼房在建设过程中大致是以同样的高度增长的；而教师教学过程中的"支架"必须要适当高于学生的现有水平，但也不能无限度地增高，支架必须要落在学生的"最近发展区"之内。

再次，在建筑中，随着建筑物的增高，支架也越来越长，这种支架并不是房子本身的必要部分，也非其组成部分，因而在房屋建好之后，就会被拆掉或撤走。而在教学中，教学支架互动递减，即根据学生的临场状态生成，随着学生知识能力的不断提高，教师支架越来越短，直到逐渐淡出。教学支架的作用是给学生适时、适当、适量的支持与帮助，最终的目的是帮助学生自主生长，从而达到没有了支架学生还能生长的教学目的。因此教学支架不可能一直紧随学生，教师要逐渐淡出，直至撤出支架。

最后，在建筑中楼房楼层的增长始终依赖支架，楼房自己无法自动增高；而教师从"支架"角色中淡出后，学生的发展不会像楼房一样"封顶"，仍然会独立向上增长，学生可以进一步发展，达到"青出于蓝而胜于蓝"，甚至无穷。正如维果茨基所说的，今天在别人的帮助下能做到的事情，明天自己完全能够独立做到。

（四）"教师支架论"的启示和新时代教师观

百年大计，教育为本。教育大计，教师为本。教师是立教之本、兴教之源，承担着让每个孩子健康成长、办好人民满意的教育的重任。教师是学习活动的组织者和引导者，我们应该怎样理解"组织者和引导者"的含义，如何把它转化成自己的教学行为？"支架"理论无疑在很大程度上反映了新一轮课程改革及新高考评价体系改革的趋势和理念，在实践中对教师角色的转变提出了严峻挑战。"教师支架论"强调教师是学习活动的组织者和引导者，教师是方便学习的人，是学生学习的促进者，支架的落脚点应在学生的最近发展区。这一挑战将使我们进一步深刻反思自己的课堂教学行为和角色定位。例如，我们是否注意了学生的"目光"，我们如何看待呈现在我们面前的活生生的学习者；我们的"课堂站位"在哪里；我们的行为如何转变才能充分运用我们的"支架"作用，将学生培养成一个个可以独立学习的人；等等。教师要研究学生，研究学生的接受能力，让每个学生都"吃饱吃好"，都能在自己原有的基础上更进一步。一个高明的教师就是在教会学生自主学习的同时又能尽快使自己撤出来，是能处理好搭建支架与撤出支架的辩证统一关系的教师。

教师必须树立终身学习理念，深耕课堂，跟学生共同努力，共同成长，要不断提高自己的教育教学水平、智慧和艺术，千方百计帮助和引导学生，让学生的努力更有价值、更为高效，让学生的努力与成绩画等号。

教育是发展的，关于教师角色的隐喻也是发展的。但无论何时，这些关于教师角色的隐喻都体现了教育专家和一线教师对教育理论的深入理解和感悟。每一位教育工作者都要进行反思，不断更新观念，努力做好教书育人的工作。

教师是太阳底下最光辉的职业。世人把最好的赞美赋予了教师，也把沉甸甸的责任和殷切的希望寄托在教师身上。教师只有具备高尚的道德情操和人格魅力，才能使学生"亲其师而信其道"。我们要始终牢记立德树人的光荣使命，学为人师，行为世范，真正成为新时代"有理想信念、有道德情操、有扎实学识、有仁爱之心"的"四有"好老师。

（刘彦 佛山市顺德区罗定邦中学）

以生为本，回归教育本真

人本思维崇尚一切活动要尊重人、依靠人和为了人。由此可见，人本思维强调彰显人间大爱。而爱，是一种崇高深挚的感情，是人类永恒的话题。陶行知 生提倡"爱满天下"，苏霍姆林斯基提倡"爱是一切教育的核心"，孔子提倡"仁爱"，墨子提倡"兼爱"，老子提倡"和谐"，蔡元培提倡"美感教育"……前人在毫无保留地去爱的同时，也在教育我们该如何去爱。

一、爱在其中者，内心丰盈

巴特尔说："教师的爱是滴滴甘露，即使枯萎的心灵也能苏醒；教师的爱是融融春风，即使冰冻了的感情也会消融。"[①] 崇高纯真的人性之爱就是最为真诚的教育，它是冬日里的阳光，温暖人心。

"疼爱自己的孩子是本能，而热爱别人的孩子是神圣！"教师对学生发自内心的爱，是无私的、广泛的且没有血缘关系的。在我看来，它严慈相济、神圣高尚，奠定了师生的感情基础。

没有爱就没有教育，而教育使爱升华。《爱的教育》中，主人公的父亲对科罗塞提老师评价道："除了我父亲，再没有像您——我的老师，这样的人那样爱我了。我永远忘不了老师对我的谆谆教诲，也忘不了对我的严厉责备。"当父亲44年后再次探望科罗塞提老师时，老师还能把父亲就读一年级时的信息说出来，紧紧抱着父亲，令人瞠目结舌。是什么促使老师一直记得？正是师爱啊。科罗塞提老师用春泥护花的情怀诠释师爱，用爱滋润学生的心灵，让学生沐浴在爱的甘霖下成长，教育的真谛是爱心的无私奉献。

作为一名思想政治理论课教师，我具有坚定的政治信仰和深厚的家国情怀，始终牢记立德树人的初心使命，发自内心地热爱教师职业，勤奋进取，静心教书，潜心育人，爱岗敬业。做学生的精神领袖，培养学生爱国情感、政治认同、

---

① 王琳. 人文素养视域下高校思想政治教育研究［D］. 中国矿业大学（北京），2018.

责任担当，引导学生扣好人生第一粒扣子，践行社会主义核心价值观，为学生的终身发展奠基。坚守"责尽心安，幸福人生"的人生信条，在充满希望的教育园地辛勤劳作、孜孜不倦，在平凡的教师岗位上立德树人、恪尽职守。

二、爱在其中者，深情忘我

习近平总书记说："一个人遇到好老师是人生的幸运，一个学校拥有好老师是学校的光荣，一个民族源源不断涌现出一批又一批好老师则是民族的希望。"① 老师涵养师德，忠于职守；为人师表，甘为人梯；关爱学生，爱岗敬业，正是因为坚持了"双手扶持千木茂，慈怀灌注万花稠"的教育情怀啊！

在我的眼里，没有差生，每个学生都能学有所得。那天下午6点，放学很久了，我正准备收拾好东西下班，此时，鲜少来办公室的丽婷同学带着刚考完的试卷来找我面批。我感到很惊喜，立马放下手中的包，将初三学生的学业摆在第一位。她低下头，忐忑不安地说："老师，这些我都不会。"我微笑着，希望给她一些心灵上的抚慰。"没关系，你愿意问，我非常高兴。不会的，我帮你解答，争取早点弄懂。"于是，我放慢节奏逐题慢慢讲解，丽婷的眼睛里逐渐闪出喜悦的光。当我教她一个知识点时，她不断地重复着一次、二次、三次……生怕自己记不住。这令我很感动，虽然她基础不好，但却愿意努力改变自己。讲解完后，夕阳已西下，但是在关灯离开的一刻，我却深觉内心的充盈，这是时间买不来的，对吗？我觉得内心最大的快乐是看到学生的成长，找到自己翱翔的方向。细细回想，每一次学生向我表达感激和敬意，我都会莫名激动，深深地感受到自身作为一名平凡教师却有着最崇高的价值。

三、爱在其中者，慈悲为怀

爱，一路上经历着许许多多或快乐，或忧伤，或感动，或幸福。《爱的教育》一书中提到女教师之死。我为她感到可怜，她对学生是那么真心真意，耐心善良，毫无保留，去世前把一切都送给学生。她的悲剧，使我涌起无限的伤感，在平凡的教师行业里，难免有许许多多"她的身影"。像"燃灯校长"张桂梅的故事，无须煽情，便使知晓者泪如泉涌。她身患重疾，多次与死神擦肩而过，却仍不忘立德树人，倾情投入，矢志不渝，尽好教书的责，帮助大山里的女孩圆梦大学；严格管理，睿智，亲和，自信，富有激情，超越自我，淡泊

---

① 习近平同北京师范大学师生代表座谈时的讲话［EB/OL］. 人民网，2014-09-10.

名利，化育人心，做女孩子的精神领袖，创造了大山里的"教育奇迹"；治贫先治愚，扶贫必扶智，她用教育事业，为阻断贫困的代际传递付出一生。时刻践行着"如果我是一条小溪，就要流向沙漠，去滋润一片绿洲"的理念。

我深爱教育、甘于清贫，22年坚守在农村薄弱学校。因年年带毕业班，我不断探求教学的真谛，沉潜于道德与法治课堂的思与行，炼制了基于"智慧·体验·素养"的教学主张，凝练了"境"入生活、"润"泽生命新时代的"大先生"教育理念，形成了"贴近生活、激活思维、生生对话、展示成果、自然高效"的教学风格，锤炼了"一核四层四环（一核是立德树人，四层是知识、情景、问题、思维，四环是活动、合作、展示、评价）"的教学策略，构建了高效课堂，不仅深受同行的追捧，而且让基础薄弱的外来务工子弟迎来高光时刻，每年在同类学校名列前茅。所教的学生张倩等4人考取100分，获得"广东省中考道德与法治科满分奖"，赢得学生爱戴、家长满意、社会赞誉、上级肯定。

四、爱在其中者，阳光快乐

爱，是一种感受，是一种信仰，是一种追求，难以用语言完整表达，但是拥有爱、付出爱的人，必定过着充实而无憾的人生。教育教学中发自内心地关爱每一位学生，尊重学生的差异，因材施教，秉承"科学与人文并举，责任与关爱共存"的管理理念，重视学生良好品德和行为习惯的培养，强调促进学生认知能力、道德面貌和精神力量的全面发展，是做班主任工作的原则和立足点，深得学生喜欢。班主任通过家校合作，做好"学困生"的教育转化工作，取得了很好的成效。

屠格涅夫说道："人只有在爱里才能显示个性的闪耀，才能发挥独创性。"爱的教育也激励我不断前行。申请某个班主任的项目，从接到通知到上交材料的时间仅有两天，所以晚上加班也要完成。先按照要求填表，随着一个个文件栏目的填写，文字在电脑中飞舞，我不停搜索、罗列、整理自己的佐证材料……夜色笼罩着大地，唯有办公室的灯光陪伴着寂寞孤单的身影，做着做着，不知不觉到了12点多，走出校门，门卫用好奇的眼光看着我，我淡然一笑。深夜回家的路上，我回想峥嵘岁月，筑梦前行，班主任工作、论文、课程开发、讲座、试题的研究、辅导学生……每一项的工作过程都在诉说着苦乐并存，但我仍然充满热情，坚信努力付出的背后总会有收获的喜悦。其实适逢其时，做老师挺好的。热爱这份事业，就像爱护自己的眼睛一样，默默坚守初心，像不停旋转的陀螺，不停思考，不断更新、丰富自己的思想，永无止境地提升自己。这样的教育生涯，使我每天既有脚踏实地的努力，又有仰望星空的诗意。

五、爱在其中者，自我提升

"阅读可以丈量世界"，我的心灵再次被深深地触动了。我发现教育并非"唯分数论"，新的形势下，从宏观站位、国家发展的角度，思考我的教育发展方向，人需回归教育的本心，践行爱的教育，以心促新，教学相长。"双减"面临新挑战，为了提升教学效果做到"减负增效"，我们要做到精细教育，优化教学，转变教学观念，强化教师职责，加强专业学习，提升个人素质，精细授课细节，提高课堂效率，优化作业设计，尊重个体差异，细化批阅辅导，注重点面结合。教育的路上，以情启智，用爱"暖"心，寓教于爱，对待后进生，以爱"浇"育，爱如暖阳。

我爱我的教育事业，爱我的学生，爱我们的祖国，对生活充满追求，对人生充满期待。这些期待化作我内心熊熊燃烧的热情，期盼着，美好终将如约而至，也会继续用"爱"和"智慧"谱写三尺讲台的幸福新篇章！

（江海平 佛山市顺德区容桂四基初级中学）

对《高效能人士的七个习惯》的哲学思考

美国史蒂芬·柯维博士的《高效能人士的七个习惯》一书提出了成为高效能人士要具备的七个习惯：积极主动、以终为始、要事第一、双赢思维、知彼解己、统合综效、不断更新。其中，我体会最深刻的是"要事第一""知彼解己"和"不断更新"。这三个原则与唯物辩证法的许多观点不谋而合，当用哲学思维解读这三个原则时，它会为我们的工作提供具有形而上意义的世界观和方法论指导。

一、抓住主要矛盾，坚持要事第一

唯物辩证法认为，在复杂的事物发展过程中，有许多矛盾存在，其中必有一种是主要矛盾，主要矛盾决定事物的发展，着重抓住这个主要矛盾，有助于我们更好地解决问题。"要事第一"中的"要事"就是事物的主要矛盾，要首先处理好"要事"，其他事才会迎刃而解。

七个习惯中的"要事第一"被定义为自我管理的原则，我们工作和生活中的各种事务可以分成四类：第一类事务是紧迫且重要的，第二类事务是不紧迫但很重要的，第三类事务是紧迫但不重要的，第四类事务便是既不紧迫也不重要的。根据这四类，我们可以明确什么是自己的"要事"，并且把它放在第一位，以它为重心开展每天的工作。

作为一名班主任，我们每天都要面临诸多琐事，让人感觉千头万绪，不知道从何处下手。根据这一原则，我认为班主任工作中的要事是学生的安全问题和学习状况，这必须是每日日常管理工作之中时刻放在第一位的问题，尤其是在放假前，安全问题更是第一要事，必须要加强学生的安全意识教育。这是就班主任工作整体规划上的要事，而我也根据这一原则确定自己每天的要事。

除了班主任的角色外，我也是一名课任老师，每天教学工作中的要事就是上好每一节课。我必须把有质量地完成教学任务、搞好教学成绩作为工作重心。通过花足够的时间去备课、编写导学案、批改作业、参与教研等提升教学能力。然后根据自己每天的课时分配好时间完成这些工作。通过在工作和生活中有意识地运用"要事第一"的原则，我发现自己的效率提高了很多，每天的事情不再是一团乱麻，而是井井有条，我每天都清楚地知道自己的时间安排和分配，并能够有效地完成各项工作。

二、一分为二地看问题，坚持知彼解己

唯物辩证法认为，世界上的一切事物都包含着既对立又统一的两方面，对立即斗争性，是矛盾双方的相互排斥、相互对立的属性。统一即同一性，是矛盾双方相互依赖、互相贯通的属性。"知彼解己"就是既要强调要一分为二地看问题，更要看到矛盾双方的同一性，积极地创造条件，使矛盾双方向着有利于事物发展的方向和趋势转化。

"知彼解己"要求从根本上转变我们通常把让别人理解自己放在首要位置的交往方式，而是以一种"同理心"与他人沟通交流。先移情聆听对方，让对方觉得受到尊重和认可，进而卸下心理防备坦诚面对。了解这个习惯后我才恍然大悟，难怪当我自觉很诚恳地与学生交流时，他们总是将心门紧紧关闭，将我拒之门外。原来是因为我没有用"同理心"与之沟通交流，我总是自以为是地

认为自己站在学生的角度做了换位思考，事实上学生并不觉得这是我对他们的理解和尊重，自然也就不想跟我交流真实的想法。明白这个道理后，在与学生沟通交流时，我不再自以为是地猜测学生的心理；不再轻易做出价值判断，妄自对学生的行为下结论；不再对学生追根究底，企图用自己的经验透视学生的内心；不再以自己的动机揣度学生的心理并给予他们忠告和劝导。我发现学生感觉到我与他们沟通方式的变化之后，更愿意跟我聊天，向我吐露他们的困扰和烦恼，这让我有一种从未有过的成就感和欣慰感，也让我能更好地化解工作中出现的各种问题和困难。

三、与时俱进，坚持不断更新

辩证法认为，世界永远在不停地运动、变化、发展的过程中，世界是永恒发展的。"不断更新"是七个习惯中的最后一个，它提升了其他六个习惯的实施效率。每个人只有不断地更新和改善，树立终身学习的理念，才能迈向新的成长路径。

面对信息智能化时代的海量信息、与时俱进的国家教育方针政策、不断调整的教材内容、一届又一届的新学生，教师只有坚持不断地学习和自我更新，才能适应时代发展的需要而不至于落伍。大家常说你要给学生一杯水，自己必须有一桶水。为了灌满这一桶水，并不让它因为蒸发而减少，教师只有坚持不懈地增长自己的才学。"问渠那得清如许，为有源头活水来"，一直以来我都秉承着终身学习的理念。广泛阅读学科专业知识，厚植文化底蕴；及时了解中央精神，提高政治站位；认真研读新课标新教材，更新教学观念；积极参与教研活动，提升创新能力。只有具有学习能力和创新思维的教师，才能在教学中做到既唤起学生知识的强烈探索兴趣和求知欲望，又言传身教引导学生树立良好的思维和学习习惯。

古希腊语中，哲学的本义是爱智慧或者追求智慧，在汉语中，"哲"就是智慧，哲学是使人们生活得更好的艺术。坚持运用《高效能人士的七个习惯》中的哲学思维方式来分析和解决问题，让人有种高屋建瓴、豁然开朗的感觉，从而使自己的工作事半功倍。也会让我们不断地去探索和重新认识世界、探索和重新认识自己的内心世界，不断砥砺前行。

（余铭 佛山市顺德区罗定邦中学）

第二节　哲学思维与思想引领

求实思维视角下的班级规划

求实思维是马克思主义哲学中最重要的思维方式之一，它要求我们想问题、办事情要一切从客观实际出发、实事求是。具体来说，要全面准确地把握当时当地的客观情况和实际条件，探索客观事物变化发展的客观规律，并以此为我们想问题、办事情的根本出发点。运用求实思维搞好具体工作，有三个关键要点。

首先，吃透上情。学习党和国家发布的权威性宏观政策文件，领会宏观政策文件背后的精神实质，领悟党和国家对宏观大势的战略判断和战略抉择，这样才能提高站位格局，确保我们的工作能够遵循国家意志，真正做到与社会大势和国家命运同频共振。

其次，摸清下情。立足特定的时间、空间和条件，立足我们所处的位置、所处的发展阶段，梳理工作中遇到的各方面的条件，这样才能增强具体工作措施的针对性、可操作性，才能避免出于好心却把工作办砸了的尴尬。

最后，做规律性思考。也就是将具体的问题上升到规律层面去思考，透过现象把握本质和规律，这样才能实现"解一卷而众篇明"，形成可复制、可推广的工作经验，促使我们在具体工作中实现自我发展和自我成长。

众所周知，要搞好班级建设，规划必须先行。编制和实施班级发展规划，是班主任系统、主动引领班级发展的重要抓手，也是班主任重要的基本技能之一。但现实中，还有很多班主任没有班级建设规划，只是跟随学校和年级的工作布置被动起舞，陷入后知后觉地处理层出不穷的突发问题的"救火队员"状态；现实中的还有大量班级规划只是应学校要求而拼凑甚至抄袭的，缺乏深度和系统思考，脱离班级实际且不具备可操作性，只好作为工作材料存档，失去意义。

编制和实施班级发展规划，是促进班主任专业发展、打造有温度有特色的班级生命共同体的关键抓手。我们从"吃透上情，摸清下情和规律性思考"三个角度，探讨如何运用求实思维编制和实施班级发展规划，打造一个有温度、有特色的班级生命共同体。

一、运用求实思维，吃透班级建设的"上情"

运用求实思维吃透班级建设的"上情"，包括吃透国家意志、学校理念和工作安排三个要点。

首先，学习和认同党和国家关于教育的权威声音。比如，习近平总书记反复强调，党在新时代的教育方针就是要落实"立德树人"的根本任务，培养"德智体美劳全面发展的社会主义建设者和接班人"，特别是要敏锐感知"劳动教育"的现实需要和时代价值；学习和认同国家发布的权威政策法规，比如，《深化新时代教育评价改革总体方案》（以下简称《方案》），领会党中央国务院对破除教育评价中"五唯"的顽瘴痼疾的坚定意志，了解《方案》关于"改革学生评价，促进德智体美劳全面发展"的规定，让自己的育人观念跟得上时代的步伐，能够与党和国家的意志保持一致。

其次，学习和认同学校的办学理念和思想。一般来说，学校的办学理念和思想是以校长为首的领导班子将党的教育方针、地区的教育政策和本校实际相结合的校本化的产物，而且一定会调集各方资源落实在学校教育教学的各方面、各环节。学习和认同学校的办学理念和思想，是获得学校管理团队，特别是校长支持和认可的最佳选择。

最后，研究和利用学校、年级工作规划及其行事历。学校在开学初都会编制工作规划及其行事历，把整个学年或者一个学期要做的重要工作做系统安排，这是班主任编制班级发展规划的重要参考。学校德育部门、年级、班级在开学初也会编制工作规划及其行事历，对班级发展的各方面提出要求、做出安排，这是班主任编制班级发展规划的必备内容。研究和利用学校、年级工作规划及其行事历，是班主任因势利导、顺势而为的具体表现，也是运用求实思维编制班级建设规划的应有之义。

二、运用求实思维，摸清班级建设的"下情"

运用求实思维摸清班级建设的下情，包括摸清班主任自身、班级科任教师、学生及其家庭情况。

首先，摸清班主任本人的"下情"，主要是主动梳理自己育人工作的优劣势、设法提炼自己的教育主张。只有认清自己的优劣势，才能真正做到在班级建设中扬长避短；只有凝练出自己的育人主张，才能带出一个有特色的班集体。班主任要以爱和责任为先导，深入研究、主动满足学生的发展需求，构建多元一体的班级生命共同体，努力做一名有温度的班主任；班主任要在班主任实务工作中不断提炼和践行自己的育人理念和教育主张，努力做一名有思想的班主任；班主任要基于学校和班级实际，着眼于班级建设的实务工作，系统学习班主任专业知识，不断积累和整理育人的技术方法，努力做一名有智慧的班主任。

其次，摸清本班科任团队的情况。班级科任团队是班主任做好班级建设的同盟军，班主任要摸清科任团队的情况，发挥科任的优势，聚合科任团队的力量为班级发展服务。有些学校允许班主任挑选班级科任团队，多数学校的班主任对科任团队缺乏选择的机会。尽管如此，班主任还是要抓住人事安排公布到正式开学之前的短暂时间，充分了解科任团队的性格、资历、优势，并对学生和家长介绍科任老师的优势和长处；做导师安排、班级管理，甚至主题班会、班集体活动时充分发挥班级科任团队的优势。摸清科任团队的情况，能够营造师徒一家亲的氛围，避免不必要的误会和误解。

最后，也是最重要的，摸清学生及其家庭的情况。全面准确深入了解学生情况，是编制班级发展规划的基本依据，也是做到"因材施教"的前提条件。从整体上，梳理本校录取分数线及其变化趋势能对生源质量有基本判断，梳理本校升学考试上线情况及其变化能对学生在本校的发展有基本判断，通过设置问卷调查可以对本班学生及其家庭情况有基本判断。从个体上，研究学生的档案材料，对学生本人及他人进行访谈，或者登门家访，能对学生的成长环境和轨迹有基本判断。搞好班级建设必须摸清学生及其家庭情况，这是基本常识，但在现实中却比较缺失。我们要遵从求实思维的指导，实实在在地对学生及其家庭情况做调查研究，把班级规划建立在客观的、复杂的班情基础上，从而提高规划的可执行性。

二、运用求实思维，多做"规律性"思考

运用求实思维，对班级建设做规律性思考，就是要努力遵循组织建设、学生自主成长、班主任专业发展等各方面的规律，使班主任跳出琐碎零散重复的低端劳动，在规律性的思考和工作中实现班级发展和自我发展。我们要基于班级建设的实务，在编制和实施班级发展规划中，自觉做系统性规律性的思考。

（一）编制班级发展规划的规律性思考

首先，怎样基于班情设定合理的发展目标。为了打造一个"有温度、有特色"的班级生命共同体，我们要明确优秀的班集体应当具备"外显有规、内生有德、学业有成"等特征。外显有规、内生有德可以理解为班风发展目标；学业有成可以理解为学习成绩发展目标。班级发展规划应当基于班情，通过共同研究明确一个学期、一个学年乃至到毕业时希望获得几次班风先进班（文明班）称号，希望有多少位同学考上什么层次的学校，以及班主任所期望的其他方面的发展目标；班级发展目标应当充分体现班主任的育人价值追求，彰显个人特色。

其次，怎样对班级发展目标做阶段性的安排。学校年级都会有一个学期、一周的工作行事历，这是我们分解班级建设阶段性目标的基本依据；班级发展往往经历"群体——集体——生命共同体"的阶段。我们要梳理和判断班级所处的发展阶段，依据班情规划安排班级建设的侧重点和阶段性主题。此外，要保持敏锐的眼光，关注重大事件、重要日子、热门话题，做到因时而动，顺势而为地把握教育契机，及时有效地推动班级发展。

最后，如何规划主题班会或班集体活动。主题班会或班集体活动，是班主任对学生进行主动系统引领的重要阵地。班会主题应当序列化，建设的目标应该是学习加油站（学习目标，学法交流、学习竞赛，学习表彰、时间管理等），情感沟通站（感恩师、父母、母校，点赞致谢同窗情谊，把握友情爱情等），心灵抚慰站（认识自我、情绪调控、人际交往、生涯规划等）；班会在形式上应当走向素材化，广泛收集、合理利用育人素材，讲好各类英雄人物的感人故事，实现思想价值引领；还应该走向活动化，精心设置活动环节，赋予活动教育意义，广泛调动学生、科任老师、家长的深度参与，增强沉浸式育人体验；还应该设计延续教学效果的安排。班主任应当主动参加各类德育教研，组建和参加德育教研小组，通过团队协作实现提质减负。

（二）实施班级发展规划的规律性思考

第一，怎样推行自主管理、促进自主教育。激发学生成长的潜力，让学生依靠自己的力量成长，全力推进自主教育、自主管理，是促进学生成长，解放班主任的必由之路。班主任需要学会梳理和分解班务和活动，明晰各类班务工作的流程与标准；要充分发挥学生长处，合理安排学生干部；要旗帜鲜明地鼓励学生参加班务管理，并千方百计地指导学生做事，学会在做事中实现成长；

要配合校团委学生会、年级组分类分批进行学生干部培训交流活动。

第二，怎样加强班级的规则治理，打造优良班风。常见的班级规则主要有：《中小学生守则》《学生行为规范》、班级公约等。前两项属于刚性的制度规范，应该组织学习和考试；第三项是班级在班主任主导下，经过讨论制定，签名执行。为执行班级规则，班主任应在考勤、纪律、卫生、作业、跑操、集会、考试等环节常态化加强规则教育，安排学生干部做提醒、记录、反馈；协同年级组长、家长和学校执行惩戒教育。

第三，如何打造班级文化。一般来说，学校会规划实施跑操比赛、校运会、大合唱比赛、艺术节、科技节、社团活动、团体操比赛、班容班貌评比、文明宿舍评比等丰富多彩的活动。班主任可以顺势而为，推进班名、班徽、班服、班旗、班级口号等班级标识的设计解读展示，从而扩大班级在年级和学校的知名度和影响力；班级内部可以组织各宿舍、各学习小组之间的竞赛活动，提高班级凝聚力；此外，教室的一体机桌面、前后黑板、两侧墙、前后门、教室外的文化墙、靠走廊的窗户等，都可以成为宣传班级精神文化、好人好事的阵地，班主任可以组织学生宣传队伍精心布置，及时更新。

第四，如何整合育人资源，推进协同育人。班级科任团队是重要的育人导师，组织协同科任执行全员导师制，也是班主任工作的应有之义。在组建班级的第一周内，组建学习小组，班主任就明确导师关系，每个学生都要有导师，每个导师都要指导学生；并且组织导师执行家访、谈心和辅导工作，对学生进行生活、心理、学业的有效指导；家长是不可缺席的育人同盟军，联合家长的力量，推进家校共育，是做好班级建设的重要抓手。要尽早建立或优化班级家委会，寻求支撑；通过家长群和家长会，传播班级好人好事，普及家庭教育常识；通过个别访谈，推进个别学生的教育；邀请优秀家长代表到班上做主题讲座，开阔学生视野和见识。此外，班主任还可以邀请校内名师、知名校友、往届学长等各种育人资源入班开讲，借力育人。

第五，怎样引导学生建设成长档案，落实综合素质评价。通常可以以"班级日志、班级相册、班级大事记"等形式建立班级成长轨迹，在新年、段考、期末、集体生日会等时间点举办班级纪念日活动，弘扬正气，凝聚班级力量；还可以指导每个学生建立自己的成长档案，记录本人各方面的成长轨迹，为综合素质评价积累和优化素材。还可以建立和优化德育量化评分规则，使之能体现德智体美劳全面发展的综合评价，并依据操行成长积分实施表彰奖励，激发学生向上向善。

（三）在班级建设中实现班主任自身发展的规律性思考

实现班主任自身发展的规律性思考，也就是如何加强德育专业成果转化，提升专业竞争力。做班主任工作的一个悲剧是，辛辛苦苦做了十几年、几十年，却始终未能形成德育专业成果，走不出学校，形不成区域影响力，在各类评比竞争中总是落后于人。为此我们要有成果意识，主动生成德育专业成果，提升自己的德育专业竞争力。一方面要主动、系统地进行德育专业阅读学习，参加各类交流培训比赛；另一方面要坚持对实务实践的反思整理，积累班级发展规划、情境问题、教育案例、班主任成长叙事、德育论文等成果，主动参加学校、上级教育行政部门、德育研究机构以及《中国德育》《班主任之友》等杂志组织的竞赛评比展示活动，力争早日脱颖而出，把职业幸福的主动权牢牢地掌握在自己的手里。

（陈钊　佛山市顺德区伦教中学）

运用哲学思维品读疫情防控这部"无字天书"

2020 年春节前夕，一场突如其来的疫情从武汉开始席卷全国。这次新冠肺炎疫情是新中国成立以来在我国发生的传播速度最快、感染范围最广、防控难度最大的一次重大突发公共卫生事件。为了防控这次新冠肺炎疫情，武汉进行"封城"，全国的工厂停工、商场停业、学生停学……这是一场没有硝烟的战争，必将载入人类生存和发展的史册；这是人类面临的一次生存危机，也是一次世纪大考。作为一名教育工作者，应该适时抓住这样的教育契机，利用主题班会、复学第一课、校本课程等教育阵地，用心、用情、用理性和哲学智慧对疫情防控进行品读思考，从中领悟感动和感恩，懂得敬畏和珍爱，不负韶华，勇于担当，传递正能量。通过运用马克思主义哲学思维品读疫情防控这部"无字天书"，加强对青少年学生的思想价值观引领和思维成长指导，让他们学会观察、学会思考、学会应对、学会成长，是每一位教育工作者应有的家国情怀和责任担当。

一、读有字的书，不如读生活这本无字的天书

立德树人是教育的根本任务。教育的最高境界是润物细无声，水到渠成。

抗击疫情就像一本内容丰富、内涵深刻的教科书。尽管这本书的内容很多、范围很广、难度很大，青少年学生还不一定能够完全理解与读懂读透，但只要引导他们用心去品读这本"无字天书"，就可以学到书本上难以学到的更多有价值的东西，也是必须履行和敬畏的东西，从而带来更多的感悟和成长进步。

（一）"无字天书"的含义及界定

古时表示隐秘不见字的各种秘籍，如最早的《易经》没有文字，只有卦象，远古太古时代的人称它为"无字天书"。如今比喻很难懂、很深奥的书籍或知识，本文主要是指当前防控新冠肺炎疫情的重大突发公共卫生事件。

（二）防控疫情是一道无法回避的世纪难题

防控疫情是一场人民战争，我们所有人是一个责任共同体，谁都无法置之度外。疫情一旦失控，将危及全人类的生命安全。疫情防控不仅是武汉及中国人民面临的难题，还是全世界各国人民、整个人类世界都要共同面对的难题。

（三）防控疫情是一次不曾预约的教育契机

陶行知先生曾说："生活即教育，社会即学校。"① 主要是指社会现实生活中发生的一切都可以是教育内容，也是教育契机，关键是怎么样才能把握它。"危机"本身就包含"危险"与"机遇"，危机即契机，我们要把战胜危机的过程转化为吸取教训、总结反思的良机。

二、用心品读感悟人间大爱，用责担当不负青春年华

打好、打赢这场疫情防控阻击战，习近平总书记要求各级干部"要增强必胜之心、责任之心、仁爱之心、谨慎之心，勇当先锋，敢打头阵，主动担当，积极作为"。那么，我们青少年学生应该怎么做？怎样用心品读当前抗击疫情这本"无字天书"？

（一）用责任之心品读，学会负责、敢于担当，好好学习、天天向上

每个人都是这场疫情的受害者和责任者，防控疫情，人人有责。我们每个人都是人类命运共同体中的一员，没有任何人能够孤立存在。当你我所处的环境出现了灾难，每个人既是受害者又是责任者，每个人都难逃其责。我们必须学会认真反思：当你所处的环境出现了灾难，你为什么既是受害者又是责任者？

---

① 习近平在统筹推进新冠肺炎疫情防控和社会经济发展工作部署会议上的讲话［N］.人民日报，2020-02-23.

我们每个人只有从单一的受害者角色转变为责任者的角色，并且学会从灾难中吸取教训，才能减少类似灾难的发生。

国家有难，匹夫有责。青少年学生要好好学习，敢于担当。人生在世，责尽心安。疫情就是命令，防控就是责任。抗击疫情，把我们每个人都卷入了一场特殊的战役，每一个社会成员都要用认真负责的态度应对这场防控疫情的战役，积极承担自己的那份责任。青少年学生要认真学习，提高素质，增强担当责任的意识和本领。

（二）用敬畏之心品读，敬畏自然、敬畏法纪，强化自律、遵守规则

事物是普遍联系的，有因必有果，万物皆有灵。习近平总书记说："自然是生命之母，人与自然是生命共同体，人类必须敬畏自然、尊重自然、顺应自然、保护自然。"[①] 有一部《大自然在说话》的系列公益影片，围绕"大自然不需要人类，人类需要大自然"的宣传主题，充满对人类的谴责、提醒、警告、希冀，倡导人类及时觉悟，关爱环境，保护家园。大自然母亲养育过比人类强大得多的物种，也曾让比人类强大得多的物种因饥饿而死亡。自然是生命之母，没有健康的大自然，人类将走向灭亡。影片中的每一个画面都很震撼，每一句话都值得我们深思！

常怀敬畏，才能行有所止，要敬畏规则，遵守规则。自律是一个人最好的修行，唯有自律才能遇见最好的自己。敬畏规则最重要的是要自觉遵守规则。我们要敬畏国家的法律法规，自觉遵守疫情防控管理规定，做到少聚众、勤洗手、戴口罩，共同维护公共秩序。

（三）用感恩之心品读，学会感动、懂得感恩，关爱他人、温暖自己

哪有什么岁月静好，只不过有人替我们负重前行。美国的基辛格在《论中国》一书中说："中国人总是被他们之中最勇敢的人保护得很好。"面对来势凶猛的疫情，广大医务工作者以"国有战，召必回，战必胜"的信念，积极请战，无私无畏。他们舍小家、顾大家，用生命和汗水守护人民群众生命安全和身体健康，用实际行动诠释着"医者仁心"的人间大爱。他们是新时代最美丽、最可爱的人，我们要致敬最美"逆行者"，致敬每一位平凡英雄！

一切美德的树立都从培养感恩之心开始，要懂得感恩，回报社会。病毒无情，人间有爱。一方有难，八方支援。疫情发生后，许许多多的企业和个人纷

---

① 中共中央宣传部. 习近平新时代中国特色社会主义思想学习纲要［M］. 北京：学习出版社，人民出版社，2019：167.

纷向灾区捐款捐物，全国各地陆续派出四万多名医护人员奔赴湖北"抗疫"最前线。为了抗击疫情，还有数不清的军人、警察、社区干部、环卫工人、快递小哥……他们用自己的大爱守护着更多人的平安与健康。我们要倡导用爱培育爱、传播爱、奉献爱，只有人人都献出一点爱，世界才能变成美好的人间。我们要懂得感恩，既要感恩自己父母家人，又要感恩师长、感恩朋友、感恩社会、感恩国家，奉献社会。

（四）用珍爱之心品读，敬畏生命、爱惜生命，强健体魄，不负韶华

这场新冠肺炎疫情让我们再次感受到人类生命的脆弱，一颗小小的病毒竟然可以使成千上万人陷入生命危机，使数亿的民众陷入焦虑与恐慌。人生最大的财富就是活着，人生最大的幸福就是平安。没有好的身体，一切都是徒劳。每个人都要学会认知生命、敬畏生命、尊重生命，树立热爱生命的价值观。

人最宝贵的是生命，生命对每个人来说都只有一次。《孝经》之《开宗明义章》中说道："身体发肤，受之父母，不敢毁伤，孝之始也。"即使在没有疫情或者其他外在原因危及生命安全时，每个人都要珍爱自己的生命。因为人是社会性动物，人的生命对于每个人来说，既属于自己又不仅仅属于自己，不能随意对待。

（五）用科学之心品读，尊重科学、崇尚科学，学习科学、运用科学

科学技术是人类战胜大灾难的有力武器和重要支撑。防控疫情要科学防治，精准施策，坚持向科学要答案、要方法。自从新冠肺炎疫情出现以来，我国的科研专家团队和医务工作者就开始研究病毒的来源、确诊的步骤、治疗的方案、疫苗的研制等，每一次治疗方案的进步和完善都离不开科学精神。青少年学生要把崇尚科学精神转化为学习动力，刻苦学习科学知识，提高科学素质，增强服务社会的本领。

要理性看待疫情防控，不信谣、不传谣、不造谣。要正确、客观、理性看待疫情应对中暴露出来的短板和不足，相信国家一定能够总结经验、吸取教训，打赢这场疫情防控阻击战。对未经证实和来源不明的网上消息要仔细辨别、理智分析，不传播、不盲从，学会通过中央和省市主流媒体、政务媒体了解防控信息。

（六）用爱国之心品读，有家国情怀、大局意识，热爱祖国、奉献社会

"上帝在7天之内创造宇宙"，这只是一个神话传说。而中国的工程建设者

们与时间赛跑，与病魔较量，短时间内就建好火神山医院、雷神山医院，这种中国速度堪称又一个世界奇迹。在重大疫情面前，全国上下万众一心、众志成城，服从命令听指挥，充分体现全国一盘棋的大局观念，再次彰显了中国共产党的领导和中国特色社会主义制度的显著优势，彰显了我们国家集中力量抗击疫情的强大综合实力。中国人民在疫情防控中展现的中国力量、中国精神、中国效率，展现了负责任的大国形象，得到国际社会高度赞誉。

爱国主义教育是一个永恒的主题，体现在每个人的一言一行之中。多难兴邦，发愤图强；艰难困苦，玉汝于成。我们要从自己做起，从现在做起，从小事做起，从刻苦学习做起。正如崔卫平教授所说："无论中国怎样，请记得：你所站立的地方，就是你的中国；你怎么样，中国便怎么样；你是什么，中国便是什么；你有光明，中国便不会黑暗。"

习近平总书记说："中华民族历史上经历过很多磨难，但从来没有被压垮过，而是愈挫愈勇，不断在磨难中成长、从磨难中奋起，相信我们一定能够战胜这场疫情。"① 防控新冠肺炎疫情，我们每个人都是这段历史的见证者和参与者，而不是袖手旁观者。我们用心品读抗击疫情这本"无字天书"，共同面对这次世纪大考，每个人都要交出自己的答卷，无论是优秀、合格，还是不及格，相信历史会给出客观公正的评价，让不幸成为通向幸福的桥梁！

（李莎莎 佛山市顺德区第一中学）

引导学生扣好人生的"第一粒扣子"

人一生的经历如同一粒粒扣子，每一粒扣子都是人生的一个阶段，也正是由这一粒粒扣子先后扣起，串联起人的一生。而第一粒扣子象征着我们人生的起点，亦是人生最初定下基调的准线，只要第一粒扣子扣错，剩下的扣子也会随之错位。所以，在扣人生的第一粒扣子时，不容疏忽。五四青年节当天，习近平主席与北京大学青年学子围绕自觉践行社会主义核心价值观进行亲切交流之时，勉励青年："这就像穿衣服扣扣子一样，如果第一粒扣子扣错了，剩余的

---

① 习近平在统筹推进新冠肺炎疫情防控和社会经济发展工作部署会议上的讲话［N］. 人民日报，2020-02-23.

扣子都会扣错。人生的扣子从一开始就要扣好。"①

高中生的年龄大多是 16~18 岁，正处于人生价值观形成的定型阶段，此时班主任对学生价值观的引领，显得尤为重要。

一、判断并找准扣子——树立社会主义核心价值观

扣好人生第一粒扣子，于学生而言，是一定要先判断并找准正确的扣子。这就涉及学生自身选择的问题。学生成为什么样的人，可能不在于学生的能力，而在于学生的选择。我们常会在身边或在新闻中发现，当下的中学生们，面对诱惑，有人坚守底线，有人却走向歧途；挫折来临，有人沉着应对，有人轻言放弃；面对自己内心，有人客观理性，有人却逃避现实，放任自我，随波逐流。

正如马克思所说，价值观作为一种社会意识，对人们的行为具有重要的驱动、制约和导向作用。究其根本，是因为人的发展往往受到其世界观、人生观和价值观尤其是价值观的影响，价值观是人生的重要向导。一个人走什么样的人生道路，选择什么样的生活方式，都是在一定的世界观、人生观和价值观指导下进行的。观念不同，选择也就不同，最后人生道路也必将截然不同。社会主义核心价值观，给了当代青年做选择时最重要的参考，指引着学生如何找准人生第一粒扣子。

社会主义核心价值观中，"爱国、敬业、诚信、友善"回答了作为学生要成为什么样的青年，以顺应时代需要，助推国家、社会的发展。积极培育和践行社会主义核心价值观是义不容辞的青年责任。爱国精神要从小植根于学生的心中，爱国、爱校、爱班，更要具体体现在学生学习生活的方方面面，把其转化为学生的情感认同和行为习惯。例如，要让学生从小处做起，肃然庄重对待每一次升旗礼，嘹亮自信地唱响国歌，认真对待中国传统文化的学习……这都是爱国精神的具体体现；敬业，对于没有参加工作的学生，或许有些许距离感，但转变角度，敬业的实质是指个人可以在自己擅长的领域认真对待、勤劳付出，作为学生，当务之急是学业，而认真刻苦、勤学苦练更是学生求知路上的基石，正如诸葛亮在《诫子书》中以"非学无以广才，非志无以成学"深刻言明勤学的重要性；诚信、友善，作为从古至今的中华优秀传统文化，其中蕴含的优秀思想观念和道德规范，无不对学生人生起着重要的指引作用，学生也应担当责

---

① 习近平. 青年要自觉践行社会主义核心价值观——在北京大学师生座谈会上的讲话 [EB/OL]. 人民网，2014-05-05.

任，结合时代要求，将这些优良传统继续传承。作为班主任要引导学生将爱国、敬业、诚信、友善的精神内化为自身的精神追求，外化为社会实践及个人成长中的自觉行动。

二、把握扣准方向——大张旗鼓谈理想

习近平总书记曾经说过，理想指引人生方向，信念决定事业成败。没有理想信念，就会导致精神上"缺钙"。中国梦是全国各族人民的共同理想，也是青年一代应该牢固树立的远大理想。中国特色社会主义是我们党带领人民历经千辛万苦找到的实现中国梦的正确道路，也是广大青年应该牢固确立的人生信念。因而，加强思想道德建设，首当其冲的是树立远大理想，坚定理想信念，引领学生人生前行的方向。高三的学生正处于离我们学生心中理想最近的地方，跨过高三这个转折点，他们将会进入成人后一个人生的全新阶段。

创造和实现人生价值，需要有坚定的理想信念，需要正确价值观的指引。高三班主任，要大张旗鼓地和学生谈理想信念，理想信念就像是灯塔于海上航行的船只，在充满挫折和压力的高三生活中，如同一剂又一剂的强心针。班会课是和学生谈理想的主阵地，社会生活中发生的真实事迹是生动的素材。如今年8月高三刚开学，我和学生开关于奥运冠军的班会课，其中马龙的整个成名之路对学生的触动很大。各个大学的招生宣传片也是非常好的素材，也可以让学生在班会课中谈谈自己的理想，当他们在同龄人中许下承诺，说出自己的理想，付诸行动的动力就更足了。

三、提高扣准能力——脚踏实地谈行动

广阔远大的理想信念，如果没有行动的支撑都会成为空谈。在高三的追梦路上，尽管学生有着这样那样的美妙目标，他们仍不可避免会遇到挫折，自己的分数与理想分数存在差距；会遇到意志的动摇，受到电子产品、外界的干扰或者诱惑；甚至会迷茫，失去方向，陷入自我怀疑当中，怀疑自身是否真的配得上自己的理想。这些心情上的五味杂陈，都是消极的情绪。而行动是打败这种情绪最好的办法，当学生不知道该怎么做时，班主任就要鼓励学生把手头上每件小事做好；当学生不知道怎么开始时，就要鼓励学生把离自己最近的事情做好。"空谈误国，实干兴邦"，纸上谈兵终究是镜花水月，只有埋头踏实苦干才能取得成功。

理想源于现实，但又高于现实，是现实的发展方向。理想可以转化为现实，

但不是今天的现实，而是明天的现实。要把自己的理想转化为现实，需要多方面的条件，而从主观方面来说，特别需要充分发挥主观能动性，需要顽强拼搏、自强不息的精神。高三的一切理想信念和价值观终究要落实到平时点点滴滴的努力中，努力学习，努力做好每一道题，努力上好每一节课，努力完成每一次作业和每一次的测验。只有把理想信念化作平时踏实的行动，理想才能在某一天真正实现。学生的理想之所以是理想，是因为理想是自己希望成为的样子，证明自己还与想成为的样子有所差距，为了实现学生大学的理想，班主任更要在平时的教育中鼓励学生将理想转化为对自身能力提升的动力，转化为立刻行动的斗志。脚踏实地，不尚空谈，重在行动。

扣好人生第一粒扣子，走好人生第一步。高三年级的班主任更要去帮助学生进行方向的选择，引导学生树立理想信念，并且在学生失意甚至放弃追求的时候主动加以提醒和鼓励，督促他们将远大抱负付诸实践，将坚定的意志加持于明确的方向选择。

（颜莉燕　佛山市顺德区罗定邦中学）

第三节　哲学思维与主题班会

哲学思维在班会课教学设计中的有效运用

班会课是按照一定的教育目的和任务要求，在班主任的精心指导下，全班同学都积极参加，围绕特定的主题有目的、有计划、有组织地进行的一种教育活动，是学校对学生进行德育、智育、体育、美育和劳动技术教育的综合教育形式，也是中小学生进行自我教育的有效途径。它是班主任对学生进行集体教育和影响学生的一种较为普遍的教育形式，在育人方面是一座"挖掘不尽的金矿"，是班级管理和学生教育过程中一个极为重要的阵地。

一、高度重视班会课在教书育人中的功能作用

班会课是落实立德树人根本任务的重要渠道。但是长期以来，有不少学校

和班主任对班会课不太重视，表现为重智轻德，认为文化课是硬任务，班会课是软任务；忽视班会课对学生思想品德的形成、学生综合素质及能力的培养作用；对如何上好班会课研究不够，不认真备课或根本不备课。有的用几分钟讲讲目前班级存在的问题，然后就把班会课挪作他用，或者改为学生自习课。我们要强化教书育人的责任心和使命感，不断更新教育教学观念，高度重视班会课的育人功能。

班会课是班主任对班级实施德育的重要课程，是学校教育教学工作的重要途径。班会作为课表上独立的一门课程，是教育行政部门以"指令性教育计划"的形式发挥班主任班级教育职能所提供的教育时段。

班会课是班主任实施班级管理、增强集体凝聚力、形成良好班风学风的主渠道。班集体的奋斗目标是通过一个又一个的活动来实现的，主题班会是其中一条重要的实施途径，每一次主题班会的成功组织，都会使班级向它的总体目标跨近一步，所以，也可以说主题班会是班集体发展的基础，同时它能使班风、班纪和班级的人际关系得到强化和巩固，增强了班集体的凝聚力。好的主题班会，能触及学生的灵魂，为他们的成长注入营养，让他们在饥渴的时候得到甘露，会给学生留下深刻的记忆，终生难忘。

班会课是培养学生良好品德和教育学生学会做人的重要手段。通过主题班会可以提高学生的道德认识，陶冶情操，锻炼意志，指导学生的具体行动，提高学生思想觉悟，学会怎样做人。例如，在思想上，增强判断对错的能力；在道德上，提高对善、恶的识别能力；在审美活动上，提高对美丑的认识能力等。

班会课是发挥学生特长、发展学生个性、培养学生能力和提高学生素质的有效途径。一般来说主题班会往往要利用学生的特长，有特长的学生也都会利用这个机会，在全班同学面前进行展示，所以班主任要充分了解班级同学的特长爱好，并予以安排角色，为同学们的个性发展提供良好的条件。班会课使学生实现更广泛的思想交流，有利于学生口头表达能力、思辨能力、创新能力的发展。

班会课是拓宽学生视野、丰富学生生活、帮助学生获取信息的有效形式。主题班会比其他课堂教学活动有更大的灵活性和时代性，学生在主题班会中可以学到很多书本上学不到的东西，而且主题班会要求学生收集资料，自己动脑、动手去琢磨，去思考，锻炼了学生观察问题、分析问题、解决问题的能力。因此，主题班会无论是准备过程还是实施过程都是锻炼学生的过程，尤其对后进生的转化作用更大。

二、选择确定班会课主题的主要依据

如何选择最合适的主题直接关系班会课的育人实效。确定班会课主题的主要哲学依据就是牢固树立正确的价值观，坚持一切从实际出发，具体问题具体分析，坚持两点论和重点论的统一，加强教育的针对性，因材施教。可以依据以下五点要求设计班会主题。

第一，结合当前的国内外形势，抓住某些时政热点问题设计符合本班学生年龄特点的主题，引导学生进行讨论思考，激发学生的爱国热情，让学生养成事事关心的好习惯。

第二，根据学校的德育工作计划和班主任自己的班级管理理念，结合一些重大的节假日和纪念日确定主题，引导学生树立正确的世界观、人生观、价值观。

第三，依据学生的学习生活实际和思想动态确定班会主题，贴近学生实际，引导学生学会做人，学会学习，学会成长。例如，"做一个大写的人"主题班会教学设计（具体实录附后）。

第四，依据学生的偶发事件，善于抓住教育契机确定班会主题，及时解决班级管理和学生成长道路上遇到的困难和问题，提高学生分析问题、解决问题的能力。做班主任一定要善于抓住一些有利的教育时机，在适当的时机召开适当的主题班会，往往能取得不错的教育效果。有的偶发事件，在意想不到之中提供了良好教育契机，要注意及时抓住这一主题，否则时间久了，可能会失去这一契机。例如，"一分之差的启示"的主题班会教学设计（具体实录附后）。

第五，通过学生自主选题，包括选择一些具有争议性的现象或问题，提高学生明辨是非的能力，引导学生憧憬美好未来。

三、提炼整合班会课主题的主要途径

一节有教育意义的主题班会课就像一篇围绕某个主题展开的议论文，要有论点、论据、论证。在进行班会课主题提炼时就要围绕相关教育目标，思考是什么、为什么、怎么办这三个大问题。表现形式要求多样化，要充分利用各种资源，各方面做好充分的准备。班会课要达到思想性、教育性、实效性的育人目的，必须要对班会课主题进行进一步提炼，进行巧妙构思，选择适当的表达方式，提高班会课的科学性、艺术性、参与性。我们可以通过下列途径进一步提炼班会课主题，优化班会课教学设计。

"小"中见"大"，从学生的实际中选择班会课主题。"小"指学生生活中的一些小事或普遍现象，"大"指这些小事、现象反映出的问题或蕴含的道理。学生的学习、生活中处处蕴藏着教育的契机，学生的一言一行都是其内心思想的反映，因此班主任应该充分认识到学生的内在需求，从学生实际中选取主题，进行有针对性的教育。一节主题班会课的时间有限，如果选取的主题较大，试图面面俱到，则往往是蜻蜓点水，主题的深化就无从落实。因此，主题的提炼要尽量从小处着眼，从一个侧面或一个点入手，切忌"假、大、空"。学生接受教育是遵循由浅入深、由小到大、由具体到抽象的规律。当然，主题小一点并不是要大家去抓琐碎而无典型意义的事，而是小中见大，以一当十，从大处着眼、小处着手。例如，"一分之差"的主题班会。

"大"中见"小"，从社会大背景中提炼班会课主题。"大"指国内外的重大事件，"小"指学生的思想实际。学生首先是一个社会人，身处于现实社会之中，受到社会生活的深刻影响，加之现在的学生民主意识增强、社会接触面不断扩大、信息获取渠道日益增多，他们的思想呈现出复杂性、多样性的特点。这就要求我们的教育不能脱离时代，不能落后于风云变幻的国际形势。班主任在进行主题提炼时应该紧扣时代脉搏，把握教育发展的趋势，善于从国内外的最新热点话题或大事件中挖掘主题。例如，"做一个大写的人"的主题班会。

"常规"中见"创新"，从传统教育中拓展班会课主题。社会主义核心价值观、爱国主义教育、集体主义教育、文明礼仪教育等是教育永恒的主旋律，是多年不变的"常规"主题，进入中国特色社会主义新时代，我们不但要赋予新的内涵，还要有所"创新"发展，体现出鲜明的时代气息。

班会课主题的提炼应凸显"以人为本"的教育理念。主题班会应该是师生之间就共同关心的话题进行频繁交流、双向互动。学生有自己的喜怒哀乐，有自己的思维方式，一个远离学生思想的话题很难引起他们的关注，只有贴近学生心灵的话题才能令他们产生共鸣。所以，教师要了解学生在想什么、怎么想，就要选择他们共同关心的话题，让每个人都有话可说，有情可触。例如，"从头再来"的主题班会。

班会课主题的提炼应"忌空、忌旧、忌泛"，突出实效性。空洞的说教不会激发学生兴趣、陶冶学生情操。教育学生爱祖国，首先要启发学生从爱学校、爱班级做起；爱人民，首先从尊敬父母、爱护同学做起；爱劳动，首先从认真值日、不乱扔瓜皮果壳做起。要启发学生思考：班级的门窗、水电你关了吗？学校的公物你爱护吗？在家里你尊敬父母吗？在班里你关心同学吗？看到地面有纸屑你捡过吗？陈词滥调只能使学生听而生厌，通过身边的模范人物和典型事例，学生可获得感性认识和理性认识，激起情感上的共鸣。班会课主题内容应从班级的实际情况出发，对症下药，力求解决学生存在的实际问题。那些泛泛而谈、信手拈来、隔靴搔痒的教育，不利于学生良好行为习惯的养成和良好思想品德的形成。

四、运用哲学思维指导的三个主题班会课实例

【主题班会 1】做一个大写的"人"

授课时间：2002 年 9 月 24 日

授课班级：佛山市顺德区郑裕彤中学高一（5）班

【班会课实录】

师：做人难，难做人。如何做人的问题，是一个古老而又难以回答的问题，而且不同的人会有不同的见解。从某种意义上说，一部人类发展史，就是一部探索如何做人的历史。感谢我们的祖先创造了"人"这个象形文字，它能给我们许多想象和启迪。我们今天班会的主题就是围绕"人"字的寓意，一起探讨学会做人的道理。

（一）"人"字一撇一捺，一撇代表品格，一捺代表学识。在两者之间，品格为先，学识则是牢固的支撑

师：一个真正的人，应该是真善美和德识才学的完美统一。道德是做人的根本，有道德的人，学问和本领越大，成就越大。正所谓：没有良好身体素质的学生，是废品；没有良好智力素质的学生，是次品；没有良好道德素质的学生，是危险品。根据"人"字的这层含义，同学们有哪些感想？

生：学会做人应首先树立正确的人生观和价值观，要热爱祖国、热爱集体。

生：做人要诚实守信，做一个正直善良的人。

师：做人应该讲人性，孟子认为人区别于禽兽有四心：无恻隐之心，非人也；无羞恶之心，非人也；无辞让之心，非人也；无是非之心，非人也。这就告诉我们，在不涉及大是大非的情况下，同情和宽容是最为人称道的品质。这也正是古人所提倡的：与人方便，与己方便；己所不欲，勿施于人。我们不能把自己的欢乐建立在别人的痛苦之上，要做一个道德高尚的人。

师：知识可以改变命运。除了学会做人还要有丰富的学识，要活到老，学到老，做到老，做一个勤奋好学的人，做一个德才兼备的人。这就要求我们平时认真努力，刻苦钻研，不断提高自身素质，迎接日趋激烈的竞争和挑战。

（二）"人"字一撇一捺，一撇为长处，一捺为短处。它告诉我们：金无足赤，人无完人

师：一个人的长处总是有限的，正如伸出自己的十指，只有两个中指较长，它启示我们在人生道路上要学会取长补短。孔子说："三人行，必有我师焉。择其善者而从之，其不善者而改之。"要学会尊重他人，要取他人之长补己之短，因为"取人之长长更长，补己之短短不短"。

生：我们在平时的学习生活中要自觉守纪，互相尊重，营造一种和谐向上的学习氛围。

生：我们要在学习中互帮互助，虚心向他人学习，不断改正自己的不足，学会谅解他人，以礼待人。

师：要学会正确地认识自己和他人。对自己，要用显微镜，多看短处；对他人，要用放大镜，多看长处。唯有如此，才能真正做到取长补短，完善自我，成为一个出众的人。要严以律己，宽以待人。宽容别人是一种美德，是一种修养，是一种智慧。

（三）"人"字一撇一捺，上部合并，底下分叉。它似乎告诉我们：人应该有明确的奋斗目标，实现其奋斗目标的人生旅途会有许多岔道

师：做人要有崇高的理想，要有远大的抱负。周恩来"为中华之崛起而读书"，毛泽东"男儿立志出乡关，学不成名誓不还"，为我们树立了光辉的榜样。正因为他们从小立下了鸿鹄之志，才创下了惊天伟业。

师：人的一生中，你求上，则可能居中；你求中，则可能居下；而你若求下，则必定不入流。所以在人生起步的时候，立志须高远。要学雄鹰展翅飞，不效燕雀安于栖。只有这样，才能激发你生命的潜能，步步为营，逐渐走向辉煌。

生：我们每个人都要树立自己的奋斗目标，把长期目标和短期目标相结合，日积月累，学有所成，为实现目标而刻苦努力。

师：人生的旅途会有许多岔道，我们要有坚定的信念、执着的追求，并要做好吃苦的准备。目标的实现不可能一蹴而就，必须付出艰苦的努力。苦难是培养坚定意志的砺石。孟子说："天将降大任于斯人也，必先苦其心志，劳其筋骨，饿其体肤，空乏其身。"一个人只有经过艰苦的磨炼，才能造就坚韧不拔之志，铸成坚不可摧之魂。

生：我们确定了人生的奋斗目标，就应该脚踏实地，一步一个脚印。一分耕耘才有一分收获。

（四）"人"字一撇一捺，相互扶持，相互支持，才成其为一个站立的人

师：人既是自然的人，更是社会的人。一人为"人"，单个的人是孤立的，力量也是渺小的；二人为"从"，可并肩而行，相互激励，相互帮衬；三人为"众"，力量成倍增长，可上升一个台阶。针对"人"字的这些寓意，同学们认为应该怎样做人？

生：要学会合作，学会相处，学会尊重他人。

生：要讲团结，要有集体观念，珍惜集体荣誉，充分依靠集体的力量去战胜困难。

生：要讲奉献，不能以自我为中心，多为别人着想。

师："一个篱笆三个桩，一个好汉三个帮。"人不应是孤立的人，要学会做人，就要主动地将自己融于集体，融于社会。在当今信息化时代，每个人都要在相互学习和互相配合中汲取营养，才能取得成功。我们每一位同学既是竞争对手，又是合作伙伴，应该互帮互助，团结协作，互相促进，战胜困难，共同驶向理想的彼岸，一起书写人生的辉煌。

【主题班会2】一分之差的启示

授课时间：2003年3月11日

授课班级：佛山市顺德区郑裕彤中学高一（5）班

【班会课实录】

师：同学们，昨天下午课外活动时间，我们班的男子篮球队与高一（3）班进行了一场争夺冠军的精彩比赛。首先要表扬所有参赛的运动员，这种为了集体荣誉而顽强拼搏的精神值得大家学习。同时对场外的啦啦队同学也提出表扬，他们的呐喊助威鼓舞了场上的运动员，也充分体现了我们班团结向上的精神风貌。遗憾的是，经过队员们的奋力拼搏，最后仍以一分之差败北，只能屈居亚军。我们今天的班会课就要分析总结输球的原因，一起探讨改进提高的对策，并思考这场球赛带给我们的启示。

（一）"一分之差"的原因（板书）

生：这是一场势均力敌的比赛，过去我们两个班也互有胜负，但昨天的比赛中，我们班只打了不到半场的好球，上半场在篮板球和投篮命中率上都不如对方。

生：对方的整体配合比我们班好，我们主要依靠个人能力进行单打独斗，缺乏战术配合，而我们的单兵作战能力不比他们差。

生：我们的失误次数比对方多，尤其是组织后卫运球推过前场后的传球失误被对方断球较多，使我方失去了得分机会。

生：对方的比赛经验比我们丰富，在控制比赛节奏和关键球的处理上比我们好。

生：其实我们本来也有取胜机会，在终场前不到一分钟，我们还领先一分，并拥有发球权，只是关键时候的失误让对方反超，没有把握好机会。

师：大家的分析很全面，归纳起来看，我们输球原因主要有三点：失误次数较多；整体配合较差；错失取胜机会。（板书）

（二）"一分之差"的对策（板书）

师：根据前面的分析，针对比赛中暴露出来的问题，我们继续探讨改进的措施，以便今后采取相应对策。

生：我们的球队还应加强基本功的训练。"场上一分钟，场下十年功。"只有练就过硬的基本功，才能减少失误，提高得分能力。

生：我们在平时练球的时候就要注意一些战术的演练和配合，要有一些明确的打法，要打整体战，加强队员之间的默契和理解，在整体配合中发挥个人特长。

生：通过这场比赛，我们要吸取教训，在关键时候不要慌张，根据球场情况控制比赛节奏，不断积累比赛经验，把握取胜机会。

师：同学们经过讨论得出的今后对策主要有三点：继续强化基本功；加强技战术配合；积累比赛经验。（板书）

（三）"一分之差"的启示（板书）

师：刚才我们分析和探讨的是一场普通的篮球赛，但是，如果这是一场关系国家荣誉的奥运会比赛，如果这是人生道路上非常关键的一场竞争，如果这是自己初中升高中或高考场上的激烈较量，这个"一分之差"又意味着什么？怎样才能尽量避免"一分之差"？怎样使自己的未来人生多一些成功的快乐、少一些失败的遗憾？

生：运动员要想在比赛中取得好成绩，都离不开平时的刻苦训练。没有耕耘，哪有收获，胜利的花朵要靠辛勤的汗水去浇灌。

师："不经一番寒彻骨，怎得梅花扑鼻香。"只有平时勤奋刻苦，注意点滴积累，打下扎实的基本功，才可能在关键时刻或重大比赛中取得好成绩。我们应从现在做起，从每件小事做起，做到日积月累，年必有成。

生：我们班在学校组织的各项比赛中都取得了优异的成绩，今后要继续发扬团结拼搏的精神，争取更多的荣誉。

师：个人离不开集体，我们要像爱护自己的眼睛一样爱护我们赖以生存的班集体。要树立集体观念、增强集体荣誉感，自己的一言一行都会影响集体，大家要齐心协力营造一个团结向上的良好集体，在一个让人羡慕的集体中互帮互助，你追我赶，共同进步。

生：机不可失，时不再来。我们要自觉珍惜时间，努力学好科学文化知识，练就过硬的本领，才能在未来的竞争中把握住机遇，实现自己的奋斗目标。

生：失之毫厘，谬以千里。我们要吸取教训，平时要勤奋刻苦，打好基础，关键时候更要减少失误，才能避免"一分之差"的遗憾。

师：机遇总是垂青于那些有准备的人。我们要不断提高自己的文化素质、心理素质、身体素质，增强自己的人格魅力，才能把握机会，获得成功。同学们得出的启示可以概括为：平时勤奋努力；珍惜集体荣誉；提高自身素质。（板书）

师：人生就好比一场竞赛，有胜有负本来也很正常。"一分"的差距虽说不算大，但有时却很重要，甚至会成为改变命运的关键。虽然比赛的结果有时难以预料，但我们首先应认真对待，把握好过程中的每一步。我们要认认真真地读书，踏踏实实地做人，培养自己的创新意识和实践能力，用自己的辛勤汗水和坚实脚步谱写无怨无悔的人生篇章，赢得一场又一场的胜利。

（刘彦 佛山市顺德区罗定邦中学）

系统思维指导下的高中主题班会设计

高中学生是有思想、有个性、有智慧、能思考的群体，高中阶段是人生成长中思想变化比较大的一个时期。这个阶段的学生随着视野的扩大、知识难度的加深、学习任务的加重、获取知识节奏的加快，对人生的认识由模糊转向清晰，人际交往有了自己独特的方式，对自身成长开始进行有意识的规划，能够确定人生的目标和奋斗方向。这些现象告诉我们，这是一个需要人帮扶和引领的群体。在这思想变化、人格形成、品行建构的年龄，班主任要根据学生的成长规律，以生为本，人文塑心，给学生更多的精神关怀和德行引领；要以心育心，以德涵德，以生命影响生命，促使学生全面发展。高中阶段有组织、有计划、有系统、有针对性的班会课，在培育学生的思想品行方面能起到重要的作用。

一、运用哲学思维指导班会课设计具有重要意义

班主任德育工作的主要目的是立德树人，以人文情怀锻造学生的人生观、价值观、社会观、道德观，培养学生的核心素养，促进学生健康成长。高中主题班会课，是班主任有效管理班级、使班级工作有序化、提高学生认识与思想、促进学生自主管理、发展学生个性、提高自治能力、形成良好的班风学风的有效且重要的形式。

一堂好的主题班会课对学生的引导起着重要的作用。主题班会课必须以学生为主体，以班会课主题为主导，以情境活动为主线，以立德树人与核心素养为核心，进行育人铸魂。高中主题班会课要遵循人的认识规律，体现系列化、主题化、层次化、递进化。班主任可以灵活运用系统思维方式指导高中主题班会设计。系统思维是人们运用系统观点，把互相联系的各方面及其结构和功能进行系统认识的一种思维方法，也就是一种从整体和全局上把握问题的思维方式。只有坚持系统思维，才能抓住整体、抓住要害，才能不失原则地采取灵活有效的方法处理事务。坚持系统思维，是全面地而不是片面地、系统地而不是零散地、普遍联系地而不是孤立地观察事物、分析问题、解决问题，有效促进学生的全面发展。

班会课的形式可以是活动型、表演型、讨论型、辩论型、汇报型、分享型等。要构建好班会课课堂教学支架：设置有生命力的议题——创设情境——设置活动——学生体验感受、参与分析探究——解决实际问题——内化核心素养。要告诉学生高中三年的每一学年成长要达到怎样的高度、完成哪些任务和实现哪些人生目标、形成哪些核心素养。

二、运用系统思维设计好高中三年的班会课主题

（一）高一阶段的班会课主题主要围绕生涯规划和习惯养成进行设计

班会课主题参考：阶段人生的超级链接——打造完美起跑；做一个有修养

的人；理想的钥匙，生命的意义；养成良好的习惯，规范行为；我们的生命——严谨纪律，以和为贵的同学氛围；生命个体的认识——我很重要；学会控制自己的情绪，放飞自己的好心情；营造和谐的师生关系；沉思的人都有一个目标；生涯规划，美好人生；学会学习，学会合作等。

（二）高二阶段的班会课主题主要围绕家国情怀和责任担当进行设计

班会课主题参考：捐起责任，扛起担当；上下求索，道阻且长；小组经验，凝心聚力；阅读学会做一个正直的人；挺起民族的脊梁；国有难，召必应；你奋勇战"疫"，我鼓劲学习；我要用生命捍卫她，我的祖国；学习雷锋精神，弘扬志愿服务；做一个有责任心的人；发现"我"之外的"我们"——送给自己身边的人，做最美的自己；做一个勇于担当、值得信赖的人——勇于面对自己的所作所为，从反思中学会担当；让别人因我的存在而感到幸福等。

（三）高三阶段的班会课主题主要围绕思行探究和拼搏奋斗进行设计

班会课主题参考：奔跑吧——高三；快乐高三；学会管理好自己的情绪；做时代自信新青年；我是什么样，国家就是什么样；学海无涯乐作舟；点燃心中的明灯；责任是事业成功的阶梯；国家兴亡，我的责任；顽强坚忍，拼搏成才；难忘母校情，永铭师长恩（心存感恩，铭记责任）；天生我材必有用（二十年后再相聚——告别母校）等。

三、哲学思维指导下的高中主题班会设计思路

高一阶段主题班会课，运用共性与个性相统一的哲学思维设计主题班会。主题班会要在充分认识学生、分析学生存在的矛盾时，坚持共性与个性相统一。在主题班会设计时要遵循从特殊到普遍、再从普遍到特殊的认识规律，促使学生清楚地认识自己，客观地认识自己的兴趣爱好、学识能力、人生追求，引导学生规划自己的人生，全面发展。

高二阶段班主任要通过主题班会培养学生的家国情怀和责任担当意识。价值观对人们认识和改造世界的活动有重要的导向作用（影响人们对事物的认识和评价，影响人们改造世界的活动，影响人们的行为选择），是人生的重要向导。班会课可以运用哲学思维中的价值思维进行教学设计，引领学生确立正确的价值观。价值观影响人的自我认识，直接影响和决定一个人的理想、信念、生活目标和追求方向的性质，帮助学生形成正确的价值观，对学生成为怎样的人起着重要的作用。

高三阶段主题班会课，灵活运用系统思维进行班会课设计。在对高三学生和高三特征进行充分理解和把握的基础上提出整体目标，分析高三学生、高三学习生活、学生要成为怎样的人各要素间的关系，看清整体与局部，提出满足和实现整体目标的条件及方法，灵活有效地解决问题。

四、哲学思维指导下的主题班会课实例

【实例一】人生价值下的生命之花

——高一学生生涯规划认知

（一）班会课教学目标

1. 帮助学生认清自我、认清所处的环境，厘清自己要达到的目标，唤醒意识，挖掘潜能，确立目标。

2. 根据目标，制订与目标的实现相吻合的实施方案，按照实施方案采取相应的行动，达到规划的目的。

3. 让学生深刻认识支撑人生目标实现的人生价值观，促进自身的全面发展。

（二）班会课教学设计流程

内容分成三个部分：生涯规划认知；我的成长蓝图；人生价值观。

1. 生涯规划认知，用视频激发情感，用辩论引领思考

（1）播放小视频，介绍申怡飞、沈亦晨、舒畅、刘明侦、曹原的人生故事——5位走在世界科技最前沿的中国青年人！

你看了这五位中国青年的故事，你有怎样的思考与才情，你设想过十年后的自己在忙什么吗？

（2）播放小视频"四个毛毛虫的人生"。

①思考问题：从这个故事中，你得到哪些启示呢？怎样进行生涯规划？

②同学们的现状。

③怎样进行职业生涯规划？

④什么是生涯规划？

（3）课堂小辩论，从辩论中让学生认识规划生涯的因素。

①课堂小辩论。

辩题：性格、兴趣决定生涯规划

　　　能力、环境决定生涯规划

②辩论中得到的认识。

生涯规划要考虑的方面：能力、环境、专业、性格、兴趣、人生价值。

2. 我的成长蓝图，用视频展现新时代科技成果，引导学生对自身成长蓝图进行设计。

视频内容：中国正式发放 5G 商用牌照；中国在黄海海面上成功发射运载火箭；4 台"阿尔法巴智能公交"在深圳福田保税区首发试运行；东莞、杭州、长沙、秦皇岛等地无人工厂相继投产。

蓝图设计：同学们各自说说自己十年后的生活设想。

3. 人生价值观，观看小视频，思考实现人生目标，必须具备哪些素养。

（1）观看乔布斯、任正非、邓稼先、苏鸿熙的视频。

思考：分析他们实现人生目标必须具备的素养。

（2）观看学生学习生活小视频，如何让自己的生命之花开得更加绚烂。

思考：打造自己亮丽的名片，做一个大写的人。

（3）用自己的事例解读人生价值下的生命之花。

（4）全体誓言：以青春的名义宣誓。

【实例二】新时代青年的使命

（一）班会课教学目标

1. 让学生清楚地认识到新时代青年应具有使命感。

2. 新时代青年应清醒地认识到自己的使命——为国家民族的复兴而奋斗。

3. 培养学生为国家为民族而奋斗的精神和强烈的家国情怀。

（二）班会课教学设计流程

1. 创设情境

播放何占豪的二胡协作曲《江南第一燕——致秋白》，营造气氛，把学生带入革命先烈为解救国家于危难、解救百姓于水火，不惜牺牲性命的悲壮的氛围中。

2. 解读新时代青年的使命

习近平总书记强调："中国梦是我们的，更是你们青年一代的。中华民族伟大复兴终将在广大青年的接力奋斗中变为现实。"[1] 实现中国梦的道路并不平坦，我们不可避免要"爬雪山""过草地"，不可避免要进行具有许多新的历史

---

[1] 杨月. 习近平的青年志：中国梦属于青年一代［EB/OL］. 中国青年网，2016-01-04.

特点的伟大斗争。距离目标越近，就越不能懈怠，越需要广大青年勇做奋进者、开拓者、奉献者，让创新成为青春远航的动力，让创业成为青春搏击的能量。

青年人要牢记使命，肩负起身上的担子。青年人要主动把个人融入历史发展的潮流中，以舍我其谁的姿态，不畏困难，坚持在有需要的最前沿。建设社会主义现代化强国的时代新征程，需要更多有担当精神的青年，主动把国家未来、民族希望扛在肩上。而也只有那些具有担当精神的青年，才能在实现中国梦的生动实践中放飞青春梦想，在为人民利益的不懈奋斗中书写人生华章！

3. 学生朗诵瞿秋白、恽代英的诗作

（1）学生朗诵瞿秋白的诗："倏然忽起狂吼的怒风，万树枝头都起暴动，虽则越显得寒厉的冬之残酷，然而散见零星的翠色，已确然见温情蜜意的春之和畅之先声。""我是江南第一燕，为衔春色上云梢。"

（2）学生朗诵恽代英的诗："浪迹江湖忆旧游，故人生死各千秋，已摈忧患寻常事，留得豪情作楚囚。"感受瞿秋白、恽代英的温情与斗志。

（3）播放《山河岁月》第十四集《故人生死各千秋》

介绍瞿秋白、张太雷、恽代英等革命先烈为了追求真理将生死置之度外，为了信仰不惜用鲜血染红旗帜的故事。

（4）学生结合视频内容与当今时代特点，说说新青年的使命与担当。

牢记使命，主动把个人融入历史发展的潮流中，以舍我其谁的姿态，不畏困难，坚守在有需要的最前沿，勇做奋进者、开拓者、奉献者。

（三）班会课教学思考

高二的学生要清楚认识到作为新时代青年应具有的使命感，为国家民族的复兴而奋斗。班会课要重视培养学生为国家为民族而奋斗的精神和强烈的家国情怀。习近平总书记指出："教育是提高人民综合素质、促进人的全面发展的重要途径，是民族振兴、社会进步的重要基石，是对中华民族伟大复兴具有决定性意义的事业。"[①] 培养学生正确的价值观是班主任的首要任务。学生拥有正确的价值观，才能作出正确的价值判断与价值选择。新时代的新青年才能主动把个人融入历史发展的潮流中，实现人生的价值，创造幸福人生。

---

① 刘博超，晋浩天. 教育改革：让人民享有更好更公平的教育［EB/OL］. 光明日报，2021-06-09（05）.

【实例三】青春是用来奋斗的——奔跑吧，高三

（一）班会课教学目标

1. 认识青春是用来奋斗的，奋斗的青春是幸福的，明确高三的意义。

2. 认识高三精神，高三是奋斗的，青春是拼搏的，确定高三的做法。

3. 学习榜样故事，拼一个春夏秋冬，赢一生无怨无悔，树立高三的决心。

（二）班会课教学设计流程

1. 读《人民日报》"青春是用来奋斗的，奋斗本身就是一种幸福"

一代人有一代人的青春，没有哪一代人的青春之路是一帆风顺的，青春的底色永远离不开"奋斗"两字。正如习近平总书记教诲我们的，"现在，青春是用来奋斗的；将来，青春是用来回忆的""奋斗本身就是一种幸福，只有奋斗的人生才称得上是幸福的人生"①。

幸福都是奋斗出来的！唯有奋斗，才能留下深深的印记；唯有奋斗，才能永葆青春的朝气。在新时代的伟大征程上，奋斗永远是我们最美丽的青春誓言。现在，让我们一起向奋斗的青春致敬！

百余年前，五四先驱李大钊这样激励青年："青年之字典，无'困难'之字，青年之口头，无'障碍'之语；唯知跃进，唯知雄飞，唯知本其自由之精神，奇僻之思想，锐敏之直觉，活泼之生命。"② 靠什么征服通往梦想的火焰山，拿什么安放我们心中如火的激情？奋斗，唯有奋斗。

2. 十八岁，树立正确的人生观，明确青春的意义与价值

（1）读人民日报写给青年的八封信：

① 《你的梦想有多雄奇，中国就有多美丽》

② 《欣赏你一往无前的奋斗姿态》

③ 《有了健康，你才能去搏风击浪》

④ 《愿你披荆斩棘，磨砺成自己的榜样》

⑤ 《时代离你多远？比你能想象的更近！》

⑥ 《走遍千山万水，为何还是最眷恋这片土地》

⑦ 《你最牛的背景，就是今天的中国》

---

① 人民日报评论员. "青春是用来奋斗的"——五四之际致青年［N］. 人民日报，2017-05-03（01）.

② 人民日报评论员. "青春是用来奋斗的"——五四之际致青年［N］. 人民日报，2017-05-03（01）.

⑧《我们的征途是星辰大海》

（2）看人民日报小视频"硬核浪漫！神舟、天和带你看太空！"

（3）看 2021 最感人的奥运短视频《光荣，属于奥运健儿！光荣，属于中华儿女！》

3. 同学们说说观后感

青春是用来奋斗的，奋斗的人生才是幸福的人生；高三是奋斗的，高三是吃苦的，高三又是精彩的，吃过苦的人才懂得什么叫甜，奋斗过的高三，才能创造出辉煌的成绩，收获高考的丰硕成果，成就甜美的人生。

4. 观看罗定邦中学历届高三学生的学习生活视频，学生谈谈心中的高三

（1）高三学习时间长，高强度的学习不但考智力，也考体力，要有爆发力，更要有耐力。

（2）高三每周有周考，每月有月考，中间还有区模拟考、市模拟考、省模拟考，不断的考试检测，要求学生要有很强大的心理承受力，才能经受住学习带来的考验，获取学习上的进步。

（3）有人说高三是黑色的高三，有人说高三是精彩的高三，有人说高三是奋进的高三，有人说高三是竞优的高三。

5. 以"高三是用来奋斗的"为主题，进行 3 分钟演讲

6. 朗读杨牧的诗《我是青年》，激发学生的奋斗激情，认识高三精神

7. 以小组的形式，说说高三勤奋学习的榜样故事

8. 学生各自宣读自己的高三奋斗目标和计划

（三）班会课教学思考

"青春是用来奋斗的——奔跑吧，高三"主题班会设计，立足于整体，让学生充分认识高三复习备考与生活的特点，帮助学生有效地调整状态、确立目标、制订计划、饱满精神，运用系统思维、整体意识、多维视角分析问题，不断优化完善，解决学生进入高三出现的缺乏斗志现象。

（刘红　佛山市顺德区罗定邦中学）

第四节 哲学思维与师生交流

人本思维指导下的谈心工作例谈

人本思维指尊重人、依靠人和为了人，即人民立场、以人民为中心的发展思想。班主任在管理班级的过程中应树立人本思维，要以学生为本，一切教育活动要为了学生、尊重学生、依靠学生、塑造学生，更好地保障学生权益，促进学生健康成长，从而落实立德树人的根本任务，培养德智体美劳全面发展的社会主义建设者和接班人。

一、运用人本思维的教育工作案例

做教师以来，我以师长的身份不知道说了多少句话，不知道有多少学生在若干年后会记起我说的多少句话，更不知道其中有多少句话是让学生刻骨铭心、永生难忘的。但是这句话，这位学生，我相信她会永远记得。

（一）尊重学生，相信她

某个学期末，在进行完第三单元的政治测试后，我要求每位同学要认真订正试卷，尤其是做错扣了分的题，并要求他们在试卷的空白处写好本次测试后的反思。每张试卷我都认真看同学们的订正情况和他们写的反思，并写上我的一些话，这些话主要是针对同学写的反思而激励的语言，如继续努力、加油、老师相信你等。我爱我的学生，我爱我的工作，我想，作为科任老师，这样做能有一个很好的沟通交流的机会。经验告诉我，这样对于我们这些任教班比较多、面对学生比较多，"教的学生多、认识学生少"的老师，常能起到"一两拨千斤"的效果。不少学生在看到我的批语后，对我的尊重度以及我教的政治学科的兴趣度大大提升。在我批阅发下试卷后，常常有学生来找我聊天以及主动和我打招呼。这次初三（9）班有位女同学在下了上午第四节课后拿着我批阅后的试卷怯生生地到我办公室，问我："晏老师，您有空吗？"到了吃午饭时间，本来我想说有什么问题下午老师去找你，但看到她怯生生的样子，我不由得亲切地说："有空，有事吗？"她把我写在她反思下的红色字"继续努力，老师期待你的进步，老师相信你会进步的！"的试卷摊开在我桌面上，没有说话，我有些纳闷，随即抬头看着她，这时，她的嘴抖了下，眼开始有点湿了。"怎么啦？"我有些紧张地问道。马上，她咬了下嘴，轻轻地说："谢谢您，没事了。"说完后，就跑出了我的办公室。看着她的背影，想着刚刚她的神情和说的话，我似乎明白了些什么，我知道她是来谢谢我的。以后日子里，我发现她上我的课时眼神变了，认真了很多。我想她和我以前教过的很多学生一样感动了，所以没有再为她想得过多。

（二）理解学生，鼓励她

按教学安排我们又进行了一次单元测试，在改完试卷并发下后，我嘱咐同学们自己认真核对计算的分数，如果有误的请在一天时间内拿着试卷来找我，我核算后确认有误一定会在成绩册上改。常常少了分的同学都会等不及地找我。我都会在核算后确认，如果是老师计算错的马上更正。那天下午第八节课她拿着试卷在我办公室门口小心翼翼地望了望，好像是见只有我一个人在的情况下，才轻轻地敲了下门，仍然是怯生生地问："晏老师，您有空吗？"见到她，我想肯定是分数算少了，"有空，你有事吗？算少分了啊？"听我这样说她径直走到我的身边，把试卷写着 67 分的那面摊在我的桌上，"噢，不好意思，老师帮你重新核算下。"我拿起她的试卷想马上开始核算，此时，一滴眼泪已经掉在了试卷上，她哭了！我有些不知所措。此时她哭着说："老师，你还相信我吗？""相信。"我立即回答道。"可是，我是 57 分，你写了 67 分！"她哭得更伤心了，眼泪一大滴一大滴地掉在试卷上。"啊？"我惊讶地忙着给她重新核算分数。果然是多了 10 分！"抱歉，是老师的错，算了吧，很多人少了分来找我，很少人多了分来找我，就这一点，我想把这 10 分奖给你。"我想少了 10 分她就是不及格，平时考试就算了。谁知，她说："不，老师，改过来吧，我只得了 57 分。"她说着，仍然在流泪。分数由 67 改为 57，她拿着试卷看着分数，沉默了一下，又问我："老师，您还相信我吗？"奇怪，这学生怎么总是这样问我，以我这么多年任教的感觉，我想这同学一定有什么事，此时她需要的是肯定的信任，让她有安全感，我马上回答道："相信，老师相信你。"听了我这话，似乎有东西触及了她的敏感神经，一大滴一大滴的眼泪又掉了下来，还哭出声来了。"出什么事了，告诉老师。"我惊讶且亲切地看着她问道。"没事，谢谢您。"此时她突然看到我桌面上儿子的照片，问这是你儿子啊，我说是。"多大了？"我说三岁半了。"哦，谢谢您，我走了。"她没有告诉我到底出了什么事。我想肯定有什么事。也许不便说或不想说吧，也许她现在需要的更多是别人对她的信任。

（三）接纳学生，为了她

接下来的一个晚修值班的夜晚，正当我锁好办公室的门要离开时，我发现在门口有个天蓝色的布袋子，打开一看有几个小玩具和一张纸条。纸条上是她写的字，她说这些是她家表弟玩的，现在他大了不玩了，送给我儿子玩，要我不要嫌弃等话。当时，我想还给她，后来一想不行，这同学肯定有什么事，我还是先收下再说吧。第二天我找到她，她有些不好意思，我说你的布袋子我收下了，玩具很好，谢谢她，她更加不好意思，反而低下了头，我想她心中是高兴的。之后，她上课更加认真了，见到我更加热情了，有时我走在前面她走在后面我没有看到她时，她都会在后面叫我："晏老师。"可我还是不知她前面两次到我办公室时的内心世界。我想我现在不便问太多，到时候她会说的。期末考试她拿了83分，这对于她来讲有很大进步。在放寒假那天，我遇到她，好似不经意地说："你不错啊，考了83分，有很大进步，继续努力啊，寒假回家也要好好看看书哦，老师期待你回校后的寒假自主复习的自主测试能考出更好的成绩。"其实我在成绩一出时就注意了她的成绩，我想我一定要在她放假回家前和她说上一两句话，找了个时间在她必经的路口遇上了她。她有些诧异，呆了一下望着我，然后马上不好意思地说："谢谢，我会继续努力的。"我知道，她肯定是在想，这老师教这么多学生，怎么能这么准确地把我的分数说出来，还表扬我。看着她有些轻松的渐渐远去的步子，我知道，她的心中已经明白老师是真的相信她，心中很高兴，并决定一定要好好学习我教的这一学科了。

在准备过大年的那天，我接到她打过来的电话，电话里她说了心中的一个秘密，她是哭着告诉我的。她说她曾经做过小偷，偷过别人的钱。这时我想起在上学期初三（9）班有学生的钱被偷了，并且数额不小。她仍然在哭，还是问："老师，您还相信我吗？"我知道一个学生犯了错，而在她主动想改正的时候，需要的可能不是"大棒"，更多的是他人的宽容和对她以后变好的信任，支持她能改好，理解她是一时糊涂。如果只是一味地埋怨、谴责，甚至以小时候怎样，长大了就怎样去说她，反而会扑灭她想主动改正、改好的热情。我感谢她对我的信任，告诉她人生总会有做错事的时候，做错了能及时改正就是好样的。"你之所以是学生，是因为你有很多东西要学，你会慢慢明白人生，明白怎样去做人。"并随即举了两个我曾教过的学生犯错改正后成功的真实例子，告诉她学校的领导和老师都很在意她的成长环境，这事她如果不告诉我，我作为同级的科任老师都不知道，希望她能以此事来警示自己，以后走好人生路，"改了就是好样的，我相信你！"每一次她听到我说"我相信你"这四个字，我都能感觉到电话那头的哽咽声……最后，她用湿润的声音说："老师，我以后一定不会做傻事了。"

大年初一，我接到了她的电话，是她特意从广州打过来给我和我的家人拜年的，她和家人在广州过年。显然她家情况不是缺钱的，显然她和我的心已经越来越近了……在新学期开学第一周的寒假自主测试中，她的政治成绩在总分60分的情况下，得了51分！

"我相信你"是大家都能说且常说的短短一句话，简单的四个字，竟让这位女同学的心离我越来越近了，竟让这位女同学自觉把心扉打开……她现在正在准备中考，我祝福她能有更好的精神面貌和斗志迎接她人生的一个大挑战。我不知她能不能考上重点高中，但我相信她会认真复习，她再也不会去做傻事了。

二、坚持人本思维铸魂育人

教育这位女同学的过程中，我深深理解了哲学思想中的人本思维，我们想问题、办事情要多站在学生的角度去思考，从尊重他们到理解他们和依靠他们，最后为了他们，相信很多事情会峰回路转，达到深入灵魂的育人效果。

我不由得想起一位教育专家曾说过一句话："给所有犯错的孩子机会和时间吧！"是啊，有时一些犯了错的学生道德感、理智感短时会有些模糊、狭隘，当他们犯了错遭受训斥、处罚时，尤其是得不到老师、同学的理解、支持、宽容时，很容易产生自卑感，甚至对学习、生活丧失信心。反之，如果他们的错误得到老师的谅解、宽容，他们或许能恢复自信，争取上进。

为人师者要用爱心去感染每一位学生，用理解去尊重每一位学生，用宽容去看待每一位学生，用信任去支持每一位学生。始终坚持立德树人的宗旨，坚持人本思维，在爱心、理解、宽容、信任之下，学生们会明白人生的真谛，在学习上更加愉快、满足、有兴趣，自然成绩就容易提高，甚至做人也会发生较大的转变。

（晏清华 佛山市顺德区第一中学外国语学校）

浅谈哲学思维在赏识教育中的有效运用

教育工作者的教育对象是人，而哲学是人们通过对一系列关乎宇宙和人生的一般本质和普遍规律问题的思考而形成的一门学科，哲学是时代精神的精华，哲学是人类智慧的结晶。教师如果能将马克思主义哲学的基本思维运用在教学教育工作上，能加深教师对教育基本问题的理解，明白自己应该教什么、怎样教及为什么教。同时能够帮助教师在更高的理论层面上找到解决教育问题的好方法。

有人说，人类本质中最殷切的需求就是渴望被赏识。清代教育家颜元曾有言，"数子十过，不如奖子一功"，告诫我们在教育中要多运用积极的鼓励。随着时代的发展，三个世纪之后的著名成功学大师卡耐基也说，"使人发挥做大能力的方法，就是赞美和鼓励"。由此可以看出赞美和鼓励在教育过程中的重要地位。基于现代教育发展的需要，教育教学工作被提出了更多要求，教师不仅要欣赏、鼓励学生，还要尊重、包容、理解学生，于是赏识教育应运而生。而表扬是赏识教育中重要的一环。

在教育中，批评语言和表扬语言是老师经常会使用的课堂语言，但是在实际教育中，更多注重的是如何批评学生，使其记忆深刻，努力改过，从而忽略了表扬对学生的作用。赏识教育作为一种新兴的教育理念和方法，对教师而言既是机遇也是挑战，赏识教育中重要的一项是表扬，表扬是一种很好的辅助手段，为了进行有效的表扬，本文从马克思主义哲学的角度，思考表扬教育的艺术和方法。

一、尊重学生的主体地位，表扬学生需要因材施教

世界上不存在两片相同的树叶，每一位学生都是与众不同的，都有自己的独特个性。教师在对学生进行表扬教育时，应考虑到被表扬者的主体因素，从学生的实际出发，了解学生个性、特点，探求学生真正的需要，不能无的放矢，这样才能直击学生的内心。若教师以自己的主观判断进行"一刀切"式的表扬会影响赏识教育的效果，这一点在我国古代伟大的教育家孔子"因材施教"的思想中就早有体现。根据学生不同的个性和特点采取不同的方式和表扬内容，这也显示了对学生主体地位的充分尊重。

不少教师应该会有这样的经历，表扬了学生，但学生不为所动，就像对牛弹琴，达不到预期的效果。那很可能就是因为教师的表扬没有根据实际情况找到准确的切入点，触动不了学生，自然就得不到学生的积极反应。当教师运用赏识教育时，要使学生从内心感动，才能唤醒学生的自我意识，随着自我意识

被不断唤醒与培养，学生在学习中的自我认知、评价与反思的水平会逐步提升。这是表扬教育运用的关键点。

二、尊重学生的性别差异，表扬学生需要遵循客观规律

教师通过认识客观规律，并运用教育教学规律指导行动才能更好地发挥学生的主观能动性。表扬是为了鼓励学生发扬优点，继续保持下去，恰当的表扬有利于学生的心理发展，提高他们的道德修养及自我认可的能力。但在表扬的时候教师往往会忽略一些客观的规律，达不到表扬的目的。

例如，关于性别对表扬效果影响的研究结果告诉我们，与男生相比，女生更容易受到他人评价反馈的影响。因此对于女生应尽可能给予过程取向和结果取向的表扬，避免个人取向的表扬。个人取向的表扬如聪明、笨，过程取向的表扬如努力、不努力，结果取向的表扬如好成绩等。已有的研究表明，对于一个经常低估自己的自卑女生，对她的能力给予鼓励和肯定的话，结果很可能使她们面对随后的挫折时更脆弱。所以要提升自信和动机不应通过夸她聪明，而是应该给予她过程取向或结果取向的表扬。相对于女生，男生的自我评价比较稳定，他们可能会更加勇于面对挑战。所以对男生的表扬可以考虑在实施过程和结果取向表扬的同时，给予他们少量的个人取向方面的表扬，以增强他们的自我价值感和能力感。

三、量变达到一定程度才能引起质变，表扬学生需要把握适度原则

马克思主义哲学认为，质变是由量变积累而成的，量变是质变的基础，没有量变的开始，就没有质变的开始。这种哲学思想用在教育教学工作中非常实用，每一名学生的成长过程即由量变到质变的过程。例如，如果我们单纯地认为一次表扬就可以让学生发扬优点，继续保持下去，甚至有更多积极的行动，那么，就严重违背了学生的身心发展规律，违背了认知规律，也违背了"从量变到质变"的哲学思想。

教师必须要有耐心，多关注学生，找到学生的各处闪光点，多表扬学生，注重观察其量变的积累。表扬能够让学生产生自我的肯定意识，只有这种肯定经过多次沉淀后，才能积累成学生的成功感，打下自信的基础，从而引起质变，对学生的成长起到至关重要的作用。

当然这里所说的"量"是有限度的，如果超出了这个限度，就变成了过度

表扬。无论是批评还是表扬，都要适可而止，才能恰到好处。所以我们既要掌握丰富的理论知识，还要将理论知识与实际行动很好地结合起来。只有这样，我们才能真正做到在日常的教育教学工作中思路清晰、游刃有余。

四、事物是运动变化发展的，表扬学生需要把握契机

唯物辩证法认为，人的思维是在不断地运动、变化和发展的，事物的发展具有普遍性和客观性。

"教育时机是教育中学生、教师和教学环境高度契合的时间点，教师一旦抓住了这些时间点，会在一定程度上促进教育的效果。然而，事物总是在往前发展，一旦早于或者晚于这些教育的最佳机会，便可能达不到预想的教学效果。"① 在教育中的具体状况或学生的情况也不是一成不变的，因而教师可加以利用的表扬时机也是瞬息万变的，这就要求教师需要具备一定的教学智慧，要学会识别运用表扬教育的最佳时机，提高运用表扬教育的适时性，才能增强准确性，如果教师错过了赏识的时机，即使过后进行补救，也不再符合学生当时的需要。

五、矛盾具有普遍性和特殊性，表扬学生需要共性与个性相结合

从唯物辩证法的角度分析，每个学生都应该既有共性又有个性，是个性与共性的统一体，也是矛盾的普遍性与特殊性的统一体。每个学生成长环境、家庭条件等多方面都存在不同，所以他们的个性也就和其他学生存在差异。可是每个学生都期待得到别人的赞赏，所以这也是他们的共性。为此，教师在运用哲学思想对学生进行表扬的时候，既要满足学生的共性需求，又要满足学生的个性需求。

为了满足不同学生的个性需求，表扬教育的具体手段也需要多样化。在具体的实践中，可将表扬的方式分为物质性表扬和精神性表扬。物质性表扬指教师可以利用一定数额的奖金、小奖品对学生进行激励，保持或强化学生的良好行为表现。如当学生在考试中取得进步，或者在思想道德上有突出的表现时，教师就可以给予学生学习用品，诸如笔、笔记本等物质性奖赏。精神性的表扬主要包括口头语言赏识、书面语言赏识、肢体语言赏识。教师可以在教学过程中采用评选先进、授予荣誉称号，选拔优秀学生、进步学生进行表扬的具体方

---

① 李如密，王禧婷. "适时而教"的思想内涵及现代价值 [J]. 当代教育与文化，2018，10（05）：1-7.

法，如定期组织评选"进步之星""勤奋之星"等。教师在实践时要注意多种形式的综合运用，避免表扬形式的单一化。

表扬对每个人来说都是一个积极的字眼。每个学生都渴望得到表扬。它就像阳光一样，不仅温暖了学生们的心田，也照亮了他们前方的道路。在教育中注意表扬学生会使他们更加健康发展，更能培养学生的自尊、自信、自强。将哲学原理的思想运用在教育中，不仅能提高教育效果，还能让学生树立良好的哲学观念，做到事半功倍。

（陈丽娟　佛山市顺德区罗定邦中学）

运用哲学思维提高批评学生的艺术

哲学是一门使人智慧的学问，是指导人们生活得更好的艺术。哲学是智慧的沉淀，它源于人们在实践中对世界的追问和思考，教师的教育教学实践是教育智慧的源泉。批评不易讨人喜欢，更需要我们掌握批评的艺术。古今中外的哲学智慧博大精深，教师要善于站在马克思主义哲学的高度，反思批评学生的方式方法和教育效果，运用哲学智慧提高批评教育学生的艺术，增强教书育人工作的有效性和教师职业的幸福感。

一、坚持一切从实际出发，做好调查研究

世界的本质是物质，物质决定意识，意识是对物质的反映。这就要求我们想问题办事情要从客观存在的事实出发，实事求是，做到主观与客观具体的历史的统一，反对主观主义。批评学生之前要先摸清底细，掌握事实，才能做到客观公正。

没有调查就没有发言权，尊重客观事实是提高批评教育效果的前提。有效的批评应建立在充分掌握事实的基础上，只有客观全面地了解事实的真相，弄清事情的前因后果，才能做到"对症下药"，才能让被批评者乐于接受。现在的学生自尊心和独立意识都很强，而心理承受能力普遍较差，大多数学生都会觉得被人批评是件难堪的事，甚至为了避免老师的批评，往往不承认自己所犯的错误，逃避自己的责任。如果没有事实依据，或者只以个别事实为出发点作出判断，只抓住某一方面就大加批判，这样的批评就达不到预期的效果，还有可

能会适得其反。因此，教师在批评学生之前应客观全面地了解事实的真相，才能作出实事求是的评价，才能让被批评者心悦诚服。

二、尊重教育规律，反对主观随意

规律是事物运动过程中固有的、本质的、必然的、稳定的联系。规律是客观的，是不以人的主观意志为转移的。规律的客观性和普遍性要求我们必须尊重规律，按规律办事。教育规律是教育发展过程中的本质联系和必然趋势，是教育工作必须遵循的客观法则。

批评教育学生必须按规律办事，主要包括两方面：一是要遵循学生成长的规律，二是要掌握批评教育的规律。批评教育学生从根本上说是做人的工作，需要对学生心理、性格、特点、行为等各方面的情况了如指掌、全面把握。如果我们对学生的生理成长、心态发展、认知接受等特征的认识，对处在各个年龄段的学生的共性、个性特点，不同家庭背景中的学生有什么不同的性格特点等知之甚少，就谈不上按规律办事。教师要树立终身学习的理念，不断更新自己的知识结构，寻找最佳的批评教育方式，才能更好担负起学生健康成长指导者和引路人的责任，真正做到"为学生点亮理想的灯、照亮前行的路"。如果教师的思维还是停留在传统教育观念中，习惯于要求学生绝对服从自己的主观意志，摆出一副居高临下的样子，只会板起面孔去训斥犯错误的学生，那就无法达到批评教育的效果，甚至还会适得其反。

三、坚持适度原则，掌握好分寸

量变和质变是事物发展过程中两种不同的状态，量变是质变的必要准备，质变是量变的必然结果；量变在一定的范围和限度之内，事物才能保持其原有的性质，所以做事情要有分寸，掌握火候，坚持适度的原则。事情做过了头，就达不到预期的目的，批评学生也是如此。

心理学研究表明，一个人只有收益大于付出时才会付出，只有幸福大于苦难时才会接受苦难。如果批评力度过大，抓住小辫子不放，穷追猛打，甚至夸大其词，乱扣帽子，会使学生觉得冤枉，会超出学生的心理承受能力，使其产生逆反心理和对抗情绪，不利于改正错误。相反，如果批评力度过浅，大事化小，小事化了，批评如蜻蜓点水，隔靴搔痒，使学生对所犯错误认识不到位，也达不到教育目的。因此，批评学生应善于观察学生的反应，如果悔改态度较好可以点到即止，给学生一个自我教育的机会，为学生保守一些"小秘密"，学生对老师的这种宽容和理解会产生一种负疚感，从而有利于他们不断鞭策自己，尽量少犯或不犯错误。对个别缺点较多的学生要有长远的帮教计划，不要指望在短期内或通过一两次批评教育就能让其改正所有缺点，可以从一些较容易改正的缺点入手，有步骤分阶段地限期改正，不要急于求成，欲速则不达。

四、坚持全面地看问题，防止片面性

矛盾就是对立统一。任何事物都有既对立又统一的两方面，矛盾存在于一切事物中，并且贯穿于每一事物发展过程的始终，即事事有矛盾，时时有矛盾。矛盾普遍性原理要求我们必须坚持一分为二的分析方法，坚持两分法、两点论，反对片面地看问题的观点。批评学生时也要全面看问题，反对以偏概全，要把批评与表扬相结合。

人的最深切的愿望是做一个被人肯定的人，每个人都渴望自己被人欣赏，即使犯了错误的学生也是如此。不能因为学生犯了错误而否定其优点，不能在批评学生时采用"你总是""你从来就""你根本就"这类过头的话，不能因为学生的某一方面过错就判定他们一无是处，认为是"朽木不可雕"，这样的批评反而会给学生带来心灵的创伤，产生更多消极作用。教师是学生的引路人，批评学生要客观公正，要侧重引导，不要总在错误上纠缠，既要指出错在哪里，更要指明对在何方。对犯了错误的学生更要善于发现其闪光点，及时加以赞许，从侧面巧妙地加以鼓励。这种批评转化为表扬的方法，能够在鼓励中包含信任和期望，使其既明白不足又摆脱灰心丧气。在批评中表扬，在表扬中批评，少运用且善于运用批评，才是艺术的批评。

五、要具体问题具体分析，加强针对性

矛盾着的事物及其每一个侧面各有特点，它要求我们坚持具体问题具体分析原则，即在矛盾普遍性原理的指导下，具体分析矛盾的特殊性，并找出解决矛盾的正确方法，反对千篇一律地采用一种方法解决不同事物的矛盾。批评学生要结合学生的具体特点，做到量体裁衣、有的放矢。

学生犯错误往往都有一定的前因后果，在调查掌握事实之后，还要分析学生的具体状况、心理特点和性格特征，选择一种最合适有效的批评方式，做到一把钥匙开一把锁。要尽量避免在公开场合点名批评学生，即使有必要进行公

开批评也应该事先加以教育和引导。批评学生要多采用单独谈话的教育方式，谈话地点可以在辅导室、走廊或校道上，尽量不在教室内或教师办公室内，因为合适的批评环境才有更好的批评效果。有时可以采取无声的批评，通过眼神的提醒和暗示传递批评的信息，或者在批阅周及时进行交流和引导，或者给学生写张小纸条，用简单明了且富有感染力的话语打动学生的心，有些当面无法说清的话，利用书面语言可以起到意想不到的效果。根据学生的个性特点，有的可以采取开门见山、一针见血的批评；有的应该委婉含蓄、迂回启发；还有的可用以刚制柔或以柔克刚的方法。批评学生的时候要特别注意反对那种"一人生病全体吃药"的方式，不能因为个别同学的违纪行为而批评全班同学，这种株连他人的批评会激起更多学生的不满，也达不到对被批评学生的教育效果。

六、要善于抓住关键，分清主次

不同的矛盾在事物发展过程中的地位和作用也不相同，其中主要矛盾在事物发展过程中处于支配地位，对事物发展起决定作用。主要矛盾和次要矛盾及其相互关系的原理要求我们看问题、办事情既要善于抓住重点，集中主要力量解决主要矛盾，又要学会统筹兼顾，恰当处理好次要矛盾。批评学生需要抓住问题的关键，才能提高教育效果。

俗话说"牵牛要牵牛鼻子""工作要做到点子上"。如果主次不分，抓不住中心和关键，则往往达不到批评的目的。有的老师在批评学生之前总是期望值过高，希望通过自己的批评教育帮助学生改正全部或至少大部分缺点，导致在批评学生时不分主次，唠唠叨叨，把那些"陈年旧账"一起算，"眉毛胡子一把抓"，结果事与愿违，甚至还会引发学生的逆反心理，不利于对学生的教育。老师在批评学生时要针对学生的缺点和性格特点，分清轻重缓急，明确主攻方向，尤其是对少数缺点较多的学生，应分阶段有步骤地逐渐改正。有时为了改正主要缺点，反而先要改正那些次要缺点，并及时加以鼓励，统筹兼顾，从而达到最佳的批评教育效果。

有人把德育比喻为我们常吃的"盐"，如果直接灌输，学生不会接受；把它加在汤里、菜里，做成美味佳肴，则人人喜欢，这就需要掌握一定的艺术。良药苦口利于病，忠言逆耳利于行。如果教师能够以哲学智慧为指导，尽量使用顺耳的"忠言"和可口的"良药"，将更有利于学生健康成长。

（刘彦　佛山市顺德区罗定邦中学）

师生携手同行，共建美好班级

从骄阳似火的 8 月到凤凰花开的 6 月，我又带完了一届高三。与 2020 届高三 16 班同学们的点点滴滴，宛如昨日一般在我脑海中一幕一幕地过。在敲下这篇文章的时候，16 班的同学已经都拿到了录取通知书，要奔上更高更远的平台。曾经在罗定邦中学教室里面挥洒的汗水和泪水，化成高三教学楼里最美好的回忆。

一、万事开头难——事物发展前途是光明的

还记得 2019 年 7 月 30 日和 7 月 31 日的白天和晚上，整个顺德大地都被火辣辣地炙烤着。朋友圈还到处都是祖国的大好河山时，我就投入了高三的班主任工作中了。心中带着些许惆怅，些许斗志，些许感伤。不过这些情绪很快就烟消云散了，高强度的任务安排让我没时间胡思乱想。拿到分班后的名单，每个学生都不认识，也没有前班主任可以取经。因为班级学生是重新组合的，所以只能在班主任微信群里咨询带过这些学生的班主任，只要有人介绍某某不错，某某比较调皮，某某适合做班干部，我就用笔记本赶紧记录下来，那可是我开班后的重要班干部人选。班干部选得好，班级工作就等于有了好助攻。于是我把班干部人选麻利地初定了几个。接下来是分析成绩单，完全打乱成绩单分组坐，在不了解学生性格的前提下，只能按照成绩 S 形分布学生座位，以后再慢慢调整。对于值日卫生工作，则提前通知安排好宿舍长去买宿舍用的卫生工具，安排几位学生购买班级卫生工具并打扫教室，摆放好教室的桌椅。打了四五个电话后，也算把这事落实好了。

处理好这些烦琐的事情后，接下来要准备 7 月 31 日晚上的班会课，那是我和学生们的第一次会面，要认真准备。根据年级通知，7 月 31 日晚上要班主任摇旗和喊班级口号。但是据说旗帜在上一届班主任手里，打了三四个电话才找来了旗帜。当天晚上，我充满热情地开完第一节班会课，和同学们侃侃而谈介绍自己，想着第一次自我介绍，得给同学们留下深刻印象。我绞尽脑汁地找出自己获得的奖状项目，初心是想让同学们信任我，相信我有能力带领他们走过这关键的一年，我想给他们定心丸，让他们知道，班主任和科任老师们都有过人之处，要充分信任我们，我们会带领他们在这一年里驰骋。好的开始是成功的

一半，班会课非常成功，我和同学们的心一下子就拉近了。当我在主席台上摇着我们十六班的班旗时，同学们大声而整齐的呐喊声，让我备受鼓舞。

俗话说，万事开头难。我们每个人心里都向往着成功，都希望获得自己想要的，所以我们做任何事刚开始肯定会定一个目标。然而，当我们下定决心，准备下手大展宏图时，却感觉举步维艰，困难重重。正如唯物辩证法所言，事物的发展的方向是前进的，事物发展的前途是光明的，但是道路是曲折的。必须热情支持新人新事的发展进步。

新的班级、新的规定、新的师生关系都如同新事物一样，需要我们悉心保护，要做很多工作让新事物新规定更加具有生命力，消除战胜原来学生心中旧的班级规定、差的行为习惯。同时，给予学生新的希望，让学生在高三的开局中能充满干劲。在生活中，我们看到大地上绿荫重重、枝繁叶茂，证明了种子的强大生命力。这时候，如果我们挖开青草幼苗的根，会发现根枝是错综复杂的。根部必须深藏于地下足够的时间，吸收养分、储存能量，等待合适的时机，才能顺利破土而出，实现生命的艰难一跃。推而广之，自然界任何事物的诞生和初始，都是艰难和充满危险的。因为新生命本身的陌生，生命对外部环境的陌生，一切都得磨合、适应。漫长过程中一步不慎就有灭顶之灾。如何能不小心谨慎？新生事物的特性决定了：必须积聚能量，必须谨慎小心，同时选择方向要正确、时机要合适、方式要合理，自身充满生命的正气加上顺应环境变化，最后才能开出珍贵的生命之花。这就符合马克思哲学中讲的，新事物战胜旧事物总要经历一个过程，要提前做好更多的准备，尽管万事开头难，我们仍然要勇敢地创造、顽强地生长。只要肯攀登，提前做好准备，必然能让工作开头开得漂亮。

二、体育课电视剧风波——事物发展道路是曲折的

记得那天是8月开学后第二周的周二下午，正是高三"打鸡血"补课期间。我正要去幼儿园接小孩时接到陕校的电话，心里有点忐忑。莫非是班级有什么事情发生。一接电话发现，确实有事，陕校在电话中一改平时淡定的语气，略带情绪的起伏，对着我投诉16班的同学在下午第7节的体育课中，班级里有一大半的学生躲在教室看电视剧，而且播放的竟然是一部泡沫剧《回家的诱惑》，让我待会第8节给学生们讲讲，这哪里是高三该有的样子。挂完电话，我的第一反应是有些意外，毕竟是高三，才刚刚第二个星期，学生们应该正是激情饱满、学习干劲充足的时候，这个时候在体育课公然大半个班级的同学看电视剧，确实很不应该。作为班主任的我，是有些痛心疾首的。匆匆赶回教室后，看到同学们在安静地自习，几个学生看见我，眼神明显带着躲闪。相信他们已经知道我出现的原因，心里现在应该是战战兢兢的。多年的班主任经验，让我做什么事、说什么话之前会先冷静一下。我站在教室门口，没有说话，等了一会，悄悄把几个班干部叫出来问清楚事情起因和经过。我问班长，是真的有大半个班在看电视剧吗？班长解释说，其实是都去上体育课，然后集合后男生去打球，有些女生不喜欢运动就跑回教室休息。可能中间有些同学无聊就打开了电脑播放电视剧。后来班级的同学陆陆续续回来，回来就也顺带看两眼。差不多体育课要下课的时候，刚好陕校路过，就开门进来。结果被她看见几乎全班都坐在教室看电视剧，所以，陕校就教育了我们一番。捋清楚事情经过，比我想象中要好一些，那我就知道自己待会开班会课说话的轻重了。

等到放学前十五分钟，我开始对 16 班的孩子的讲话："同学们，大致上大家也知道老师想讲什么了吧。我不想追究大家为什么在体育课看电视剧。我想说的是，我这几天在做什么。明天是星期二，下午班会课和第 9 节要进行年级的颁奖典礼。我看了名单，我们班是没有的。因为年级是颁奖给文科班前二十名。由于重新分班，全部集中在 19 班和 20 班，那从老师的角度讲，我是不乐意的，因为这样我整个班的同学要在礼堂待整整两节课的时间。我在想，明天同学们要带好资料去复习，不能浪费这两节课的时间。对于颁奖典礼，我们班没有一个同学去领奖的集会，你们愿意在下面整整两节课的时间坐着看别人的热闹吗？你们难道不想自己上台领一次奖吗？高三是重新分班了，把年级前一百名的同学都分去了重点班，可就算这样又如何，我们 16 班的同学难道就这样认输，这样得过且过，不去证明一下自己吗？不去拼尽全力努力一把吗？未来还有 300 来天，现在努力，一切还皆有可能。可是，如果现在就放弃，那就真是让别人看了笑话。体育课的空余时间，这就是我们能够追赶的零散时间，如果我们还是像以前那样，把高三的时间拿来恣意挥霍，那我们又有什么资格去说，给我们一个公平的机会，让我们和重点班的同学一样，也享有一样的待遇呢？殊不知，那可是我们自己放弃的机会。其实，罗中并没有放弃我们，我们普通班和重点班配置一样的老师，共用教学资源，颁奖由于是历史原因，所以，这次我们真的是要去陪衬一番。但是，我特别希望，我们能争气，自己给自己长脸，我们尽管在普通班，一样能拿出学习的拼劲儿，努力争取属于自己的机会，赢得别人的掌声，兑现自己曾经的诺言……"讲到这里，同学们的掌声自发响起来了……就这样，我把一场风波转化成了一次难得的德育教育活动。后来有同学悄悄和我说，同学们在宿舍都说，燕姐是女神。

唯物辩证法认为，事物发展的道路是曲折的。我们要做好充分的思想准备，不断克服前进道路上的困难，勇敢地接受挫折和考验。我们班大部分学生由于过去两年散漫的学习态度和得过且过的心态，导致成绩不理想，被分到普通班。高三即将面对高考的挑战，这个时候大部分同学内心是想学习的，只是意志力不够，会保持原来懒散的学习惯性，接下来的日子是任重道远的，同学们的小毛病在开学没多久就暴露出来了，说明意志力在和惯性做斗争的过程中败下阵来。作为他们的班主任，两步走很重要：第一，抓好日常常规，自习课安静，作业按时按量地完成。第二，借助活动，多激发学生内心的意志，给予希望，帮助坚持，勇敢面对挫折与考验，克服惰性。

于是，每天早上6：30，我总是准时出现在班级教室。进教室看看学生有没有在认真地背书，还会看看有没有哪个同学在开小差。当学生松懈的时候适当地给予敲打和提醒。我每个星期都会询问科任老师们学生交作业的情况，看看哪个学生掉队了，需要进行个人谈话。我在想，高三班主任，其实就是同学们高三的领航人和护航人，向学生指明每个阶段的学习任务并且帮助学生持之以恒地进行，在学生需要的时候给予帮助，陪伴他们度过每一次考试后的艰难或者喜悦。班主任也如同弹簧一般，学生松的时候我们紧，学生紧的时候我们松。学生毕竟是孩子，他们不是没有目标和理想，而是缺乏持之以恒的行动，也缺乏越挫越勇的勇气，如何帮助他们在挫折中重新站起来，是班主任重要的工作职责。

三、小小卡片带惊喜——坚持以生为本，拉近心与心的距离

高三的学生生活非常简单而有规律，每天早起，吃早饭，早读，跑操，上课，下课，答疑，晚修。一切就这么有条不紊简单地重复着。高强度和密集的时间安排，过了8月的鸡血期和9月的亢奋期，慢慢进入10月11月，学生的疲惫感就开始出现了，作业和课堂纪律都开始有所松懈。整个高三第一学期最让学生期待的也是最能打破这片沉闷的应该是成人礼了。看到学生状态的疲软，我希望能借助成人礼活动，给学生们注入8月份的激情和动力。在11月份，我寻思着准备哪些活动为成人礼增添些许色彩。上网购买精美的18岁赞歌的笔记

本（笔记本每一页里面都有关于 18 岁的诗词），让每个科任老师都给学生们送上 18 岁的寄语，我打印成小方块的纸，贴在每个本子里面，并且上网购买了属于 16 班的刻章，在每一个笔记本上都盖上专属于 16 班的印章。联系家长去订购蛋糕，在蛋糕上写上每个学生的名字和老师们的名字，在成人礼前一天切蛋糕，满满的仪式感。上网定制属于 16 班拍照的朋友圈，里面是每个科任老师对同学们的祝福，还有班级的大合照在上面。其实在准备这些额外活动项目时，我内心非常满足和高兴，因为我很享受组织活动的过程，我和学生共同参与其中，享受其中。活动包含着我对 16 班同学的爱和祝福，我希望以后他们回忆起高三的生活，能想起来，班主任和科任老师们对他们生活上的关爱。记得那天，成人礼的笔记本寄过来满满一箱子，我放在自己办公桌旁边，心中是满满的幸福。我觉得自己能给学生带去惊喜，心里很是高兴。打开箱子，看到里面是商家附送的很多卡片，我看着精美的卡片，想着要不给学生们都写一张关于高三祝福的卡片吧。每个学生只写了两三行字，并不多，但是没想到写了两个多小时。让学生们拿下去给每个人发卡，听说班级学生雀跃了一番，我听后觉得也没什么。那天下午去上课，发现桌子上摆满了礼物。打开也是满满的惊喜，学生们送我的零食、巧克力、饮料、发夹、LV 和宝格丽的包包（用彩色的纸手工制作），还给我女儿写了很多关爱的信……

那一刻，我的眼眶是湿润的，我觉得真的很幸福。

的确，班主任的幸福就是来自爱的传递，我在写卡片的时候，并没有想着得到任何回报，当时也是一时兴起，给每个孩子写写祝福，希望能给予他们力量。而他们却在用心回馈我，班级同学和我说，他们用了整整一个中午给我准备礼物，把全班的零食都搜刮了一遍给我。爱的传递，让这份本身琐碎辛苦的工作变得充满了快乐和感动。每次在校园里见到自己的学生，听他们喊着燕姐，我总是倍感亲切和快乐。和学生们在一起，总是充满活力和激情。

马克思主义哲学的人本思维是一切活动要尊重人、依靠人和为了人。班主任工作，就是做人的工作。人之间的交往不外乎心与心的交流，若身为班主任不付出一片真心，又怎能收获一份真诚呢。我想班主任工作中要学会以"人本思维"作为出发点，从心出发，去爱学生。亲其师，则信其道。要深入反思与批判"物本思维"和"师本思维"。"物本思维"是过分关注物质，见物质而不见人。高三班主任，通常会有高考高优线指标，如果心中没有学生，只有数据，那么就只会冰冷地关注学生的成绩，因为学生的成绩将会带来政绩。"师本思维"就是做什么事情总是从自己出发,总是嫌麻烦,不愿意为学生多做一点点事情,但凡领导有一些额外的任务下来时候,就会怨声载道。这样事情自然也做不好,并且还会非常憋屈。我想高三班主任在管理班级时,要坚持"人本思维",如果在思考问题的时候,多从学生的角度出发,把学生当作自己的好朋友或者儿女,这时候,爱的传递自然就非常顺畅。

每一届学生和家长都有各自的特点,但是只要坚持用"人本思维"考虑问题,事情就会顺利很多。班主任事务琐碎,有时还要面对突发事件,切忌冲动处理,要学会换位思考,做好沟通。在执行学校工作任务时,班主任和学生是一条心去面对的。班主任的经历确实给我的教师生涯增添了很多不一样的色彩,在和学生的密切相处中,班主任就像领航人和护航人一样,守护着学生,也为学生提供正确的方向,而学生也把我当成大姐姐一样看待,师生共商、共建、共享美好班级。

（颜莉燕　佛山市顺德区罗定邦中学）

第五节　哲学思维与家校共育

坚持问题导向　优化家校合作策略

坚持问题导向,是党和国家领导人反复强调的工作原则,是马克思主义哲学求实思维和精准思维的具体表现。坚持问题导向,做好具体工作,要求我们立足于当前的现实基础,梳理实际工作的实践需要,以求真务实的态度审视工作中存在的不足和问题,以实事求是的态度进行调查研究,深入分析问题的成因、本质和对策,以真抓实干的精神,创新工作方法,通过有效化解实际问题。

通过家校合作实现家校共育,是学校德育工作的重要内容。各级教育行政部门、教育研究机构对怎样实施家校合作已经出台了大量政策文件,发布了很多科研成果,学校长期以来也一直注重家庭教育指导的研究,摸索出了一系列管理策略。但由于受师资、生源结构、家长层次、学生需求等因素的影响,原有的家校合作策略也逐步显现出不少弊端和不足。本文试图以问题导向思维为指导,梳理这些弊端和不足,探讨针对性优化家校合作的策略。

一、现实校情，当前家校合作优化的弊端和不足

受社会变迁和招生政策的影响，近些年，学校的生源结构发生了比较大的变化：由原来的近郊农民子女为主，演变成了随迁家庭和外来民工子女占大多数的局面，家长的层次、需求、对家庭教育的认识差异较大；随着教师流动量的增加、新人员的充实，家庭教育指导队伍也发生较大变化。面临这些新问题，反思我们这几年开展的工作，我校的家校合作策略中也呈现了一些不和谐的音符：

第一，家长教育观念上存在误区。由于生源结构比较特殊，很大一部分家长只关心孩子的学习成绩问题，而很少意识到要关心孩子的所思、所想，也不注重家庭教育对孩子成长环境的影响，不尊重学生的个性化成长需要，有些家长对学校开展的家庭教育指导缺乏兴趣。

第二，家校合作的载体不够有效。我们也曾采取形式多样的家校合作方式：家长、家长学校、家长开放日等，进行了一些有针对性的个别指导、听取家长的集体反馈等，但往往到最后家长就成了一个忠实的听众，参与交流的机会较少。

第三，家校合作的内容比较简单。家长与学校之间的正常的经常性合作关系比较缺乏，往往是孩子在学校出了问题时找家长，这样一种低层次的消极被动合作方式成为教师与家长联系的重要内容。

第四，家校合作的制度化建设还不够完善。家长与学校之间正常的联系有时因缺少制度化的保障，比较容易流于表面化，缺少实质性的沟通和交往。在家校合作关系中，偏重的是低层次、临时性、单向的和分主客性质的家校合作关系。

上述弊端和不足，越来越制约我们的家校合作实效。我们越来越强烈地意识到：如何结合目前的实际情况，进一步优化家校合作的策略，使家校合作更有针对性和有效性，是一个刻不容缓的问题。

二、优化措施，加强家校合作的着力点

（一）提高对家校合作的理性认识

思想引领行动，态度决定高度。我们采取一系列措施提高广大家长和学校德育队伍对家校合作的认识。

借助第三方家庭教育机构、学校班主任的力量，通过各种方式开展家长学校活动，对家长进行家庭教育、家校合作的科普教育，使家长认识到，家长和孩子的特殊关系决定了家长在孩子的身心发展中起着非同一般的作用，家庭教育的优势和家长的教育力量是其他教育难以具备的。父母的要求，往往能成为孩子生活的准则和行为的规范；父母对周围任何事物的态度、评价、标准都可能成为孩子评价是非善恶的依据。

为家长举办专家入校活动，就如何培养孩子良好习惯等问题进行专题讲座。每次讲座都受到家长一致好评。有些家长说："以前我的一些做法确实不对。"有的说："自从听了讲座，我就按照专家说的经常鼓励孩子，在别人面前夸奖孩子，现在我女儿和我的话多起来了。"看着家长们脸上灿烂的笑容，我们也由衷为他们感到高兴，更重要的是，家长和老师的交流也随之多起来，对学校的工作也更加支持了。

举行家庭教育经验交流活动。要求家长代表以切身经历和实际生活中出现的问题作为活动教材，使家长得到相应的家庭教育知识。实践中，我们以班级为基础进行交流，对表现突出者在年级组织的家长会上进行交流，并以此评出好家长进行表彰。

我们针对家庭教育、亲子沟通中的热点问题组织班主任开展研究性学习，提升了班主任对家校合作的理性认识。通过研究，更加明确了什么是"家校合作"。"家校合作"是一种家长受教育的过程，是使家长提高自身素质的过程，也是一种公民教育，其参与过程也是家长树立权利意识和责任意识的过程；家校合作还是教育工作者受教育的一个过程，也是其他相关人员学习的过程。家校合作是双向活动，是家长和教育工作者相互了解、相互配合、相互支持的过程。双方需要双向的交流和沟通，这是合作的前提。我校组织老师们阅读教育书籍，使老师从中学习教育理念，能够站在家长角度思考问题。现在老师对家长的抱怨少了，能因生而异、"将心比心"，对学生更加体贴，对家长更加理解：对于素质较高的家长如实反映学生情况，面对溺爱型的家长要充分肯定学生优点再指出不足，面对放任不管型的家长指出呵护孩子的重要性，面对"学困生"的家长鼓励他们对自己的孩子充满信心，面对有偏见的家长坚持以理服人。

通过对家长的教育，我们对"家校合力"也有了深入的理解。"家校合力"使家庭教育和学校教育形成合力，不仅表现为二者在孩子培养目标上的一致，而且表现在家庭全方位的支持，学校尽全力帮助家长解决在教育子女过程中遇到的各种问题。

（二）坚持守正创新，形成符合学校实际的家校合作体系

第一，组建学校、年级、班级三个层面的家长委员会，常态化地开展面对面交流。家委会参与学校、年级、班级的管理和教育工作。校委会充分发挥其作用，如组织家长志愿者参加各种志愿活动。

第二，制定家访各种指引，常态化开展家访工作。学校要求开学初要对学生进行全员家访，对重点特殊学生进行登门家访。学校组织德育行政、年级组长、心理老师和班主任一起登门家访，观察学生的成长环境，了解学生的成长需求，确定家校协作的具体措施，有效推进家校合作。

第三，制定家校电话联系卡。班主任分发给学生一张与名片一样的电话联系卡，内有学校、校长、班主任、任课老师的电话号码，便于家长随时与学校、老师联系、交流情况。这张小小的联系卡，发挥的作用可不小。我们的老师经常在下班回到家里后接到家长的来电，或咨询作业，或寻求帮助，或给孩子请假等。家长们反映，有了电话号码，联系可方便了，遇到问题能够马上解决。老师们感觉，通过电话联系卡这一方式，确实拉近了和家长的距离。这项举措深受家长欢迎。

第四，优化家长会。在家长会的原有形式上进行了一些变化，主要归纳为以下几点。

汇报形式：由班主任向家长介绍班级的现状、教育任务，或者汇报一个学期来的班级教育工作情况。

互动形式：组织家长家庭教育经验交流，让家长相互理解、取长补短，端正教育思想，改进教育方法，提高家庭教育质量。

展示形式：成果展示，班主任将学生的作业本、美术和手工作品、优秀作文、竞赛答卷以及集体的小报、奖状、荣誉证书等，精心布置成一个小型展览，让家长观看、翻阅，了解班级及孩子的学习成果。会上，班主任在家长观看时给予介绍，会后请家长反馈评价意见。

才艺展示：让家长来班级观看学生编排的文艺节目、课外活动或主题中队活动等，让家长在"听"中受教育，在"看"中得到启发，为家长拓宽家庭教育途径。

谈心形式：我们尝试召开部分学生家长会。根据不同情况，将不同类型的家长召集在一起分析学生问题及形成原因，商讨教育失误及改进措施等。班主

任以诚挚的态度请家长来，征求家长对教育的意见及要求，并耐心真诚地向家长提出家庭教育的目标及措施，从而增强家长与教师的教育一致性，提高教育合力。

第五，开展书面交流。

成长记录册。承载着孩子不同时期的成长历程，它记录了家长对孩子的祝福，老师对学生的期望与鼓励。它在学校与家庭之间架起一座"连心桥"。家长看到孩子一天天成长，开心地笑了；老师看到孩子在一天天进步，欣慰地笑了；孩子也更加自信了。

便条与报喜单。教师用寥寥数语写张便条，就可以让家长了解自己的孩子在学校中的情况，诸如精彩的绘画、有趣的发言、优美的作文、好人好事等闪光点。许多家长反映，孩子收到喜报单可高兴了，有的把它贴在墙上，有的把它珍藏在文件夹中，逢人便炫耀一番。老师们也发现收到喜报单的同学上课都格外精神。实践证明，老师便条上的只言片语、制作简单的小小喜报单不但拉近了教师、学生和家长之间的距离，更重要的是给予学生成功的体验，从而增强学生的自信心。

家长意见表、家长信。每次组织家长到校参加活动，都向家长了解情况、征集意见，以此来推动学校工作的改进。在开展活动前，都向家长发放公开信，使家长对我们即将开展的活动有一个了解，增强工作透明度，同时也能赢得家长对活动的支持与配合。

做好学生综合质量评价。每学期班主任对学生的综合素质评价，是向家长汇报学生在校一学期的学习、生活等综合情况，其中不仅有教师的评语，还有家长的反馈意见，这是极其重要的家校交流途径。在研究过程中，我们一直坚持以阶梯式形成性评价为主，评价以鼓励为主，激发了学生的学习兴趣。

开展主题体验式活动。比如，安排家长开放日活动；邀请家长参加升国旗仪式开学典礼、主题班会、学校组织的体育比赛、进课堂听课、学校举办的研讨会、与教师、学校领导交流思想；邀请家长和孩子一起参加学校社会实践活动、举办"亲子俱乐部"等活动。我们所做的工作得到家长的认可，拉近了家长与学生、老师、学校的距离，在家校之间建立了良好的合作关系。

三、总结与展望

近年来的实践中，家校合作的理念、家校合作的载体、家校合作的模式以及家校合作的艺术都得到进一步优化，更加密切了学校与家庭的合作关系，更新了教师的教育理念，锻炼了老师与家长合作的能力，形成了家校合作的良好氛围，从而提升了学校的办学质量。

新时代背景下，国家越来越重视家校合作，对家校协作的要求也越来越高。我们要进一步重新认识家校合作的必要性，把握新时代开展家校共育工作的方向。我们要对什么是有效的家校沟通、如何升级家校协作模式，以及家校沟通的原则与策略进行深入思考，自觉发展有效的家校沟通能力、针对不同家庭的分类指导能力、整合各方资源进行家庭教育指导的能力。

（于方超　佛山市顺德区伦教中学）

构筑"3+3+X"家校合作　共筑教育同心圆

苏霍姆林斯基说："只有学校教育而没有家庭教育，或只有家庭教育而没有学校教育，都不利完成培养人这一极其复杂的任务，最完美的教育应是两者的有机结合。"[1] 家校合作是良好的家庭教育与优质的学校教育为了共同的育人目标，在时间与空间、手段与方法、主体与客体方面进行合理分工、科学协同而产生的有效率、有价值、有成效的教育活动总和。

家校合作是"最完美的教育"。正如习近平总书记所指出："不论时代发生多大变化，不论生活格局发生多大变化，我们都要重视家庭建设，注重家庭、注重家教、注重家风。"[2] 我们要构建以学校、家庭为依托的德育教育网络，让家庭教育与学校教育形成一个有机活动系统，和合共生，优势互补，激活家长的积极心态，同频共振，探索家校融合工作如何落到实处、有创意、符合时代发展的要求。

唯物辩证法认为，世界上的一切事物都不是孤立存在的，而是和周围其他事物相联系的。每一事物都是普遍联系之网上的一个部分或环节，整个世界是一个普遍联系的有机整体。这要求我们想问题办事情时必须坚持联系的观点，反对孤立的观点。坚持整体与部分的统一，掌握系统优化的方法。注重从整体

---

[1]　魏智渊. 苏霍姆林斯基教育学［M］. 漓江出版社，2014：114.
[2]　习近平在 2015 年春节团拜会上的讲话［EB/OL］. 新华网，2015-02-17.

出发，把各个要素、各个部分统筹考虑，优化组合，选择最佳方案，实现整体的最优目标。教育是每一个现代人一生成长发展不可缺少的环节，为让每个孩子都接受到更好的教育，四基中学立足社情、校情、生情，确立以"合作共享"为宗旨，以"共育、共读、共生"为支撑，以"问题、书籍、活动"为载体，以"培养优秀品格的合格小公民"为育人目标，构建"3+3+X"家校合作模式，做到既有分工更有合作，共筑良性互动的合作体文化。教育者的初心就是面向每一个孩子，关注每一个孩子的发展，让家长明白，把自己的孩子教育好是自己一生要追求的事业，鼓励教育者敢于创新、尝试，积极探索家校合作的形式，打开思路，不断尝试，取得较好的成效。

一、推进家校合作，同频共振共育

（一）盘活教育资源，同心献策献力

家庭教育与学校教育是学生成长道路上最重要的两股力量，两者缺一不可。要让更多的家长参与学生的教育，让家长明白自己在孩子教育过程中的地位，充分发动家委会为学校发展献策献力、排忧解难，充分发挥家委会参与学校管理和监督的作用，家校联合解决校门口拥堵问题。

例如，学校门口就是大马路，每天川流不息，学生过马路成为难题，为解决学生安全出行问题，组织家长义工护畅队，以班为单位，每周星期一到星期五的下午5：40—6：10进行轮流值班，每天2—4名家长协助指挥交通，富有责任心的家长作为家委会会长经常来校协助，起了模范带头作用。在家校护畅工作中，家委会代表主动申请对初一初二各班家委会代表进行畅护培训，增强了家长的护畅技能，提高了安全意识，为家长义工护畅队做出了重要的贡献，保障了校门口的交通安全，让家委会真正运作起来，有事可做，学生也感受到家长的贴心服务。

（二）挖掘优质资源，携手共同成长

学校要充分挖掘教育资源，发挥家长的优质资源，优秀家风、家训的无形力量，盘活优质的教育资源，进行重新整合，不断优化、完善学校内外的教育环境，在此基础上，把课程与学生的生活"联姻"，创生出具有学校特色的情感性和体验式的共育课程。学校鼓励家长讲师团活动尝试，搭好平台，汇聚资源，服务育人，活动育人，是教育学生的一把利剑，与枯燥的说教相比，将教育寄托在活动之中，则更能让学生接受，在潜移默化中完成教育。

例如，初二（10）班组建班级"家长讲师团"，邀请家长韦先生作为家长讲师为学生们上了讲师团的第一课，韦先生结合社会事例和经商管理经验侃侃而谈，引导同学们如何从点滴小事践行孝道，如何尊师，结合故事引导同学们在日常生活中应如何明辨是非。韦先生讲课紧密围绕同学们须养成的重要品格展开，内容充实。孩子们在聆听的过程中更明晰了生命的意义与价值，在人生的道路上，不管遇到什么挫折和困难，都要做一个有担当的人。

再如，初二（4）班以"家长讲师团进校园"为契机，邀请家长进行了《阅读让人生更美好》的主题讲座，家长的分享给学生传达了一个信息：阅读使我们进步，阅读让我们收获智慧，阅读让我们成为更好的自己。初二（4）班第7期家长讲师团暨"科技强国梦，编程向未来"科技节活动，提高了青少年对人工智能的认知和初步应用能力，激发了青少年对电脑编程的兴趣，引导和培养了青少年的创新精神和意识，提高了青少年的自我学习、实践和创新能力。此次智能交通灯电脑编程比赛，同学们赛出了青春的自信、赛出了缜密的逻辑、赛出了智慧的光芒。再如初一（4）班邀请了医生家长到校进行生理健康讲座。家校合作活动形式丰富多样，活动意义内涵深刻。

班级家长讲师团的探索活动，让家长有了展示的平台，实现了家校资源的充分利用，增强了家长的信心，让学生受到了鼓舞，让班主任学会了如何与家长沟通，明白了如何发挥家长在班级建设中的作用，实现了家长、学生、班主任的多主体成长。

（三）合作传正能量，实现信息互通

以家长学校为载体，创设多种形式的家校合作模式，借助家长会议、定期家访、学校网站、微信群、家长群等渠道，加深与家长的沟通，传播家庭教育知识，开展家庭教育指导和育人的方法，更重要的是宣传正确的教育观念，形成教育合力，全面科学育人。比如，不要让家长群成为简单发布学校通知、作业通知的工具。教师和父母应该是孩子的观察者和引导者，通过信息的及时沟通和比对，更好地了解孩子的学习状态、思想品德、体育健康，真正知晓孩子的感受和需求，进而创造良好的学习环境，帮助孩子健康成长。

二、发挥家校合力，共读共促发展

学校要开设家庭教育课程，积极举办形式多样的班级读书会、家长读书沙龙、亲子读书、家长育儿经验交流等活动。充分发挥班级家委会的组织、沟通、协调作用，家校共同策划读书会活动，打造家校合作的多元平台，搭建共享的交流平台，以家长读书沙龙为形式，精选、确定共读书籍，举行主题阅读、案例分析、育儿经验交流、线上资源共享为辅的丰富多彩的家长读书会活动，引领家长在书香中自我成长，在交流碰撞中分享经验，习得为人父母之道、家庭教育之道，不断提高家庭教育的意识和艺术，不断调整适合孩子成长的教育方法。

例如，初二（8）班"亲子阅读，家校共育"主题活动开启，以书为媒，以阅读为纽带，孩子们能在书海中自由徜徉，以书为友，开阔视野，通过阅读享受文明的成果，享受读书的快乐，让孩子和家长共同分享多种形式的阅读过程。开展亲子阅读分享会，让家长和孩子共同阅读，犹如久旱的甘露，滋润着心田，又如一缕缕和煦的阳光，温暖着心扉。孩子们浸润书香，乐此不疲，不仅有利于增进亲子关系，也促进家长和孩子的共同成长，激发孩子的学习动力，为学校开展的书香校园活动注入了新鲜血液。

三、家校共生显特色，同心共筑未来

（一）美化校园环境，种下梦想启航

学校家委会积极响应顺德教育基金百万行活动，针对四基中学绿化不足、设施设备不足等问题，组织各班家委会定向向四基中学进行捐赠，对学校广场的绿化进行了改造，种植树木桂花、紫薇树、黄金风铃。

除此以外，班级还利用此次活动，开展"种下梦想·逐梦启航"植树挂牌仪式。学生将愿望写在了一张张小纸条上，再用心愿瓶把它们封存住，最后把心愿瓶埋藏在树下。期待着在它下一次被开启时能见证一个个美好心愿的实现。

随即，家长还做了一番关于学习和梦想的演讲。在演讲中诉说对自己孩子的期盼，告诉学生人生的意义，呼吁学生努力学习。学生听完后深受感动和鼓舞，知道了该如何决定自己的人生，为梦想去拼搏、奋斗。

（二）家校搭建平台，丰富德育课程

丰富的德育活动，光靠班主任和学校资源是有限的，我们要加强家校沟通，调动家长资源和激发家长的积极性，引导和组织他们参与我们的教育活动中，更有效地促进学校各项工作健康有序地开展，促进学生全面发展。在班主任的努力下，家校合作活动变得丰富多彩，各班级举行了丰富多彩的传统节日美食活动，如中秋节、端午节、元宵节。以节日为契机，举办了隆重的庆祝活动，

课室的布置和美食的制作都由家长和学生全力配合完成，充分发挥了家长的力量，既是对学生的奖励，又能让家长更多参与班级建设，支持班级建设。

（三）家校同心同行，共创美好明天

学校精心设计家委会的培训，通过观看学习视频课程，家长们分小组进行案例学习、讨论，解决在家庭教育方面的困惑，针对案例中的事件进行分析并提出解决方法。在家长们展示讨论成果的过程中，思维的碰撞诞生了许多智慧的火花，令人心生赞美之情。同时，学校及时开展"最美家长"评选。在平时的沟通、培训、交流中，让家长更加清晰地知道需要做什么和应该怎么做，这样才能切实增加家校合作的有效性。

家长教育是根，家庭教育是干，学校教育是枝，社会教育是叶，孩子就是这棵大树上的果，相信在家、校、社会的共同努力下，必将硕果累累。

（江海平　佛山市顺德区容桂四基初级中学）

实践思维与班级家访工作

实践思维是以社会实践为中心、对象、目的的思维方式。实践思维的理论依据是马克思主义哲学的辩证唯物主义认识论。实践的观点是马克思主义认识论中首要的和基本的观点；实践决定认识，实践是认识的基础；认识对实践具有能动的指导作用。人们对一个事物的正确认识往往要经过从实践到认识，再从认识到实践的多次反复才能完成。我们要坚持实践第一的观点，知行合一，与时俱进，开拓创新。在实践中认识和发现真理，在实践中检验和发展真理。

一、运用实践思维，做好班级家访工作

家访是老师与学生、家长互动的一种重要的实践方式。家访是连接学校、老师与家庭、家长、学生的一座桥梁，可以促进学校和家长的沟通，工作共同配合，拉近家校距离，提升教育效果。对于新入学的学生来讲，家访还能让学生提前了解老师，帮助其开学后尽快融入校园生活。因此，班主任开展家访工作是必要的，这在班级建设中具有其他教育方式不能替代的作用。

家访的方式有许多种，以往主要是老师亲临学生家中进行家访，后来，电访居多。随着信息技术的发展，QQ、微信访问也是家访的方式。从哲学思维的

角度思考，家访主要是基于辩证唯物主义认识论中的实践思维和唯物辩证法辩证思维中的具体问题具体分析理论对学生进行的教育方式，这种教育方式重视因材施教，一对一的家访能突出教师对学生的重视，能更全面了解学生其家庭成员，把握学生成长环境中形成的性格特征。通过家访，教师能更好地把学校教育和家庭教育紧密结合起来，收到更好的教育效果。

班主任工作中，家访实践活动对于把握学生、掌控班级和管理班级具有重要的作用，运用得好能加深师生感情，促进家校合力育人，达到良好的教育效果。通过十多年的家访工作实践，笔者认识到家访有以下五大功能。

（一）了解功能

新学年开始是在9月份，在还没有见学生第一面的暑假里，可以通过电话与每一位同学和家长进行电话家访，开始了解学生。通过电话家访，从学生谈话声音和表达可以大概了解学生的性格特点，也让学生在第一时间听到新班主任的声音，产生最初的好感，从而达到未见其人、先闻其声的先声夺人效果。

（二）沟通功能

常常有班主任说，这个孩子还好说，就是他的家长很难缠，有时还很无理。难缠的家长我也遇到过。梁同学上课总是讲话，影响同学，打扰老师上课，在校园里不是破坏树木，就是打坏窗户，学校和老师免不了会适当教育和处罚他，并告诉家长孩子在学校的不良表现。梁同学回家跟家长沟通也总是不尊重事实，而是说课上同学故意引他讲话，于是，家长也总是对学校和老师不满，认为是老师针对孩子，说孩子的不好。如此一来，梁同学就更加肆无忌惮，班主任教育常常到他身上就受阻，渐渐也影响到了班级的整体班风和学风。在梁同学又一次上课违纪被老师投诉后，我一方面罚梁同学写检讨书，另一方面请班上另外一位同学写了他在这件事发生时的上课情况，并请两位同学签上名。首先，我在电话里告诉家长，孩子因上课违纪被老师投诉，她开始态度很不好，并说你们为什么总是针对我的孩子。从口气中可以听出，她很烦老师的这种家访电话。其次，我保持良好的态度与她沟通，并表示孩子犯错没有问题，关键是要认识到错误并决心改正。我理解她作为家长的心情，并表示如果方便，本周末去梁同学家家访。父母内心都是渴望孩子好，希望老师对孩子好，听到班主任要利用休息时间家访，她感受到了真诚。通过家访我了解到，梁同学三代单传，从小多病，由爷爷奶奶带大，非常溺爱，性格也任性。当梁同学妈妈看到他写的检讨书和同学写的事实情况后，她表示那天在电话中的口气不好。我也表示理解，都是为了帮助孩子。这次家访把误解消除了一大半，此后家长都很支持，孩子慢慢变好。家访能够很好地拉近老师与家长、学生的距离，心近了，事就好办了。

（三）协调功能

班上同学跟我投诉，说赵同学衣服很脏，大热天还几天不换衣服，坐在他旁边闻到的气味很难受，想吐，没心思看书学习。我找到赵同学，问他为什么衣服脏了也不换呢？他理直气壮地说，没有衣服了，另一套衣服还没有洗，所以只能这样。我问他可不可以再多买一套呢？他回答说家里没钱。一方面，我表扬他理解家里经济上的苦，不给家里添麻烦。另一方面，我教育他要做一个讲卫生的人，要懂得及时清洗换下来的脏衣服。但是，第二天他还是那样，我没有批评他，而是约好赵同学的爸爸妈妈，到他家进行了家访。通过家访，我了解到这的确是一个不富裕的家庭，家里有两个孩子，家长都没有正式工作，年纪大了，爸爸在一所学校饭堂做饭，妈妈在另一所学校饭堂负责洗碗，目前家庭也领低保。妈妈听我说了孩子衣服很脏的情况，眼圈瞬间红了，表示等孩子回来会教育并教孩子洗衣服，同时会为孩子再买一套衣服。通过家访，我们可以了解孩子的更多，增进对其家庭的了解，协调一些在学校不能解决的问题，达到共育的目的。

（四）教育功能

一段时间，我发现班上的李同学上课老是瞌睡，问她原因，她说家里的家务活多，每天很晚睡。为了解事情的真相，我打电话给该同学的家长，家长反馈孩子在撒谎，说是近期在老师家补习，所以每天很晚才回来。我和家长都感觉到这件事不简单且很严重，于是马上找来李同学谈心，耐心引导，终于了解到原来近期她通过小学同学认识了一些其他学校的同学，每晚混在一起。通过我和家长动之以情、晓之以理的教育、引导、提醒和监督，李同学断绝了与那些同学的交往，防止了更严重的后果发生。家访可以让班主任及时与家庭进行沟通，达到对学生进行及时教育的效果。

（五）关爱功能

在班集体中，学习成绩往往是同学们自信心的一项重要指标，成绩居于班级后位的同学常常会有因自信不足而造成的自卑心理。在假期里，我会专门选择一批学习成绩暂时处于下游的同学进行家访，尤其是在初三上学期结束的时候。这批学生平时受老师的关爱会少一些，但是我采用一对一家访的方式，学生会感到非常受重视，有受宠若惊的感觉，对学习的态度和老师的尊重会有一种大的转变。对于家长而言，他们感觉到老师没有放弃对他孩子的教育，会从内心感谢老师，以后的教育会更加配合。比如我班上沈同学的妈妈就说，孩子成绩一直不好，从来没有老师来家访过，您是第一位。说着眼泪都掉了下来。家访是教师落实到行动上关爱学生的一种方式，能让家长和学生真切感受到教师的爱。

家访工作在班主任管理中具有特殊的作用，做好家访工作十分重要而且必要。与此同时，家访中我们也要注意三点：一是控制情绪，用良心去感化。二是关注优点，用真心去沟通。二是注意表达，用爱心去协调。切不可发怒、不可指责，以达到家访工作顺利、班级建设和谐的教育目的。

二、坚持实践思维做好家校共育

在立德树人的宗旨下，我们在教育教学中要坚持实践第一的观点，知行合一，实践中认识和发现问题，在实践中用真心、真情教育学生、感动家长，达到家校共育，让学生健康成长的教育目的。家访是教师教育工作中一项重要的实践工作，所以说，家访是学校与社会、家庭联系的重要实践途径，是联络师生感情、教育好学生的重要手段，是教育工作中重要和不可忽视的环节。

（晏清华　佛山市顺德区第一中学外国语学校）

例谈哲学思维在家校合作中的运用

所谓家校合作就是家庭和学校形成合力对学生进行教育，使学校在教育学生时能更多地得到来自家庭方面的支持，而家长在教育子女时也能得到更多的来自学校方面的指导。家庭和学校是青少年成长过程中两个最重要的场所，对青少年的影响最大也最为直接。《中小学德育工作指南》在创新德育工作"协同育人"中指出："要积极争取家庭、社会共同参与和支持学校德育工作，引导家长注重家庭、注重家教、注重家风，营造积极向上的良好社会氛围。"

但是在实际的教育工作中，家庭教育和学校教育的合作还存在不少问题，比如，家校合作的价值认识不够、沟通机制不顺畅、家校共育流于形式等，影响了协同育人的效果。这些问题，我在做班主任初期，多多少少都碰到过一些，凭着感觉处理家校合作的问题，效果不太理想。我是一名政治老师，在给学生讲授"生活与哲学"时，讲到哲学的任务，就是寻找光明，在人类生活的路途上点起前进的明灯，指导人们正确地认识世界和改造世界。在后来的工作中，我自觉地将马克思主义哲学尤其是辩证唯物主义的思想作为理论依据，来指导家校合作，感觉得心应手，而且也取得了很好的成绩。现将一些体会归纳如下：

一、家校合作，坚持两点论和重点论的统一

这一点主要体现在班主任的思想上。一些班主任并没有充分认识到家校合作的意义和价值，认为对学生的教育和管理是学校的任务，指导家庭教育不是自己的责任。他们在制定班级管理条例时一般不会征求家长的意见，组织活动时也很少邀请家长参加，更不会邀请家长到学校来开展家长讲堂，因为他们认为联系家长麻烦，意见难以统一，出力不讨好，甚至认为每个学期的家长会也没有必要，浪费时间和精力。只有学生遇到问题需要家长给予配合的时候才会和家长进行沟通。

这样的做法犯了形而上学一点论的错误，使得学校的教育管理变成了孤军奋战，造成了家庭教育在教育空间的缺失。其实在学生的成长过程中，家庭和学校的作用是相辅相成、缺一不可的，要坚持两点论的思想，两个都要重视，不可偏废。在学生的成长过程中，学校的主要责任是教书育人，但是难以兼顾每个学生的个性发展，家庭教育的重点可以放在个性发展和身心健康方面，以弥补学校教育的不足。家庭教育和学校教育任务有所侧重，两个角色通力合作，形成学生全面发展的双翼。

二、家校沟通，坚持一切从实际出发

家校的良好沟通是实现家校合作的前提。在家校沟通中，每个家庭各有差异，要从家长的文化程度、职业、性格特点等实际情况出发，选择合适的沟通方式。

（一）非当面沟通

学校和家长的非当面沟通的方式有书信、学生成长手册、微信和电话等。在现代社会，微信和电话因为方便快捷，是家校非当面沟通的主要方式。班主任一般会建立家长微信群，在群里发一些通知或者一些事情征求家长的意见。但是需要注意的是并不是每位家长都会经常看微信，甚至个别家长基本不看微

信。一位学生家长在开家长会的时候和我有过交流，他还比较年轻，但是在家长群里发的通知从来没有回复过。我从学生那里了解到，这位家长因为以前在微信上被人骗过钱财，所以现在基本不用微信了。根据这个情况，后来在每次发重要通知时，我都会打电话告诉这位家长。虽然有些麻烦，却是必需的。

（二）当面沟通

虽然微信和电话比较便捷，但是有些时候，当面沟通是不可替代的。当面沟通的形式多样，有家长会、校园开放日、临时约谈和家访等，要根据和家长沟通的内容选择合适的沟通形式。特别说一下家长会，家长会是大部分学校的常规项目，需要所有家长知晓的内容可以选在家长会上和家长们沟通。开家长会时，班主任除了向家长汇报近期的班级情况，还可以从班级当下的实际情况设定不同的主题，比如关于电子产品、男女生交往和心理健康的建设等主题，争取每次开会和家长达成一些共识，让良好的家校沟通有助于家校合作。

二、家校互动，重视量的积累和抓住时机

（一）重视量变，及时化解矛盾

家校合作一般侧重于家长和学校之间的相互支持，但是在教育实践中，有时学校和家长之间发生一些误会或者冲突也难以避免，科学及时地处理家校冲突也是家校合作的题中之义。这个时候的家校互动更考验班主任和学校管理者的哲学智慧。"冰冻三尺，非一日之寒"，很多重大冲突是小事积累起来的。当家长和学校之间有误会或摩擦时，班主任应该及时了解情况，调查清楚事情的来龙去脉，如有必要及时报告学校主管领导，把事情控制在合理的范围之内，减少对学生、对学校和对家庭的不利影响。

曾经有一位家长给我打电话，说要向教育局投诉我们的地理老师，因为他的孩子告诉他，孩子问老师问题，老师没有给他解答，这种情况多次发生。我马上分别去找学生和地理老师了解情况，学生说是在上课过程中多次问老师问题，老师忽视他的问题，没有给他讲解，觉得老师不尊重他。老师说没有不尊重这名学生，在课堂上回答他的问题会拖慢上课的节奏。我在了解了事情经过之后，请学生、家长和老师一起面对面沟通了这个问题，及时消除了误会，使得学生的学习和老师的教学可以正常开展。

（二）抓住时机，教育效果事半功倍

班主任和家长的沟通要重视量的积累，这是个持续的过程，不可能一蹴而

就。在持续的家校沟通中，可以促进家长与学校的相互了解，建立信任感。但是很多问题的解决最终是要通过质变来实现的，这要求我们在量变达到一定程度时，要善于捕捉和把握教育时机，实现事物的飞跃和发展。管仲言"知者善谋，不如当时"，在家校互动中，学生犯错时、获奖时、大考出成绩时等都是家校互动的良好时机，能起到事半功倍的效果。

曾经班上有个女同学成绩起伏很大，有时心情也不太好，笔者多次与她谈话，效果不佳，她不愿意把自己的想法告诉老师。经过和她妈妈沟通，了解到这位同学和父亲关系很不好，经常闹矛盾，导致情绪不好，也影响学习。一次期中考试，她的成绩跌到了班级倒数几名的位置，她妈妈来开家长会，看到了女儿写给她的一封信。信里一方面描述自己的父亲"像一个暴君，一个独裁者"，经常发脾气，回到家里战战兢兢，不敢和他多说话；另一方面又很渴望得到父亲的关注和肯定。她妈妈把这封信拿给我看，我们分析这是一次与父亲沟通的好时机。第二天约了她父亲到学校来，这位父亲看到这封信很震惊，也很惭愧，他没想到自己在女儿心中是这个形象，给女儿带来了这么大的伤害，说要好好反思自己的行为。后来和同学的母亲沟通，父女关系有了好转，这位同学的学习状态也好了很多。

三、家校共育，具体问题具体分析

所谓家校共育，通常是说使家庭、学校充分联系起来，构建全新的合作伙伴关系，使教学资源得到更大的拓展，并且可以让家风朝良性的方向发展，进一步完善制度建设，让参与各方能够做好协调工作，让孩子、家长、教师都可以一起发展，拥有更大的成长空间。在学校寻求家长支持的家校共育形式多种多样，家长委员会、家长讲堂，还有膳食委员会、职业生涯规划导师等。班主任通过家校沟通和家校互动，了解家长和家庭各自的特殊性，根据不同情况采取不同的方式和家长建立合作伙伴关系，使家校共育的功能发挥到最大。

我在做班主任时，会邀请一些热心家长加入班级的家长委员会，参与班级的管理工作。家委会的职责一般有参与班级的管理、搭建沟通平台和支持保障班级重大活动等。在挑选家委会成员的人选时，通过查看资料、微信和电话沟通，发现一位家长性格开朗、对班级工作热心，在开家长会时，我邀请他加入家长委员会，他本身是十分愿意的，但是因为工作性质要经常出差，对班级工作难以兼顾。后来又聊到他做志愿者的丰富经历，感觉他适合开展家长讲堂。在志愿者日，邀请他过来开展家长讲堂，讲他去汶川和尼泊尔做地震救援的经历,极大地感染了班级同学!家长的身份变成了教师,利用自己的专业和经历,可以弥补学校教育的不足,拓宽学生的眼界和思维,使家校共育落地成为现实。

"工欲善其事,必先利其器",马克思主义哲学思想是我们做好家校合作的有力的思想武器,用好哲学智慧能让我们的家校合作上一个新台阶。新时期的家校合作呈现出更加复杂的特点,我们也要处理好前进性和曲折性之间的关系,在家校合作困难和挫折面前,我们要坚信光明的前途,不悲观、不动摇,这样才能满怀信心促进家校合作的良性发展。

（陈华威　佛山市顺德区罗定邦中学）

应用适度思维化解家校联系册的"危机"

马克思主义哲学的唯物辩证法强调,量变是质变的必要准备,质变是量变的必然结果。质变为新的量变开辟道路,使事物在新质的基础上开始新的量变。事物的发展就是这样由量变到质变,又在新质的基础上开始新的量变,如此循环往复,不断前进。度,指事物保持其质和量的限度。只有在一定的范围内,事物才能保持它自身的存在,超过了特定的范围,就会向对立面转化。适度,就是做人做事注意讲究"度"或分寸,既要防止"过",又要防止"不及",采取正确的方法,促使在实践活动中取得成功。

一、应用适度思维优化教育工作的案例

"老师,《家校联系册》除了霍同学因为病假没交外,其他全部交齐。"太棒了,这是我接这个班9个月以来第一次听到如此完美的汇报。联系册上每位家长的"家长的话"和签名,完美得让我感受到了家长对孩子教育的重视——都是家长亲自签写的!我长叹一声,真正感觉"教育不容易,教育需要耐心"的真谛。

（一）拍案而起

依然记得上学期接这个班第一次收"家校同心圆"第一期回执时的场景:46名学生,21名学生没有交。除有五六名说是忘记交了,在书包里找出来补交给我。其他的干脆就说没有给家长阅读和签名,不交了。

那次,我面对全班学生发脾气了,还拍了桌子。也许这些孩子以往见的笑容多了,接受的赏识鼓励教育也多了,见到一位老师如此生气可能是头一回吧。

之后交回执等家长签阅的情况有了很大的改善。

有改善，就可教，问题的完善解绝不是一两天能实现的，需要耐心。过后的日子中我总是在班会、思想品德课等各场合提倡做个负责的人，从小事做起，从每周认真交回执中可以体现你的责任心有多大。

（二）各个击破

在一次阅读家长的话和签名时，我发现有些家长的笔迹好像是冒签的。这可不是一个小问题！这次，我就像是鉴定师一样，一本本、一字字地进行分辨、比对，发现有8名学生基本确定为冒签。于是，我一一与这8名学生的家长通电话，果然，无一是家长的亲自签名。这8名学生性格各异，大庭广众之下直接批评可能会适得其反，起不到教育的效果。证据在握时，我选择了对不同的学生进行不同的教育方式：有的学生叫到教室外直接批评，有的叫到办公室请他自己坦白，有的直接拿着回执给他看而我不出声等。最后，有两名学生在我找他们之前，来向我坦白承认错误。如此较真地对待这交回执的小事，学生们感觉到了老师前所未有的严格。针对这件事，我在班上进行了一节"讲诚信，从小事做起"的专题思想教育，冒签问题就解决了。

（三）家校同心

不敢冒签了，大面积不交回执的现象也没有了。孩子们的行为并没有因此而完完全全规范了。以后再交"家校同心圆"回执、家校联系册，总是有少则一两位，多则四五位不能及时交齐，少则拖一天，多则拖一周。就在三周前的周一，应交"家校同心圆"第六期的回执，有5名学生说没有请家长签名所以不能及时在周一交。我没有公开批评他们，但要求他们自己一个一个请家长到学校来签，同时要他们告诉家长老师要见他们家长。其中有一位学生的家长说白天不能来，我就亲自打电话告诉家长我晚上在学校办公室等他来。那一天共见了5位家长，其中一位是在晚上九点后见的。我跟家长一个个交流，解释为什么一定要请他们来学校的原因：孩子的成长无小事，小事总是不能做好，就会形成性格，性格影响人生，我希望孩子有个好人生。言明家长是孩子的第一任老师。间接批评家长没有及时与孩子在周末交流，没有做好家庭教育。终于"家校同心圆"第七期，在第一时间里有45人交了回执。一位没有交的当天上午9：30请他妈妈请假来学校签，并再做交流。我嘱咐班上的学生们："惊天动地的事情面前可以体现人的责任心，但真正显现责任心的更多是生活中的小事，小事中更能显现出人性的光辉。班级事情无小事，老师会不厌其烦、耐心地把诸如交回执的事督促下去，直到大家记得此类小事也要做好。"

（四）苦尽甘来

终于，"五一"放假前发的《家校联系册》如此完美地在第一时间内全部交齐了！9个月的反复教育才有今天完美完成的"作业"啊！在学生的教育中，交个小回执，真的不是大事，但是小事不可忽视。"不积跬步，无以至千里；不积小流，无以成江海。"作为人师的我，始终认为班级利益无小事，学生教育无小事。在反复性比较大的初中学生教育中，一件事常常不会教育一两次就达到效果，更不会一两天就变得完美规范，学生工作本身就是一件反复抓、抓反复的琐碎事务，而正是这反反复复的小事之中，良好的教育效果才能自然显现。

二、坚持适度思维淬炼品格

在教育教学中我们要坚持适度思维教育学生，用量变和质变的辩证思维，适度地处理发生的事情，注重小事，关注细节，让学生们在众多的小事中去领悟正确的做事方法，理解生活真谛，淬炼优秀品格，塑造健康人格，为美好明天打下坚实的基础。

（晏清华　佛山市顺德区第一中学外国语学校）

第六节　哲学思维与班级管理

用哲学思维点亮高中班主任工作智慧

高中阶段的学生已经具备较为成熟的思维能力，对社会的了解也越来越清晰。班主任在工作管理中，要意识到高中生的这一特点，用哲学思维引导学生。这里的哲学思维是指用马克思主义哲学原理启发和引导人们思考，促进人的感悟。苏格拉底曾经说过："教育不是灌输，而是点燃火焰。"高中阶段的学生自我意识比较强烈，一味地灌输很难发挥作用，甚至会激发学生的逆反心理。因此，高中班主任要注意采用哲学思维，通过启发引导的方式开展工作。本文结合德育实践，就高中班主任如何具体地运用哲学思维进行管理工作进行分析探究。

一、创设任务情境，发挥主观能动性

高中阶段的学生已经具有一定的分辨能力和自我管理能力。班主任在工作管理中，可以给予学生一定的信任，因为人的意识具有目的性、自觉选择性和主动创造性。通过创设任务情境，发挥学生的主观能动性，调动学生的积极性，促进学生进行自主管理。例如，在高中阶段学习是主要任务，但部分学生会因为外界因素或懒惰心理等，在学习方面出现懈怠问题。我在管理学生学习时，就创设了这样的任务情境：将班级学生分为七小组，每个小组需要推举出一名组长，统筹了解本小组的实际学情，结合实际学情设计每周或每月的学习目标；在小组学生确定之后，该目标将会以"目标旗"的形式插在各个小组中，小组学生需要朝这一目标努力。另外各小组不断进行自我反思、查漏补缺，共同进步。这就需要让学生以联系的观点看问题，懂得事物的发展是量变与质变的辩证统一。在这一过程中，班主任的管理相对较少，学生的自主权相对较大，对自我的认知也就更清晰。如第一小组制定的目标就是本小组的学生月考成绩要在550分以上，该小组就要通过小组互助式学习等方式不断地查漏补缺，提升成绩。因为我干预得较少，学生感受到了自己是不可缺少的一部分，在自我监督中也更加认真，这不仅促进了学生学习成绩的提升，也对学生的未来发展也产生了积极意义。

二、结合时政新闻，培养辩证思维能力

随着信息时代的来临，高中阶段的学生已经越来越容易接触到社会事件。然而网络上信息杂陈、良莠不齐，如果学生缺乏自己的判断，就很容易人云亦云，并受到不良影响。当然，班主任在工作管理中，也可以结合时政新闻对学生进行引导，培养学生的思辨思维。

例如，之前在网络上爆红的博主李子柒就引起了较大的争议：有人认为李子柒发表的视频很值得称赞，因为这是一种对传统文化的展现和弘扬；有人则认为这是对农村生活的一种过度美化，是团队包装，出于商业利益。我在班会课时就将这一争议引入了课堂，鼓励学生进行思考。有的学生认为无论李子柒做视频的目的是什么，我们只需要看最后结果——外国人因为这些视频对中国文化产生了兴趣，这就是有利的，有的则认为正是因为目的不纯粹，所以李子柒的视频在商业化方面出现了一些问题，而受害者是顾客。学生在讨论的过程中为了说服其他同学，会积极地搜索资料，印证自己的想法。在这一过程中，

我引导学生了解"一分为二"的观点，全面地认识事物，在分析李子柒的事件中，既要看到它对于传播中华传统文化的积极影响，同时也要看到他们在宣传和包装中的不利影响。通过这样的方式，学生的判断、思辨能力获得了提升，学会了辩证地看待问题，在面对班主任的管理时也会认真思考背后的含义，这对促进班主任工作管理的有效开展产生了积极影响。

三、注重平时沟通，认识自我价值

所谓"知己知彼，百战不殆。"班主任在工作管理中，要加强与学生的沟通，这样才能在允分了解学生的基础上有效引导学生积累经验。例如，班级中有名学生在一段时间内学习状态不好，出现了成绩下滑的现象。面对这种现象，我没有进行批评，而是询问学生原因。通过沟通，了解到该学生之所以学习状态不好，是因为与朋友产生了矛盾，在学习时无法集中注意力，而矛盾的主要焦点就是认为朋友不够重视自己。在了解到学生的这一心情之后，我提出了建议：可以思考一下为什么朋友会出现不重视自己的现象，是否与自尊、自爱有关，如果更加关注自己的人生价值，而不是局限于与朋友的矛盾，会不会更有魅力。在尝试将注意力放到提升自我之后，学生发现更容易摆脱这种困扰，而且了解的知识越多，越容易受到其他人的欢迎；学生知道了朋友之间之所以有矛盾，是因为他们在一个统一体当中，联系是普遍存在的。但内因即事物的内部矛盾，是事物发展的根本原因，我们要不断提升自己，认识到自我人生价值。通过沟通，班主任给予学生一定的建议，引导学生在经验积累中逐渐成熟，有效促进了学生的成长，也促进了管理工作的顺利开展。

综上所述，基于哲学思维进行班主任工作管理，符合高中阶段学生的心理发展规律，有利于优秀思想的有效渗透。因此，班主任要重视哲学思维在班级管理中的运用。在这一过程中，班主任可以从发挥主观能动性、培养辩证思维能力和认识自我价值等角度出发，设计具体的管理策略，在尊重学生的基础上促进学生加强自我建设，最终培养出能担当中华民族伟大复兴大任的时代新人。

（王渊渊　佛山市顺德区罗定邦中学）

让榜样文化从"共生效益"走向"魅力效益"

"以人为镜，可以明得失"，榜样不仅是一面镜子，也是一面旗帜，有着无形的感召力和巨大的向心力。在班级文化建设中，榜样、标杆、模范是非常重要的。榜样文化是班级文化的灵魂，对每一个学生的个体发展起着潜移默化的教育、激励和制约作用。

榜样的力量是无穷的。榜样是一种向上的力量，具有极强的感染力。树立榜样、学习榜样、争做榜样、发挥榜样的感召力，有着点亮一盏灯，照明一大片的效果。以榜样为镜，班主任引导学生查找自身的差距与不足。以榜样为旗帜，给学生指引方向，引导学生不断向好的方向前行和发展。如果能够运用创新思维，以新颖独创的方法解决问题，突破常规思维的界限思考问题，提出与众不同的解决方案，树立榜样，让学生身上所有闪光的色彩共同汇成班级榜样文化的灿烂银河，就可能会产生新颖的、独到的、有社会意义的成果。

一、榜样文化的"共生效益"

（一）打造先进的班级文化，"润生细无声"

文化说起来抽象，其实它就体现在教育生活的具体细节中，并对学生起到潜移默化的规范与引领作用。班级文化需要紧跟时代和贴合学生特点的主旋律，在得到学生集体充分肯定的基础上实行会事半功倍。班主任要积极利用班级和学校组织的每一次活动的契机，深挖活动的教育意义，并适当拓展本班主要班级文化的内涵，将班级文化发展成一个系统，从而促进学生身心健康和全面发展。同时根据班级具体情况，做好活动前的鼓励和动员，活动中的组织和协调，活动后的总结、凝聚、表扬和宣传，发掘和发扬在活动中涌现的优秀学生，最终形成积极向上、团结凝聚、人人争先的榜样文化。榜样文化"润生细无声"，最大限度地提高了学生的学习自信心和荣誉自豪感。

（二）心怀班级共同的愿景，实现自我教育

榜样文化使学生在一种特殊的文化环境氛围中耳濡目染，提高自律能力，自发向榜样看齐，实现自我教育，以内在的力量凝聚、激励学生，以独特的氛围影响、规范学生。榜样文化使班风昂扬向上，整个班级洋溢着一种平等、和谐、上进、合作的心理氛围，发现每个学生身上的闪光点，让班级中的部分榜样或是社会上、网上的榜样变成班上可以更近距离学习的典范，从而达到人人皆榜样的最终目的。学生发展目标明确、行动有力、个性彰显，积极参与班级活动。

（三）牢记自身的成长使命，增强责任担当

每个学生心底都有一颗种子，班主任要积极发现并引导学生发现自我的价值，坚定理想目标，让每个学生成长为有人生理想和责任感、懂得品味生活、追求有意义且快乐的生活、符合时代气息的新人类。班主任要提炼育人元素，选择育人角度，抓好育人良机，并适时让学生展开头脑风暴，让正向育人导向入心、入脑、入行，最终形成具有各班特色的班级文化和优良风貌，取得良好的教育成效。

二、榜样文化的"魅力效益"

（一）适时展示，浓厚榜样学习氛围

文化对人的影响来自各种文化活动和特定的文化环境。榜样文化展示时机要大胆创新，让学生在潜移默化中接受榜样的"辐射"。每逢考试包括周测、月考、期中期末考试必表彰；每逢早读、跑操、班级卫生、篮球赛评比必表彰；每逢寒暑假、清明、五一小长假休假回校必表彰，表扬作业优秀整洁、自律、爱质疑；每逢班内出现互帮互助、维护班级荣誉、默默为班级奉献等事情必表彰。

（二）形式多样，及时展示学生亮点

小处入手，创新榜样展示方式。精心制定各种贴心小称号，如学科卓越之星、优秀之星、进步之星、教师得力小助手、最佳小先生、最默契合作小组、运动小达人、班级突出贡献之星等。及时将每次测验、考试结果分别反馈给学生家长，点名表扬优秀与进步学生，定时在班级群中进行优秀作业、优秀笔记的展示，直播式分享学生参与活动的瞬间点滴，如读书节、科艺节、足球赛等，教师给学生家长打表扬电话，与家长分享学生进步的快乐，用心写作业评语，及时发现学生的点滴进步，利用"美篇"、影集等形式记录和表彰优秀……

考前定计划目标、考中结对竞争、考后实践表彰承诺，利用发放小奖品等方式，激励学生向优秀靠近。减少作业量，使学生享受因个人努力而获得的自由权利；按自己的意愿换座位，使学生享受因个人努力而获得自主选择的权利等。

（三）常树榜样，发挥示范引导作用

榜样宜常新，班主任要善于挖掘可供学习借鉴的"新人新事"，开展以"人人都是榜样"为主题的宣传教育活动，让"榜样文化"力量感染每一位学生。从谋划方案、设计流程，到准备奖品，最后再到召开表彰会，这些全部都由学生们参与并完成。让学生自主确立心中的榜样，并鼓励学生全员参与，只要完成目标，都是"榜样"。教师要总结、概括和提炼他们的先进思想，使其发挥榜样的作用，但也要注意，要将榜样的先进性和真实性统一起来，依靠事实本身的说服力发挥它的榜样示范作用，满足学生的心理需求，以更符合学生学习榜样的心理特征，在积极向上的氛围中受到激励和鞭策。

（四）常学常新，激发学生不断进步

古人云："以力服人者，非心服也，力不赡也；以德服人者，中心悦而诚服也。"有了榜样，重要的是学习。这些来自同班同学的榜样，看得见、摸得着，可学性、可比性强，学起来亲切，也容易把他们好的方面学到手，但大家首先要知道自己应当学习什么和从什么地方做起，明确学习榜样的目的。落实行动不仅要实在，还要有新意。通过开展"向榜样学什么""榜样精神鼓励我"等具体活动，给学生指引学习的方向，提出具体的口号，鼓励大家发扬自身的优点、战胜自己的弱点、缺点，愿赶、敢比、互帮、能超，不把"学习榜样"停留在墙上、纸上、嘴上，而是付诸实际行动，并使之成为自己的行为准则。学生一句句"这次开讲让我来试试""我也很棒，我一定能行""我要向某某同学学习""我以某某同学为榜样"等自信的声音此起彼伏，如同一股股暖流，让人即使在三九严冬里也能感受到春天般的温暖和感动，同时也能让自己成为班级榜样式的人物。

（五）合作榜样，构建班级学习共同体

想真正变革师生课堂关系，充分释放学生的学习动力，必须真正地把小组合作学习落到实处。小组文化是班级文化的缩小版，在合作进行小组文化建设的过程中，班主任应精心带领各小组组长设置多元、丰富、开放的小组文化，在合作中唤起学生主动参与，鼓励学生发展个性，激发学生的创造能力，通过小组之间的竞争，实现班级个性化管理。创新班级的建设方式，注重培养创新型人才，力求打造具有活力的班级、有声有色的课堂，促进教学质量、课堂教学实效的提升。

榜样文化不仅可看、可触，而且可感、可悟，营造一个全域的文化场，班

主任用一颗真诚关爱的心开启不同学生心房的门锁，给学生捎去和煦的春风，给班级带来亮丽的风景，积极发挥丰富的育人价值。学生置于积极向上、催人奋进的文化育人氛围影响之中，通过文化内化于心的方式，逐渐实现理想人格的塑造。

（江海平　佛山市顺德区容桂四基初级中学）

用好底线思维让你的班级运行更顺畅

《黑天鹅》里面有个故事，让人感受非常深：假设你是一只火鸡，被农夫养在美国的农场。在过去的 120 天里，你都很幸福，因为农夫每天都给你吃的。所以，随着时间的推移，你的幸福指数直线上升。作为一只火鸡，你认为这种幸福会永远地延续下去。但很不幸，明天就是复活节了（复活节要烤火鸡吃），因此你的幸福生活戛然而止。

绝大多数人都会像这只火鸡一样，站在过去看现在，站在现在预测未来。因此，这个故事给我们最大的启示是一个人要有危机意识。就是说，必须有底线思维：比别人看得远一点，能够在晴天里修屋顶，避免成为那只可怜的火鸡。

当前，我国处于社会转型期，也是矛盾的浓缩期。在一个矛盾多样、冲突多发、薄弱环节较多的阶段，底线思维的重要性是不言而喻的。习近平总书记指出，要善于运用底线思维的方法，凡事从坏处准备，努力争取最好的结果，做到有备无患、遇事不慌，牢牢把握主动权。

一个班级的管理工作纷繁复杂，每一项工作都不允许出差错。只要有一点点的疏忽大意，后果可能不堪设想，所以作为一名班主任应站在一定政治高度思考问题、解决问题，要具备这种底线思维模式，并运用于自己的班级管理工作当中。

一、在自身职业操守上坚持底线思维

当今社会，人们对班主任的工作要求很高，很多班主任对工作也追求完美，在个人修养和实际工作方面都努力达成目标。但理想很"丰满"，现实很"骨感"，于是部分班主任逐渐产生了职业倦怠，感觉不到承担班主任工作的幸福，丧失了工作动力和激情，而家长对一些班主任工作的成效也就颇有微词。在巨大反差面前，班主任应坚持底线思维，既要守住职业底线，不能放松自我要求，敷衍失职，甚至出现严重违反师德乃至违法犯罪行为；又要向更高层次努力，牢记使命、爱岗敬业、教书育人、改革创新、服务社会，做一个受学生爱戴、家长欢迎、社会认可的研究型和专家型班主任。

二、在处理焦点问题上坚持底线思维

掌握底线思维方法就要做到认真评估决策处事的风险，估算可能出现的最坏情况，从而处变不惊。如手机是当今学生的最爱，是生生、师生矛盾的易燃点。手机属于学生的私有财产，学生违反学校规定带手机入校，如果处理不当，就会激化矛盾，给双方带来不必要的麻烦。所以处理学生手机问题应该坚持底线思维，执行好"严禁学生手机入校"的校规校纪。但如果学生违规带手机入校，对可能引发的后果要提前预见，做最坏的打算，求最佳的效果。

三、在处理学生纠纷上坚持底线思维

底线思维实质上给我们提供了一种思维上的辩证方法，小错犯多了，就可能酿成大错。因此，在行为规范上，应有不能突破的底线。当下校园安全事件多发，必须坚守"不出现学生人身伤害事故"的安全底线。从班主任工作层面来看，就是要主动作为，避免被动。要正面引导学生友好交往，努力营造文明和谐、风清气正的班级氛围。要细心观察学生的异常表现，防止学生之间发生口角、打架斗殴事件，上课期间严禁学生随意离开课堂。一旦出现学生间纠纷，要及时采取请求学校协助处理、通报家长、报警等正确、有效的措施，防止矛盾扩大化，要避免社会不良势力介入及不明事理的家长纠缠，为此要有对突发事件的预案，更要在平时注重构建"家庭、学校、社会三位一体"的管理网络，打好"组合拳"，才能构建平安和谐的班级集体。

四、在日常班务管理上坚持底线思维

底线思维在哲学上就是量变到质变，不要因为量而忽视质，应客观地设定最低目标，争取最大的期望值。如对于学生迟到问题，有的班主任对经常迟到、屡教屡犯的学生没有办法，最后只好听之任之。其实班主任可以通过民主方式制定班规，明确纪律要求，划出违纪处罚界限，借助同学监督、操行评定等方式对迟到行为加以制约，从而避免出现更为严重的群体性迟到现象。

（刘作彪　佛山市顺德区龙江中学）

哲学思维指导下的心理健康教育策略

后疫情时代，学生的心理健康状态备受关注，学生的心理健康教育需求量骤增，与此同时，心理健康教育水平也亟待进一步提升与发展。《中小学心理健康教育指导纲要（2012年修订）》明确指出，心理健康教育是提高学生心理素质、促进其身心健康和谐发展的教育。与其他教育不同的是，心理健康教育注重学生的内心感受，而非侧重于知识性的学习。在教育过程中着力于为学生的个性发展与精神成长提供适当帮助，保障学生健康快乐地学习和成长，帮助学生在体验中提升自我心理能量，理解人生价值，珍视生命成长，培育真正幸福的未来公民。

随着时代变革，学生的物质生活日益丰富，精神世界却日趋贫乏。习近平总书记在十九大报告中指出，中国特色社会主义进入新时代，我国社会主要矛盾已经转为人民日益增长的美好生活需要和不平衡不充分的发展之间的矛盾。在这样的时代背景下，有些学生出现沉迷网络、前途迷茫、贪图享受、精神空虚等一系列心理困扰。而一所学校的心理教师人数有限，无法满足大量的学生心理诉求，学生的成长与发展需要每一位教师投身学校的心理健康教育当中。

哲学是一门帮助我们透过现象把握事物的本质和规律的学问。在心理健康教育中以马克思主义哲学思想为指导，能够引领教师在开展心理健康教育工作时，拥有辩证思维能力和提高驾驭复杂局面、处理各类学生心理问题的本领，从而能够更好地促进学生的身心健康与和谐发展，为学生的心理健康保驾护航。

一、坚持以生为本，关怀学生心灵

历史唯物主义启示我们，在心理健康教育中要遵循人本思维，努力做到尊重人、依靠人和为了人。这就要求我们在教育过程中，坚持以生为本，关怀学生心灵。

学校心理健康教育工作的开展离不开学生作为受教育主体的参与。坚持以学生的需求为本，充分调动学生的主观能动性，在开展心理健康教育活动时，学生才会积极主动配合，进而更容易在教育活动中体悟其中蕴含的心理能量。一个脱离学生主体的教学活动，不仅不能调动学生的积极性，甚至可能招致学生的反感。处于青春期的学生极易产生逆反心理，并会将这种情绪延伸至心理教学内容中，从而故意唱反调，将自己的思维引入歧途。因此，心理健康教育工作必须基于学生现实当下的需求，在真正了解学生的前提下有针对性地开展。

心理健康教育没有具体知识性的教学任务，因而具有灵活性的特点，教师应该充分利用此优势，根据学情及时调整教学内容。教学生所想，授学生所望，主动与学生的心灵产生共鸣，关怀学生的心理状态，倾听学生内心的声音，并及时给予积极的回应，尊重每一位学生的想法，不随意打断学生内心真实情感的抒发，营造和谐安全、充满温情的课堂。

二、注重家校合作共育，同建心理支持系统

根据马克思主义唯物辩证法的观点，世界万事万物都是相互联系和不断变化发展的。所谓联系，就是事物之间以及事物内部诸要素之间的相互依赖、相互影响、相互制约和相互作用。联系是客观的。任何事物都与周围其他事物有着这样或那样的联系，没有一个事物是孤立存在的。学生的成长与家庭和学校有着密不可分的联系。学生的心理健康教育，家庭和学校都有责任，应该遵循学生成长规律，注重家校合作共育，共同构建丰富多元的心理支持系统。

父母是孩子人生中不可或缺的老师，家庭也是开展心理健康教育的重要阵地。关注学生的心理状态绝不能仅仅看到学生在校表现及其同伴关系，更需要看到其成长中各家庭成员对他的意义。尤其在当下国家倡导三胎政策的形势下，未来家庭成员组成更加丰富而复杂，家庭对一个人的影响是绝不能轻视疏忽的。

注重家校合作，积极与家长沟通联系，不仅可以让教师充分了解学生的成长环境、人生经历的大事件以及生命中的重要他人，更好地把握学生心理状态，找到积极心理影响的切入点。而且教师通过家校合作也能及时对家长反馈学生在校生活学习的状态，在教育过程中与家长形成合力。从家庭与学校的角度，应积极帮助学生多方位建构丰富的心理支持系统，梳理学生的人际交往网络，进而提升学生的抗逆力，增强学生的心理能量。

三、行动于微末之处，润心无声却有痕

事物发展的形态或状态是量变和质变。量变是事物数量的增减或场所的变更，是一种渐进的、不显著的变化。质变是事物由一种质态向另一种质态的转变，是一种根本的、显著的变化。事物的发展总是从量变开始，量变是质变的必要准备，量变到一定程度必然引起质变。心理健康教育工作同样强调从一点

一滴的小事做起，重视量的积累，行动于微末之处，润心无声却有痕，为实现学生心理健康状态的积极转变创造条件。

教育家格特·比斯塔在他的著作《超越人本主义教育：与他者共存》中，将教育者称为"先验的暴力"拥有者。这提醒作为教师的我们，拥有轻易干涉学生的能力，能够轻易地影响到学生的生活甚至深层次的思想观念。舟大者任重，马骏者远驰，有时候这种干预对于学生具有深刻的、转变性的，甚至挥之不去的影响。

所以，在日常教育活动过程中，教师不一定非要大刀阔斧地组织大型的心理团体辅导活动，才算是有意义的心理健康教育。要在平常的教育过程中，细心地发现学生的闪光点，并给予学生充分展现的机会，让学生收获积极的肯定。如适逢季节更替，贴心地组织欣赏"夏日的第一抹晚霞"，品尝"秋天的第一杯奶茶"等微小却暖心的活动，带领学生更好地发现生活中的美，爱生活、爱生命、爱自己。

倘若遇到学生心理突发情况，不知道该如何处理时，心理健康教育工作的开展需要尤为谨慎。宁可少说甚至不说，也不可说错，以免激起学生更激烈的情绪。有时候，面对学生突然而来的消极情绪，一次静静的聆听、一个轻轻的点头、一个关切的眼神、一个充满信任的微笑、一次温暖的陪伴，都能够于无声处滋润学生的心灵，给予他们宁静安心的温暖和奋勇向前的力量。

四、着眼于变化发展，与时俱进心更近

唯物辩证法认为，事物是变化发展的，主张用运动、变化、发展的观点看问题，反对用形而上学孤立、静止、片面的观点看待事物。学生是一直发展变化的，我们应当用成长中的人的角度，动态地看待学生。并且，教师也应持有终身学习的观念，丰富知识，紧跟时代步伐。

古人云：亲其师，信其道。作为教师，想做好心理健康教育工作，就要引导学生拥抱积极心态，阳光成长，切忌故步自封。在信息量爆炸增长的今天，停下学习的脚步，只会让我们与学生的距离越来越远。着眼大局，与时俱进，才能与学生拥有共同语言，拉近彼此的心理距离，从而更好开展心理健康教育。

心理健康教育不应仅仅局限于课堂，更应在日常班级事务工作中、校园活动组织中，乃至社会活动参与中对学生产生影响。我们不该满足于作为教师对于教学质量的责任，而应着眼大局，不仅在课堂上与他们探讨知识的妙趣，也带领学生在他们的成长道路上帮助他们评估当下的人生，辅助他们对自己的人

生生涯发展进行科学规划，从而做好更充分的准备，帮助他们踏上逐梦之路。

身为教师的我们，在教育的旅程中，与每一位学生的相逢，都需要珍惜那用生命影响生命、以灵魂滋养灵魂的心理健康教育契机。在开展心理健康教育活动的过程中，以哲学思想为底色，灌溉心灵，润泽生命，给予他们，同样也给予自己思考和探寻人生意义的机会。

（何煦　佛山市顺德区罗定邦中学）

例谈班主任在教育教学中渗透的哲学智慧

哲学是教育学的基础，柏拉图说："教育非他，乃是灵魂转向！"而教师被称为人类灵魂的工程师，把哲学智慧渗透到教育教学中，这其中千丝万缕的联系妙不可言。在一线教育教学活动中，特别是作为高中老师，纯粹地批评学生，一味地从主观角度给学生讲大道理是不合时宜也是不科学的，不但教育教学效果有限，而且对学生长远的发展和价值观都不能起到深层次的影响。世界万物都是普遍联系的，我们尝试通过哲学的角度对很多问题进行剖析，也许会起到意想不到的效果。

场景一：你为什么不能迟到？

量变是质变的必要准备，质变是量变的必然结果。质变为新的量变开辟道路，使事物在新质的基础上开始新的量变。事物的发展就是这样由量变到质变，又在新质的基础上开始新的量变，如此循环往复，不断前进。

迟到本只是一种表象，但是迟到的背后则代表了一种态度。如果因偶然的特殊情况迟到，我应该充分听取你的解释，了解原因并予以理解，毕竟人无完人。

如果因第一次我的理解，你的心态发生了变化，觉得老师会理解你，并不自觉地心理暗示自己"下次老师应该还会理解我的"，这就走向了一个极端，进而就会有第二次、第三次的迟到……长此以往，彼此的信任被一点点地消耗殆尽，而自己无形之中对自己的要求也会变得越来越低，甚至没有了要求。

再继续下去，某一天老师因为此事批评你的时候，你就可能变得不耐烦，因为你的心里很可能会觉得为什么老师不再信任我。其实这绝不是一次不信任，而是迟到这个现象已经从量变上升到了质变。

此时你最需要一个勇于站出来帮你指出错误并陪你一起改变的人，所谓良药苦口利于病、忠言逆耳利于行就是这个道理，所以请珍惜你身边的这个师长、朋友或者家人，而不是任由这种质变继续发展成新的量变，到时悔之晚矣。

场景二：为什么中学生不适合谈恋爱？

马克思主义唯物辩证法认为，主要矛盾在事物发展过程中处于支配地位，起决定作用；同时，主要矛盾也不能脱离次要矛盾孤立地存在，次要矛盾对主要矛盾起着一定的反作用，次要矛盾的解决有利于主要矛盾的解决。

必须明确一点，谈恋爱这件事本没有错。谈恋爱是人情感的正常表现，有倾慕之人本是一件幸事，一个没有情感寄托的人是没有灵魂的，人类进步的力量一定包含情感因素。

但是，作为一名高中生，当前最重要的任务就是高考，高考是一项复杂的大工程，锻炼、休息、饮食、心理辅导等都是高考的必要支撑，而这些支撑中并不一定需要谈恋爱这一类的情感因素。

矛盾的特殊性表现之一是不同事物有不同的矛盾，在人生的第一个分水岭——高考面前，谈恋爱绝对是一个次要的矛盾，甚至连次要都谈不上。如果非要说它是次要矛盾，是因为它毕竟是人类的正常情感，而这种正常的情感恰恰在高中阶段不合时宜地出现了，所以请我们每一位同学把这一份宝贵的情感稍作珍藏，静等它该绽放的时候再全力以赴地呵护它。

底线思维的最大特点在于它是一种关注矛盾转化的思维和决策过程，着眼于负面影响，建立防范体系；在防范的同时，更在于积极转化，从坏处准备，向好处努力。在主要矛盾面前，次要矛盾显得苍白无力，在冲刺的关键阶段，一点点情感的风吹草动对你来说可能就是一场地震，这场地震很有可能让你一蹶不振或者名落孙山，且行且珍惜。

场景三：薄弱学科和优势学科的博弈？

统筹兼顾的思维，即总揽全局、科学筹划、协调发展、兼顾各方。把握统筹兼顾的思维，有利于我们想问题、办事情从全局出发，既突出重点，又兼顾一般，坚持两点论和重点论的统一。

以高三为例，要先搞明白一个问题，即什么是优势学科。6个科目都薄弱，其中相对较好的学科也不能视作优势学科，此类情况要视为全薄弱学科处理，具体方法在此不详细分析。6个科目中有2—3个相对薄弱，2—3个有一定优势的才称为真正的优势学科。

对于薄弱学科，我们要明确这些科目成绩可能很难提升到一定的高度，但是纵观高考分数全局，又必须要解决，否则优势学科就没有了存在的意义。要全力以赴地解决基础题的得分点，能让这些学科变成不拖后腿的非优势科目也算是功德圆满了。

解决途径之一是要务必做到科学规划。因为薄弱所以没信心，因为没信心所以不想投入时间，因为不投入时间所以薄弱学科就永远存在，此时你一切的希望都寄托在优势学科上，当高考题目难度过大或难度过小时，平均分将走向两个极端，此时你的优势学科也将不复存在，而无论难度系数如何，你的薄弱学科一如既往地薄弱，因为你没有投入该投入的努力和规划。

我们必须做到：寄希望于优势学科在高考中能够继续保持优势，而真正能保持住优势学科的方法则是不可以轻易放弃薄弱学科，要协调兼顾，让优势学科的分数更高，让薄弱学科的分数不拖后腿，则无憾也。

场景四：周末我学习了吗？

精准思维（具体问题具体分析的思维）是一种非常务实的思维方式，它强调具体和准确，要求动作精准到位、在一个个具体的点上解决问题，排斥大而化之、笼而统之地抓工作。

以下是关于 A 同学和 B 同学的问答。

问：A 同学，周末学习了吗？答：学习了。问：学了什么？答：每一科都学了，把作业都写完了。问：你为什么要写这些作业？答：老师布置的。问：B 同学，周末学了什么？答：就写了 3 道物理题、3 道数学题。问：为什么写这几道？答：这几种类型我需要检验我自己过关了没有，我需要巩固一下这几种类型。

我欣赏 B 同学。周末学习的意义不全在于完没完成作业，而是你自己要精准知道自己需要做什么，为什么要这样做。

我一直不停地引导学生学会这种精准的量化式思维方式：你做了什么？做了哪几道题？为什么要做这几道题？用了多长时间？得分率如何？

实践思维告诉我们，实践是指人们改造客观世界的一切物质性活动，实践是认识的来源，是认识发展的动力，是检验认识真理性的唯一标准，是认识的目的和归宿。学习不能停留在臆想层面。问：这道题会了吗？A 同学答：应该会了吧！B 同学答：我尝试着写出来。要落脚在能背出来、写出来。

场景五：早读一定要大声齐读吗？

创新思维是指以新颖独创的方法解决问题的思维过程，通过这种思维能打破常规思维的界限，以超常规甚至反常规的方法、视角思考问题，提出与众不同的解决方案，从而产生新颖的、独到的、有社会意义的思维成果。其本质在于用新的角度、新的思考方法解决现有的问题。

任何事物都具有一定的差异性，人的学习也不例外，学习基础、学习习惯、抗干扰能力、吸收理解能力等都不尽相同。所以显而易见，早读齐读一定不是最高效的学习方式。

我们应该尝试多样化的早读方式，从培养语感的角度齐读也许会起到一定的作用，但是效果非常有限。早读落脚在读上，但是归根结底要呈现出一种结果，所以早读也需要实践，也需要有可视化的呈现方式。

场景六：高考在你的人生旅途中到底意味着什么？

价值思维是指要拥有正确的价值观，才能作出正确的价值判断与价值选择，在奉献社会中实现和证明自己的人生价值，从而找到人生的真谛，创造幸福人生。

在该努力的年龄就应全力以赴，这是高中生应该有的价值选择。上学时，学习遇到困难退缩了，觉得不适合学习，放弃了；毕业后，创业遇到困难退缩了，觉得自己没有找到合适自己的工作，放弃了。来来回回，春夏秋冬，年岁渐长而从未踏实努力过。

高考就是一场考试，不是你死我活生死攸关的决斗，但它绝对是一场人生中很重要的考试。每一个人都应该全力以赴，克服一切困难，摒弃杂念，用正确的价值导向汲取内心最深处的力量勇敢向前，劈波斩浪。机不可失，失不再来，把握住机会才能不留遗憾。

马斯洛需求层次理论告诉我们：自我实现的需要是最高层次的需要，是指实现个人理想、抱负，发挥个人的能力到最大限度，达到自我实现的境界。这是我们每一个人孜孜不倦追求的目标，用正确的价值观武装头脑，实现人生最大的价值，服务他人，感恩社会。

（罗礼　佛山市顺德区罗定邦中学）

"大与小"的辩证关系在班级管理中的应用范例

唯物辩证法要求人们在认识事物、分析矛盾时,既看到矛盾双方的斗争性,又看到矛盾双方的同一性;既看到矛盾双方的相互区别、相互排斥,又看到矛盾双方的相互联系、相互依存以及在一定条件下相互转化;既看到事物的积极方面,又看到事物的消极方面;坚持在对事物既肯定又否定的基础上理解事物。

班主任工作中"大与小"是对立统一的关系,也是一对充满辩证关系的词。在班级事务的处理上智慧地运用"大与小"的关系,化大为小、变小为大往往能得到事半功倍的教育效果。小事不纵容,大事有时也要宽容,在责任下小题大做,在爱心中大题小做,正确处理班级中发生的各种事情,就能沿着教育轨道达到很好的教育效果。班级事务无小事,要防微杜渐,成长经历均大事,要在责任中小题大做,用爱心大题小做,明白"大"与"小"是没有绝对界限的,好好处理就会得到有成效的教育。

一、班级事务无小事,成长经历均大事

"行为形成习惯,习惯形成性格,性格决定人生。"所以有不少人认为,幼儿园教育在人的一生中是最重要的。其实我认为教育在哪个阶段都很重要,特别是人生观、价值观尚未形成的青少年时期,青少年时期往往处于人生的求学阶段。我教的就是初中学生,如果说幼儿园懵懂无知,那初中阶段应是一知半解,正确地引导和教育初中阶段学生形成良好的行为习惯是非常必要的。以班级为平台的每个学生个体产生的各项班级事务,常常会影响学生们的各种行为习惯,如果不加以重视,听之任之,往往会产生令人震惊的后果。比如交作业的小事吧,你说学习是学生自己的事,交不交由他。如果第一天有一个学生没有交作业,你没有处理,可能第二天会有两个学生不交作业,如果你再不去处理,第三天可能会有五个同学不交作业,如果你还不去处理,那后天可能一个班有一半以上不交作业,甚至对于你布置的作业根本就不看。造成这种局面,不要说达到什么好的成绩,可能连最基本的上课教学中,学生都是吵闹的。因为学生认为不交作业,你不会生气也不会找他,这样慢慢成为习惯,甚至是一种轻视你的习惯。久而久之,你会连站在三尺讲台上的教师威严都失去了。当然,学生自己的不良行为习惯养成,形成性格后对他自己一生的不良影响也是

很大的。所以，在班级管理中，每件事务都是大事，不是小事，在学生成长中每个经历都不是小事，而是大事，有道是"班级事务无小事"。

二、小事也要拍案，视小为大，防微杜渐

很多人都不主张班主任在学生面前动怒，认为动怒反映了无能的一面。我认同"脾气泄露修养，宽容道出品位"的道理，也理解不动怒、宽容对待每位学生的用心。在面对近50人的集体中，发脾气往往不能很好地从根本上解决问题，但有时也要发脾气。因为如果有前例的话，其他同学会用同样的方法规避一些问题。比如，对作业没完成或完成不好的同学，老师们常常会不辞辛苦地牺牲自己的午饭和午休时间辅导学生。有一天，吴同学、沈同学、王同学三人语文作业没有交，语文老师在课上点名告知他们三人下了第四节课不能马上去吃饭，而是留下接受辅导。下了第四节课，语文老师来到教室时他们已经走了。语文老师认为这是学科的小事，所以没有告诉我。第二天，吴同学、沈同学、王同学又因英语作业做得不好，英语老师要求留下来辅导，下了第四节课，英语老师来到教室时他们又已经走了。英语老师生气了，下午告诉我。第一天，语文老师没有追究他们的责任，于是他们第二天就对英语老师采取了同样的态度。作为班主任，我找到他们，请他们一个个站在我的面前，我气愤地指着他们，很严厉地说："你们就这样尊敬老师？"很生气且很大声地说："请你们摸着自己的胸口，看看你们的良心到哪里去了，老师们用吃饭的时间无私地给你们辅导，而你们却不见人影……"甚至气得拍桌子使我的手掌疼了两周。我认为没交作业是小事，老师要求留下却跑掉是大事，是很不敬的大事。后来，他们主动找老师们认错，再后来，班上同学都不敢做出如此不敬重老师，让老师空等的事情。我想，性情中人是需要脾气的，脾气不能乱发，但有时不能不发，面对一些小事动下怒，视小为大，常常能起到杀一儆百、防微杜渐的效果。

三、大事也要宽容，化大为小，仁爱入心

班主任是一个班的统帅，在一定程度上是权威的体现。初中学生对于班主任更多是敬重，从而产生爱。在学校生活中，班主任犹如学生们的"父母"，在家父母的话不听，不从，那肯定是"大不敬"了，在学校班主任的话不听、不从，那也不是件小事。没有畏惧之心的学生，往往做学生时是很让人头痛的"捣蛋鬼"，走上社会将会成为社会的"害虫"。例如，沈同学一周内违纪是班上最多的，周末放学时，我请他留下来写检讨，反思自己一周的表现。在全体

同学周五离校的最后一堂课，我特意在最后三分钟提了两次他的名字，告知他要留下来，老师陪他反思本周的表现。在我宣布放学后，很快教室里便没有了他的身影。我以为他是上厕所了，于是在教室里等。10分钟过去了，他还没有回来，有同学告诉我："老师，沈同学回家了。"此时，一旁有同学在小声地笑，似乎是幸灾乐祸。半小时过去了，其他同学全部离开了，仅剩下我在教室里，仍然不见他的身影。我从教以来没有学生敢如此公然违抗班主任的指令，对班主任如此无理，这不是件小事，是大事。电话联系他的家长后才知道他已经回家了，气愤下的我决定请家长送他回校，并告诉家长和沈同学，我可以等他回校再下班回家。或许真的是我决心太大了，沈同学半小时后在家长的陪同下返回学校，很胆怯地对我说："老师，我错了，我决定写3000字的检讨。"此刻，我想起了有人说过："年轻人犯错，有时上帝也会装着没看见。"再说沈同学也认识到他犯了错。教育的目的不是惩罚，更多是教育他健康成长。于是，我没把生气放在脸上，而是平静地说："能看到你回校，没让老师等到晚上10点以后下班回家，说明你心中有老师的存在，我为你能诚心认错而高兴。你自己认真写检讨吧，有诚意，老师不在乎你的字数多少。"那次沈同学的检讨字迹很工整，尽管没有3000字，我想，教育到他和其他同学就行了。的确，以后的日子里，作为班主任，我要求的事情，学生们都会当作一回事去做了。作为教育工作者，我们对待尚未成年的学生们应多些宽容之心，有时化大事为小事，不仅不会让你尊严扫地，反而你的仁爱之心会影响到孩子们的骨子里。

四、小题大做，行峻言厉，是责任

有人不是缺少情商，而是缺少经历。如今有些学生不是缺少教育，而是缺少理解，说到底是缺少责任感。例如，吕同学没有完成作业，物理老师请他补做完再进教室上课，他却公然在全班同学面前顶撞老师，责备老师没有说清楚布置的作业，造成他没有做完作业受批评。事情发生的一节课后，我教育了他，期待他在全班同学面前向物理老师认错。老师们在两天的等待中，期待他的认错，而他没有，仿佛什么事都没发生。作为班主任的我，看在眼里，急在心里。等待的结果是，他在物理老师和全班同学面前充满责备和挑衅的反叛，还有流水账式的"认错书"！有人认为，学生犯错是正常的，如此无礼对待科任老师是件小事，班主任好好教育就行了。那没有羞耻感的"认错书"和无礼的顶撞，我不认为这是件小事。我就打电话请他的妈妈来学校，并请他妈妈带他回家反思，错在哪里，以后该如何对待老师的教育。我想把这个在学生眼里不是大事

的小事搞成大事情，是因为身上担负着教育的重大责任。一次对老师的不尊重就请家长接回家反思，我想这在学生中产生的影响是非常大的。感谢吕同学的妈妈，我更为吕同学真正的转变而高兴。后来，他向老师们重新写了检讨书并在全班很诚恳地道歉。在接下来的校运动会中，他积极参加男子400米的比赛并获得第一名，为班级赢得了9分。第二次段考比第一次段考年级名次进步了43名，期末考试比第二次段考年级名次进步了11名。经过这件事的教育，他的成绩处于不断进步之中，并且积极参与班级各项管理事务，被全班同学评选为"班务积极分子"。这件事的"小题大做"，是很值得的，这份值得源于作为教师的那份深沉的责任。

五、大题小做，宽大为怀，倾爱心

"学生"之所以为"学生"因为他们是要"学"的人。有时品德的培养是在一件件事中感悟、感动而产生的。在学生不经意的犯错中，我们常常会以很宽容的心去对待，而对于明知是错却还是去做的学生，教育者则很容易被激怒，甚至难以自控做出一些事后后悔的事情。在爱心教育之中，要理智对待，万不可冲动教育学生。对此，有时常常需要冷静地"大题小做"。例如，学校实施小组合作学习，在每个教室的后墙上都张贴了《学生德育过程性评量化统计表》，那是对每位学生每日小组合作学习等方面评分等级的依据。那天，陈同学告诉我，他刚写上去的分值发现下面有十分之一的地方被擦掉了。我观察后发现，像是有人故意擦的。但我想了想，对学生要以教育为主，不要太过于在意吧。我请陈同学再次填补上去的同时，很善意地告诉同学们这张表的制作是为了教育教学和小组合作，希望同学们正确看待每天的分值并及时改正加强自己不足的方面。第二天，分值又被人擦得模糊了。于是，我非常严厉地告诉全班同学，请有意或无意擦了统计表分值的同学在今天下午5点之前主动到我这儿坦白并承认错误，主动承认者改了就好，老师和同学们都不再计较，并且为你保密。下午我回到办公室时，看到桌子上有一份班上黄同学的自我认错书，是他故意擦的，他觉得搞点破坏没什么，感觉每次擦完后心里很高兴，他恳求老师原谅他的错误并保密。我决定一切不追究，只希望黄同学改正错误，多为班级做有益的事。在期中考试中，他在全年级进步了97名，获得了进步最大奖。之后，班级同学都知道老师不怕你犯错，就怕你犯错不知错、不改错，错了能及时主动改正，同样是好学生。教师把学生当作自己的孩子，在爱心之下，把可以大做的事小做，适时地化"大"为"小"，可以感动学生，拯救他们的心灵。

总而言之，班主任工作是烦琐的，也是快乐的。班主任工作中要坚持正确处理好"大与小"的对立统一关系，在班级事务的处理上智慧地运用"大与小"的关系，在无数个相对的"大事"和"小事"面前，班主任要懂得智慧对待，小事不纵容，大事常常也要宽容，适时"化大为小""转小为大"，妥当处理班级中发生的各种大小事情，就能取得更好的教育效果。

（晏清华　佛山市顺德区第一中学外国语学校）

用仁爱之心关注学生身体健康的哲学智慧

习近平总书记同北京师范大学师生代表座谈时指出，每个人心目中都有自己做为好老师的形象。做好老师，要有理想信念、道德情操、扎实学识、仁爱之心，教育是一门"仁而爱人"的事业，爱是教育的灵魂，没有爱就没有教育。好老师应该是仁师，没有爱心的人不可能成为好老师。有爱才有责任，我们选择当老师就选择了责任，就要把这种责任体现到平凡、细微的教育教学管理之中。

班主任担负着全方位培养学生的重任，比较重视学生的德育、智育培养，特别是学生的心理健康问题得到了各方面的关心与重视，但是学生身体健康受到的关注比较少，普遍认为那是家长与医院的事。然而班主任不应推卸这个责任，因为现在的学生大多在校住宿，班主任在某种程度上就相当于他们的家长，应该细致入微地关心学生的身体健康。那么班主任如何关心学生身体健康呢？本文以马克思主义的哲学思维为指导，用仁爱之心关注学生身体健康，从多个维度进行了有效探索，现在总结出来，希望能提供借鉴。

一、高度重视学生身体健康，从实际出发调查摸底

班主任是班级的核心与灵魂，是学生在校期间的依赖与寄托，班主任要坚持历史唯物主义的群众观点，全心全意为学生服务，不仅要进行德育、智育，还要坚持辩证法的整体观念，高度关注学生的身体健康。

接任班主任之后，要发挥主观能动性，从学生档案、家长等途径了解本班学生的身体健康状况，一般会有几个同学有一些特殊问题，要列表建档，按照矛盾特殊性原理的要求具体情况具体分析，把各自要注意的问题注明，并上报

学校及本班教师，提醒注意并关心这些学生。比如 2019 年我担任高一（6）班班主任，开学前就了解到有 4 位特殊体质学生，其中 3 位是比较严重：一位心脏二尖瓣有问题，我在表上注明不能跑步；一位哮喘，注明避免剧烈运动及过敏性物体；一位有遗传性糖尿病，注明不能在校就餐，家长答应送餐。另外一位对紫外线过敏，注明座位不能靠窗及不能参加室外运动。班主任要每天多次巡视每个学生，发现苗头及时询问并采取措施。对学生健康问题，既要高度重视，又要具体分析，才能做到万无一失。

二、做好疾病与健康知识教育，树立正确的健康观

对于疾病，预防比治疗更重要。唯物辩证法的量变与质变辩证关系原理告诉我们，要重视减少生病因素量的积累，这样可以尽可能地避免生病。

我们可以通过班会课或者融入学科内学习以下防病知识：少吃甜食、少喝可乐，因为它们的副作用是会由量变演变到胃炎、糖尿病的质变；运动后如果出汗了，不能马上冲凉水，容易感冒；常开窗通风；每半小时至少喝一口水预防感冒，因为感冒细菌、病毒粘上气道黏膜再进一步深入人体是半小时左右；教室、宿舍、衣物多清洁，消除细菌滋生环境等。

特别要注意保护视力，趴桌看书写字、坐姿不正这些坏习惯的量变会导致近视这个质变的发生。

还要宣传预防颈椎、腰椎病知识，它虽然发病在中老年，但是量变在读书时。学生长时间坐在教室，如果不昂首挺胸端正坐姿，就会为颈椎、腰椎病埋下隐患。这一点现在的班主任普遍忽视，我们一定要发挥班主任的主导作用，时刻提醒，个别监督。下课期间，可以要求同学们做一次抱头米字操和反弓弯腰操，帮助学生养成习惯，防患于未然。

三、尊重科学用心关注，防微杜渐按规律办事

班主任要充分发挥主观能动性，在班里要多观察、多分析，抓好疾病的防治工作。每年冬天，一般有两波左右流感爆发，但是我的班基本很少有人请病假，原因就在于我主动运用哲学思维指导同学们一起防治，起到很好的效果。规律的客观性原理告诉我们，一定要按规律办事，否则就要遭到规律的惩罚。针对流行性感冒的特点，除了注意多喝水、勤锻炼、勤洗手、开窗通风、戴口罩、不与流感病人接触之外，同学们积极注射流感疫苗，这个是主要方法，其他班级缺乏这些，所以屡屡中招。

从实际出发、按规律办事，这个哲学思维还指导我修正了一位同学的轻度脊椎侧弯。在高一开学不久，我发现他脊椎轻微向左弯曲，了解到是由于几年来放假回家长期在床上、沙发上右手托头侧弯身体看书、看手机。我除了与他家长联系，还故意安排他在教室的最右边坐，每天观察监督，要求他有空就向右做弯腰运动、向右斜坐、向右侧睡觉；还运用系统优化理论，联系家长找专科医院矫正，三年的量变产生质变，脊椎侧弯好了，他们特地做了锦旗送给我，这在我校史无前例，这都是哲学思维重要性的生动体现。

四、帮助学生排忧解难，具体问题具体分析

同学们容易多发的是感冒，感冒是多发病、常见病，发病时，学生一般是喝自己带到学校的清热解毒的中药，往往不见效，但是我们班基本不会出现这种状况。感冒大体分为热感冒和冷感冒，二者用药不同，以前多是热感冒，所以药店里多是治疗热感冒的药，老百姓只要感冒，一般也是自己喝清热解毒的中药冲剂，所以家长一般都会买此类冲剂给学生备用。但是最近几年，学生的教室和宿舍都装了空调，成天吹空调造成的是冷感冒。

唯物辩证法告诉我们，矛盾具有特殊性，它要求我们具体情况具体分析，用不同的方法解决相应的问题。这是马克思主义活的灵魂，是正确认识事物的基础，是正确解决矛盾的关键。在这个哲学思维的指导下，我们班药箱备了很多红糖姜茶、午时茶、感冒清风片这些专门对付冷感冒的冲剂。当同学感冒初起，我们会先看他的舌头，红色重且鼻子干燥的用板蓝根等热感冒药；舌头有白苔、流清鼻涕的就用冷感冒药。因为我们在感冒初起就用对药，所以基本不用耽误学习请假去医院，感冒很快就好了。同学及家长们很是佩服，我对他们讲：这是唯物辩证法的胜利！

另外，我们还要关注学生中特殊的病例，如 2020 年的 11 月有一天跑操时，有位同学来找我，申请以后不参加跑操，原因是最近几天跑操时感觉左胳膊、左腿麻，而且很痛，说是从小学 6 年级开始麻，但是不痛，我意识到右脑可能有神经压迫了。迅速联系家长，家长说最近去市中医院看了，CT 结果右脑有 4 厘米×5 厘米肿瘤，专家断定是良性的，开了中药，说较长时间用中药可以使肿瘤逐步萎缩。

唯物辩证法矛盾观告诉我们，事物的性质由矛盾的主要方面决定，中药能治的应该是 2 年前的轻微情况，那时候只有麻没有痛；现在痛出现了，成了矛盾的主要方面，这个性质就变了，必须通过外科手术切除了。我把这个想法与家长谈了，他们的想法虽然有所松动，但是他们相信肿瘤会逐渐萎缩消失，还有就是害怕手术。为了保险起见，我提议他们到广州大医院脑神经科检查再定。果然，广东省人民医院脑神经专家建议尽快手术，越拖手术危险性越大。后来手术非常成功，家长感激不尽。

综上所述，对于学生身体健康问题，班主任绝不能只是推给家长和医院，我们一定要发挥主观能动性，提前参与防病治病的过程中。实践证明，我们用哲学思维来关心、保护学生身体健康，一定会取得很好的效果。让我们活学活用哲学思维，多学习一点医学常识，为我们学生的身体健康保驾护航！

（程文革　佛山市顺德区罗定邦中学）

底线思维在班级管理中的应用

底线思维（bottom-line thinking）是一种思维技巧，拥有这种技巧的思想者会认真计算风险，估算可能出现的最坏情况，并从心理上接受这种情况，从行动中找到解决问题的办法，积极面对未知的情况，力争将工作筹划得完备、做到最好。底线思维作为一种思想认识方法，行为主体要"思考诸如什么是底线、底线在哪里、底线在系统布局中的战略地位是什么、超越底线的最大危害是什么、有哪些原因会导致超越底线、如何有效远离或规避底线等问题，从而更好地掌握战略主动权"。班主任如何将底线思维应用于班级管理过程，我认为应做好以下四方面。

一、运用底线思维培养学生法治意识

底线思维是防控风险型思维，要求打好防范风险的"主动仗"，善于排查各种潜在风险，拿出务实措施，防范化解，切实做到未雨绸缪，做到稳中求胜。任何事物的存在都是有度的，追求发展必须保障底线。用黑格尔的话说，事物的存在都有其尺度，"尺度是有质的定量……是具有特定存在或质的定量"，"一方面定在的量的规定可以改变，而不致影响它的质，但同时另一方面这种不影响质的量之增减也有其限度，一超出其限度，就会引起质的改变。"这便是人们熟知的量变引起质变的普遍规律。一个事物成为这个事物的限度，其实是该事物转化为他事物的边界，超越了这个界限，该事物就不再是其所是，而变成了

其他事物。因此对于该事物而言，这个界限也就是该事物成其为该事物的底线。

例如，当前学生存在的违法犯罪行为，对道德和法律没有敬畏感，不仅法律意识淡薄，不能认识到违法犯罪的严重后果，而且往往没有正确的价值观，存在一定的心理和道德缺陷，从而违法犯罪，铤而走险。有些学生抢劫、偷窃数目巨大，打人致重伤，这些行为实际上已经触犯了刑法，但却不自知。因此，针对学生违法犯罪情况，需要国家法律、学校制度、道德舆论等进行强制约束，需要班主任对学生的行为进行"他律"。但是"外因通过内因起作用"，对于学生个体的道德进步，更加重要的是经过教育后学生的"自律"，其最高境界可以设置为"慎独"，要通过法律知识和法律意识教育，筑好学生法律知识和思想上的防线，培养学生法律底线思维能力。

二、运用底线思维培养学生自律意识

"底线思维"蕴含充分发挥主观能动性以促使矛盾转化的观点。任何事物都有矛盾，矛盾双方相互依存，并在一定条件下相互转化，底线思维的价值只有在矛盾转化中才得以体现。现在是"互联网+"时代，学生带手机进入学校，是学生存在的最严重的问题，社会流行的话"要想毁掉一个孩子，请给他一部手机"。如果强制性管理手机，可能会与学生会发生矛盾，适得其反。班主任处理手机问题，第一原则就是要以理服人，让学生口服心服。理不讲透，不强行推进；理讲透了再执行，一旦执行起来就没有含糊的余地。班主任做事，一定要有计划、有步骤，一切按照事物发展的规律来办。第一步，宣传造势，观察准备。开展以"手机的利弊"为题的主题班会，鼓励学生各抒己见，针对学生提出手机使用过程的不良影响；再以"不要让手机偷走你的梦想"为主题开班会，班主任引导学生集体讨论。第二步，尊重民意，制定规则。学生自己提出解决的方案，全部商讨制定手机规则，把这些内容打印好，每个人自愿签字，作为共同遵守的班级规则。第三步，加强监管，一步到位。规则实施过程中加强表扬和鼓励，让学生以遵守规则为荣，以破坏规则为耻。建立健康的荣辱观是最重要的，良好的班级风气就是这样一点一滴形成的。班主任对学生说，养成一个好习惯就巩固一个好习惯，不必再为手机的问题烦恼了，我们还有更多的事要做，让我们都把精力放在更重要的地方吧。遵守了规则，其实也轻松了，不必担心规则约束你，换来的是更大的自由。规则与自由的关系，就是这么奇妙的，有时候，遵守规则就是获得了自由。

三、运用底线思维培养学生人格精神

底线思维是问题导向型思维，要求围绕问题可能造成的最坏结果制订解决方案，从而最大限度减少损失。现在，学生中流行这样一首经过改编的流行歌曲："书包最重是我，作业最多是我，每天起得最早、睡得最晚的人是我是我还是我……"学生在学习中有时感到疲惫、劳累、压抑、烦闷、痛苦，甚至有学生走上轻生的道路。班主任在班级管理工作的过程中，教育学生学习并不是唯一的任务。教育要关注每个学生共性的精神生活，如劳动、体育运动、课外阅读、制作活动、审美活动、友谊等。根据学生需求选择活动主题，吸引学生参与设计实施活动，指导学生提炼学习生活感受。后续活动让体验深化和升华，遵循科学的规律，运用艺术的手段，在活动中学会交流，学会团结协作，控制自己，完善性格，从而形成健康的心理品质，避免酿成大祸。

四、运用底线思维培养学生责任意识

底线思维是积极发展型思维，是根据学生的身心发展不断提升的。教育初期阶段可能只是简单的坐端正、写好字等。随着教育的不断深入要适时提高底线要求，其中包含唯物辩证法的创新要求，同时要紧跟时代发展，要求增强创新意识，创新发展路径，如新时期平板教学使用的基本要求和手机的管理办法等，都是对于底线思维的考验。要让学生明确作为学生和子女等不同身份所要承担的责任和义务，争取更加理想的发展成果。班级管理经常面临新情况和新问题，需要创新解决问题的思路，及时调整底线范围，确认底线要求，化解矛盾，防患于未然。底线思维也是规则效应，底线不仅是个人的底线也是班级的规则，充分利用好底线思维就能让班级管理更加明确有效。通过底线思维强化学生的自我意识和责任观念，营造开放舒心的班级文化，提炼鲜明的发展主题，创造舒心的成长环境。班主任进一步打造"担当文化"，合理运用底线思维管住小事，关注细节。班级每天事务都有人负责，落实每一件事，人人有事做，事事有人做，有责任，敢担当。

总之，随着时代发展和学生思维能力的提高，班主任要不断完善班级管理模式。在班级管理中，班主任要健全学生心理，塑造学生健康人格，在班级管理中强化底线思维，以实现高效管理，促进学生全面发展。

（江海平　佛山市顺德区容桂四基初级中学）

高中全寄宿制学校学生宿舍管理的有效途径

高中全寄宿制学校的学生绝大部分都是16—18岁年龄阶段的人，从心理上讲，他们的心智已经初步形成，逐渐学会全面、客观、辩证地看待、分析自己及所见到的事物，有的还能充分地表达自己的意见，是正式迈向成人阶段的起步期，有的甚至开始形成自己的心理品质。

而对于全寄宿制学校而言，德育管理包括学生衣食住行、学习与娱乐、身心健康、个性与能力、道德与修养等，涉及学校工作的方方面面，环节庞大且层次复杂，但宿舍管理是全寄宿学校各项管理不可或缺的重要组成部分，是学生身心健康和学校教育教学工作顺利进行的重要保障。宿舍是学生走出教室后的"第二课堂"，如果说教室是教学生求知的殿堂，那么宿舍则是学校教学生"学会做人，学会做事"的演练场。

因此，全寄宿高中的学生宿舍的管理不但要有制度的管理，还蕴含着有效育人的功能，当然还要有科学的管理方法和人文关怀，让住宿学生清晰地认识到学生宿舍严格管理的必要性和不可替代性。下面结合高中全寄宿制学生特点，运用马克思主义哲学思维，就学生宿舍管理的有效途径进行探讨。

一、树立规则意识和底线思维，明确学生宿舍管理的目标，制定和完善符合学生心理特点的宿舍管理制度

学生宿舍是生活的场所，我们可以通过加强对学生宿舍的管理，培养学生良好的生活习惯。学校宿舍管理就是要为同学们提供安全的、整洁的、良好的生活环境，确保学生们有安静的休息时间，必须要让住宿学生明白学生宿舍管理要求就是三个关键词"安全、安静、洁净"。为此，宿舍管理就需要制定符合实际的相关规章制度。

高中学生已经有比较强的法治意识，在公平、公开、公正的住宿管理制度下，绝大部分住宿学生会自愿接受在这一框架下的管理。因此我们要不断完善管理制度，做到在宿舍管理工作上"有法可依"。管理制度必须向学生明确与安全有关的红线、作息制度以及在常规管理中的纪律和内务卫生要求的量化扣分及停宿条例等。不管是宿管办对学生宿舍的管理还是班级参与学生宿舍的管理都必须依据相关制度执行，做到管理上有法可依。更重要的是在学生宿舍的制

度管理中要突出底线意识，培养学生的红线意识，安全是底线，一旦触碰，将会受到严厉的处置。

全寄宿的学校基本上都是实行全封闭的管理，学生的生活是一种时间性和规律性都很强的集体生活，要求每个学生都必须养成良好的生活习惯，否则就会影响自己和他人的学习与健康。而学生来自不同的家庭，年龄、性别、地域、生活环境等方面的差异会带来许多不同的生活方式，甚至很多不良习惯。针对上述情况，一般学校都会实行半军事化的生活管理制度，在学生起床、晨练、就餐、内务、卫生、就寝、物品摆放等方面都作出严格的规定，每天都要进行检查，没按要求做好的同学要重做，使学生逐步形成较强的时间观念和整齐有序的生活习惯。在抓好按时作息和物品摆放整齐后，进而抓学生的行为规范教育，对学生的言谈举止、礼仪风度、气质素质等方面提出更高要求。通过班会课、讲座、评比、礼仪大赛等形式，让学生形成终身受益的良好习惯，使学生达到懂礼貌、会谦让、讲文明，守时、守规则的育人目标。

二、善于抓住关键和重点，充分发挥学生干部在宿舍管理中的作用，通过学生的自治自理起到事半功倍的作用

学生的自治自理分两个层面，一个是宿舍的层长与舍长，他们是宿管老师的好助手。实际上宿管老师的工作量很大，一般学校的一个宿管老师管理的学生宿舍接近40个，管理的住宿学生往往超过300人。而他们实际的管理时间很短，不管中午还是晚上学生回宿舍后往往不到半小时就要安静休息，然后宿管老师必须在十分钟左右的时间内使学生安静下来休息，如果单纯只由宿管老师做，没有学生的帮助，很难做到。而把层长与舍长调动起来，积极参与其中，则会起到事半功倍的效果。特别是宿舍里发生的事情，舍长一般都会知道，如果发生违纪事件，舍长能在第一时间向宿管老师报告，那就能把坏事尽早控制住，甚至可以把坏事转变为好事！

调动层长与舍长的积极性，要有相应的激励机制，需要及时表彰与加分。如引入竞争激励机制，实行量化管理，每周由宿管老师对层长与舍长的工作进行评分，得分情况不仅跟本人的德育考核和评优挂钩，而且还直接影响本宿舍和班级的评分。通过每个月进行"文明宿舍"和"文明班"的评比活动，培养他们强烈的集体荣誉感、责任感和凝聚力。实施一系列的生活自治自理方案，使学生在学会求知的同时，学会约束，学会自理，提高自身综合素质。

另一个层面就是想方设法提高住宿学生的自我认识，使其认识到好的休息环境可以使学生保持旺盛的学习精力，从而自觉营造安静的休息环境、洁净的生活环境。

三、坚持人本思维和辩证思维，既要做到依规依章严格管理，更需要体现人文关怀，要让住宿生感觉到宿舍是温暖的家

严格科学的宿舍管理有助于培养学生关爱他人的优秀品质。因此宿管老师在执行宿舍管理过程中要制度先行，做到"公平、公正、公开"。在学生出现违规违纪情况时的管理，要允许学生随时过来查证，并耐心做好解析工作，必要时要找违规违纪的学生谈话，指出他的不足，提醒他如何进行改正；当然在管理过程中不仅要有严格的制度管理，更需要宿管老师对住宿学生的人文关怀。如当宿舍出现报修事宜，宿管老师要及时跟进，督促相关人员抓紧时间进行维修，同时在管理过程中，宿管老师要主动与住宿学生沟通，了解他们在宿舍的需要，能做到的要立即做到，不能满足的要做好相关的解释工作；宿管老师更要关注特殊的学生个体，如果有心理、生理疾病的学生，在不引起其他同学关注的情况下关心他们的生活，主动帮助他们解决在宿舍生活中的一些特殊问题。总的来说，要使宿管老师在管理学生的过程中充满人文关怀，先让学生感受到师爱，享受师爱，师生关系融洽，学生亲其师而信其道，把住宿学生当作自己的孩子对待，要有"责尽才心安"的工作态度。

四、运用联系的观点和系统思维统筹推进，创造良好育人环境，充分调动各方面资源，加强学生宿舍管理

学校领导必须高度重视学生宿舍管理，具体管理部门要高度重视学生宿舍的文化建设，营造良好的育人环境，寓教于环境之中。同时，调动年级、班主任参与学生宿舍的管理。在学校里班主任在学生管理工作中起到举足轻重的作用，班主任是负责一个班学生的思想、学习、生活工作的组织者、领导者与倡导者，是学校办学思想在班集体工作中的贯彻者，是学生与科任老师联系的纽带，是学校与家长联系的桥梁，大多数的学生对班主任是言听计从的，所以班主任能主动参与学生宿舍的管理是十分有利于相关工作成效提高的。

例如，可以请班主任利用班会课引导学生认识宿舍是同学们走出"小家"后的"大家"，同千千万万个家庭一样，这里需要和谐、需要温暖、需要快乐，

大家要共同营造一个幸福温馨的环境，自觉维护宿舍纪律，主动承担自己应尽的义务，才能在快乐中生活，在快乐中学习，才能在这个"家"里享受到集体的温暖，接受彼此关怀，感受真情也回报真情，在感受真情中提升自己的道德水平。

此外，还要积极争取住宿学生家长对学生宿舍管理的支持，积极协助学校管理学生宿舍。提高学生的自律意识，家庭教育有着不可替代的作用，有利于全方位提高学生宿舍的管理成效。

在全寄宿学校学生宿舍的管理中，还要树立"安全第一，生命至上，宁可备而不用，不可用而不备"的工作理念与指导思想，始终把安全工作放在首位，确保学生在安全的前提下健康成长。

（陆耀明　佛山市顺德区罗定邦中学）

第七节　哲学思维与学科智慧

地方优秀文化融入思政课教学的哲学思考

新修订的《高中思想政治课程标准》指出："开展社会实践活动，要从学生的成长需要出发，注重通过乡土资源的开发与利用，丰富教学内容，加深学生对社会的认识与理解。"乡土资源内容丰富庞杂，其中地方优秀文化是其重要组成部分，挖掘地方优秀文化的内在价值对丰富思政课教学资源、增强思政课的亲和力具有独特作用。本文将在马克思主义哲学的指引下探寻地方优秀文化（以顺德文化为例）融入思政课教学的有效方法，有助于青年学生增强对本土文化的认同感和归属感，培养自觉传承发展优秀地方文化的责任感和使命感。同时还有助于丰富高中思想政治课的教学内容，创新思政课教学方法，进一步提高思政课立德树人的实效性。

地方优秀文化作为中华文化的重要组成部分，不仅带有中华文化的共性，而且具有明显的地域特色，反映本地的风土人情、历史民俗等，如果能有效融入思政课教学，将会更好地坚定学生的文化自信、传承地方优秀文化和创新思政课教学，以提升学生学科素养。

一、地方优秀文化融入思政课教学需要坚持对立统一思维

矛盾即对立统一，矛盾双方既相互区别、相互排斥，又相互联系、相互依存并在一定条件下相互转化。人们在认识事物、分析矛盾时，要坚持一分为二的观点分析问题，防止认识的片面性与绝对化。文化有精华也有糟粕，地方文化融入思政课教学时必须取其精华去其糟粕，选取优秀文化作为思政课的教学资源。

文化本来就是一个宽泛的概念，不可避免地存在精华和糟粕。顺德文化历史悠久，在发展过程中不可避免包含一些落后腐朽的文化，那么在利用当地文化资源时我们要坚持批判继承、辩证取舍，在寻找其亮点和特色的文化精华的同时坚决抛弃个中不合时宜、愚昧落后的文化糟粕。选取顺德敢闯敢试敢为人先的改革精神、李小龙的"以道释武"的功夫哲学、精益求精和创新求变的饮食文化等这些凸显顺德人低调稳健、精进奋发的文化特质作为教学资源融入思政课，这是我们坚定文化自信的必然要求。在融入思政课的教学中应教育引导学生坚持科学精神，做到有鉴别地对待，有批判地继承，辨明是非，弘扬真善美。如果良莠不分，不加批判地运用，反而会削弱思政课的说服力，在学生中制造困惑与误解，不利于学生科学精神的培养和健康成长。

二、地方优秀文化融入思政课教学需要坚持求实思维

物质决定意识，我们想问题办事情要一切从客观实际出发、实事求是，在实践中按照客观规律办事，反对单凭热情的盲目蛮干。地方优秀文化融入思政课教学时要做到实事求是，注重实效。

地方优秀文化融入思政课教学，必须从教学的实际出发，从学生成长的需要出发，在丰富的文化资源中寻找与教材的契合点、学生的需求点，避免盲目使用和形式主义，更要避免喧宾夺主。地方文化是教学的辅助资源，应该为思政课教学而服务，突出思政课教学的特色与目标，切忌把思政课上成语文课，明确利用文化资源的目的是培养学生的政治学科素养。例如，我们在进行必修4"文化交流与文化交融"教学时，就利用了顺德美食这一文化资源。顺德是世界美食之都、厨师之乡，顺德美食是顺德的文化名片，深受学生欢迎。通过挖掘个中丰富的教学资源，我们以"顺德饮食文化的前世今生"为议题，让学生了

解顺德菜的发展足迹。新中国成立后,尤其是改革开放以来,顺德的美食文化能得到进一步的弘扬与发展,也是通过不断吸取中华各大菜系之精华,广泛借鉴西方美食之所长,不断创新经营模式、创新餐饮原料、创新制作方法而实现的,通过这一例子可以把文化交流与发展的关系和意义讲清楚。只要我们从实际出发,做好调查研究,了解学生对地方文化的兴趣点,架起理论与现实沟通的桥梁,我们的课堂将会更加接地气、更具亲和力,学生的文化自信、文化自豪感也会油然而生。

三、地方优秀文化融入思政课教学需要坚持实践思维

实践是认识的基础,实践是认识的来源、是认识发展的动力、是检验认识真理性的唯一标准、是认识的目的和归宿。我们要坚持实践第一的观点,知行合一,在实践中检验和发展真理,不断推进实践基础上的理论创新。地方优秀文化融入思政课教学要坚持理论性和实践性的统一,要走出课堂、走向社会。

国务院办公厅印发了《关于深化新时代学校思想政治理论课改革创新的若干意见》,提出要"坚持开门办思政课,推动思政课实践教学与学生社会实践活动、志愿服务活动结合,思政小课堂和社会大课堂结合"。利用当地优秀文化资源融入思政课教学不能只停留在课堂内,还应参与社会活动。顺德已经建立起顺德博物馆、顺德香云纱基地、李小龙博物馆、清晖园等多个文化展馆,让学生有了更多与这些优秀文化资源亲密接触的机会。例如,组织学生参观国家级香云纱文化遗产保护基地,了解这一非物质文化遗产的历史发展过程,参与香云纱的制作过程,体验香云纱的染整技艺,既有利于感受劳动人民的勤劳和智慧,也有利于在青少年心中播下传承优秀文化的种子。

地方文化融入思政课要重视实践,也体现在引导青少年注重解决实践中出现的新情况、新问题。例如,以当前某些文化出现传承困难、个别濒临失传的现状作为切入点,引导青少年解决当前文化传承中存在的问题,关注现实,这样做一方面让学生在解决实际问题中更好深化理解理论知识,另一方面也提高了学生运用理论知识解决实际问题的能力,这样更有利于培养学生的学科素养。

四、地方文化融入思政课教学需要坚持正确的价值导向

价值观作为一种社会意识,是社会存在的反映,对社会存在具有反作用。价值观对人们认识和改造世界的活动有重要的导向作用,价值观是人生的重要

向导。在人生道路、工作生活中坚持正确价值观的指引尤为重要。地方文化融入思政课教学，要注重实现价值性和知识性的统一，在讲好地方文化的同时注重正确的价值引导。

习近平总书记在学校思想政治理论课教师座谈会上的讲话指出："思政课重在塑造学生的价值观，这一点必须牢牢抓住。强调思政课的价值性，不是要忽视知识性，而是要通过满足学生对知识的渴求加强价值观教育。"① 价值观是民族文化的核心和灵魂，挖掘地方优秀文化中深层次的价值观是思政课立德树人的应有之义。我们在讲好顺德文化故事的同时应该引导学生树立正确的价值观，从美食文化中感受人与自然的和谐之道、感受精益求精的工匠精神；在顺商文化中感受敢于创新、敢为人先的改革精神；在顺德慈善文化中感受家国情怀和奉献精神；在龙舟文化中感受奋进合作精神等。用好文化故事的题材，挖掘故事中的思想价值，引导学生树立正确的价值观，让顺德文化在思政课上实现情感态度价值观的升华。坚持正确的价值引导对于培养学生的政治认同、坚定文化自信和培养正确的"三观"有重要意义。

地方优秀文化蕴含着丰富的教学资源，只要我们善于运用马克思主义哲学的对立统一思维、求实思维、实践思维和正确的价值导向，就能增强地方优秀文化融入思政课教学的有效性，使我们的教学内容更丰富、教学形式更多样，使思政课教学更具吸引力和亲和力。

（许敏莹　佛山市顺德区罗定邦中学）

强化价值思维 培育历史素养

——以"文化遗产：全人类共同的财富"一课为例

进入 21 世纪以来，越来越多的专家学者和一线教师认为，历史学科教育应该更加强调民族认同、文化尊重，更加注重培养合格的世界公民。这与《中国高考评价体系》中将"核心价值"作为素质教育的主要目标是高度一致的。随着新一轮课程改革的不断深化，历史学科的教育教学需要进一步加强核心价值的培养。价值观作为一种社会意识，是社会存在的反映，对社会存在具有反作

---

① 习近平. 思政课是落实立德树人根本任务的关键课程 [EB/OL]. 新华网，2020-08-31.

用。价值观对人们认识和改造世界的活动有重要的导向作用，价值观是人生的重要向导。赵亚夫教授认为："我们把历史教育作为民族或人类的集体记忆来看待，像一个人的记忆一样重要，它不是可有可无的。我们把历史作为承载着民族和人类的精神财富来看待，像个人有灵魂一样重要，它不是可有可无的。历史教育将记忆的训练与灵魂的洗礼做有机的融合，从而培养人的自信力。"①

培养核心价值离不开价值思维的指导。价值思维是马克思主义哲学的重要思维方式之一，主要是指在现实社会关系和实践活动中，思维者依照主体自身的尺度，选择、对待和评价客体，使客体主体化从而产生价值的运思活动。在历史学科的教育教学中，价值思维无疑是一种重要的理念或方法。强化价值思维，有助于引导学生深入理解历史事物，立足一定的时空，正确使用史料，进行科学解释，形成家国情怀。对学生一生的成长来说，运用价值思维开展教学，有利于通过历史学习，培养他们正确的价值观，面对以后的学习生活和工作，才能作出正确的价值判断与价值选择，在奉献社会中实现和证明自己的人生价值，从而找到人生的真谛，创造幸福人生。

本文以人教版高中历史选择性必修3第15课"文化遗产：全人类共同的财富"为例，充分运用价值思维，选择教材内外的重要内容，设计教学各环节，以达到培养学生核心价值、落实学科核心素养的目的。

一、基于价值思维的教学理念和内容分析

本课时遵循启发引导、小组合作、循序渐进、教学相长的原则，在教学中注重理论联系实际，充分利用历史图片、历史地图、文字材料等教学资源和多媒体教学、合作探究、史料研习、课堂讲授与教材阅读相结合等多种教学方法，形成融教书育人、知识传授、能力培养、素质教育于一体的教学理念。同时，笔者力图在课程设计、教学方法和手段、教学内容、教学评价设计和教学反思等方面强化价值思维，构建适合选择性必修3"文化交流与传播"课程的创新教学体系，培养具有正确世界观、价值观、人生观、历史观的新时代青年学生，以适应当今教育信息化和立德树人的时代潮流。

课文分为三个子目：一是文化遗产的保护与利用，主要介绍各种历史遗迹

---

① 赵亚夫. 历史教育要给国民自信力［M］//齐健，等. 历史教育的价值. 北京：高等教育出版社，2003：序.

构成了全人类的共同财富，历史上也留下了关于文物保护与研究的传统以及中国是如何保护文物古迹的；二是《世界遗产公约》的制定，介绍了该公约的制定及其主要内容，中国加入公约后对文化遗产及非物质文化遗产的保护所取得的成就；三是各国的历史遗迹与文化遗产，列举了古埃及、古希腊、古罗马等国家和地区所留下的丰富多彩的世界文化遗产。

人类历史留存下来大量的文化遗产，保护好文化遗产对传承民族文化、维护文化多样性和创造性具有重要的意义。我们需要引导青年学生站在全人类共同财富的高度，认识世界各国的重要文化遗产，增强青少年一代对世界文化遗产的认知和保护意识，对于培育唯物史观、史料实证、历史解释和家国情怀等历史学科核心素养无不具有重要意义。

二、基于学情制定具有价值思维的教学目标

"教学目标是教师和学生立足于当下基础上的，以具体的教学活动为依托，指向于未来时空的一种结果。"学生对世界文化遗产大都具有感性的认知，至少在国内见过或听说过多处文化遗产。经过对初中历史和必修教材《中外历史纲要》的学习，结合所见所闻，学生对"文化遗产"具备了初步的了解。这对本课时的学习具有一定的帮助。有鉴于此，笔者制定教学目标如下：

通过文字、图片等资料了解保护文化遗产的必要性（史料实证）；通过阅读教材，了解世界各国保护和研究文物的传统；认识中国从晚清到民国再到新中国，对文物保护工作的逐步重视（时空观念）；通过小组合作和探究，培养传承和保护文化遗产的责任感和使命感（历史解释、家国情怀）；通过史料阅读与课堂探究、了解世界文化遗产的分类、申报以及保护意义，中国对保护文化遗产所做出的贡献，增强保护文化遗产的责任感和使命感（家国情怀）。

三、从价值思维的视角分析教学重难点

本课时的教学重点是文化遗产保护的重要性。人类历史留存下来大量的文化遗产，保护好文化遗产对传承民族文化、维护文化多样性和创造性具有重要的意义。学习好这一重点的内容，有助于青年学生树立保护文化遗产的意识和历史责任感。

本课时的教学难点是文化遗产保护的原则、意义。通过深度理解这些原则的形成背景，有助于引导青年学生站在全人类共同财富的高度，认识世界各国

的重要文化遗产，对于培育青年学生的唯物史观、史料实证、历史解释和家国情怀等历史学科核心素养无不具有重要意义。

四、基于价值思维重新设计教学设计

本课时设计分为三个部分：共同财富——责任与担当；遗产公约——分类与申报；集思广益——传承与保护。旨在帮助学生了解世界各国的文化遗产是全人类的共同财富，每一个人有责任对其进行保护；《世界遗产公约》对文化遗产进行分类，并积极倡导人们对纳入遗产名录的世界遗产加以重点保护；第三部分"集思广益"的开放式讨论环节有助于激发青年学生对文化遗产的认识，并借此培养他们的思辨能力与历史解释能力，对培养他们的家国情怀也具有促进作用。

笔者在教材列举文化遗产图文资料的基础上，将重点引导学生概括专有名词的含义，帮助学生理解保护文化遗产的重大意义，同时通过小组讨论的方式促使学生深入思考制定《世界遗产公约》的历史意义，认识中国为传承和保护文化遗产所做的努力和贡献，培养学生传承和保护文化遗产的责任感和使命感，为总结本册教材的学习提供路径。

五、在教学过程中体现价值思维

（一）导入新课

铺垫：2019年4月16日，一条新闻在朋友圈刷屏——巴黎圣母院突然遭遇大火，受损严重。无论是在现场的群众还是网友都非常震惊，很多人都说，自己还没有亲眼见过，对这一文化遗产的损毁表示哀悼。

过渡：但与此同时，网络上也出现了一些另类的声音。一些网友在得知巴黎圣母院起火时提到了圆明园，认为被英法联军焚毁的圆明园，比巴黎圣母院珍贵多了，将这形容为"天道轮回"。

提问：巴黎圣母院遭遇大火为什么引起广泛关注？对于网友的不同看法，你持什么立场呢？

预设：巴黎圣母院是人类伟大的文化遗产之一。它的被毁不只是法国的损失，也是人类的损失。我们不能因为历史上的火烧圆明园来而对巴黎圣母院被毁这件事感到心情舒畅。同样，圆明园的被毁不只是中国人民的悲哀，也是人类的悲哀。

追问：那么，巴黎圣母院为什么被称为人类历史上的伟大"文化遗产"呢？我们怎样才能更好地保护好这些文化遗产呢？

预设：文化遗产是历史留给人类的宝贵财富。从存在形态上分为物质文化遗产（有形文化遗产）和非物质文化遗产（无形文化遗产）。文化遗产是具有历史、艺术和科学价值的文物；非物质文化遗产是指各种以非物质形态存在的、与群众生活密切相关且世代相承的传统文化。

关于如何保护文化遗产，将在以下的新课教学过程中体现。

设计意图：通过热点新闻的导入，设计冲突性的问题，引发学生的讨论，引导学生迅速进入上课状态。通过对巴黎圣母院的关注和讨论，引导学生认识到文化遗产是人类共同的财富，落实立德树人的任务，培养学生历史解释的能力。通过继续追问，顺利导入本课时的学习。

（二）新课教学

1. 共同财富——责任与担当

阅读教材第一子目（也可参考第二子目），回答以下问题。

【课堂提问】

为什么要保护文化遗产，有哪些传统的保护方式？

预设答案：

原因：（1）文化遗产是人类历史文化的载体；对传承民族文化、维护文化的多样性和创造性具有重要意义；是历史、文化、民俗、宗教和民族学研究的重要资源。（2）年久腐变，自然破坏（如开封古城，由于黄河的泛滥，已被掩埋在地下；现在的开封城建于 1843 年）；社会经济发展，环境恶化，人为破坏（如北京圆明园，1860 年因战争被英法联军焚毁；当今城市的扩建拆除等）。

保护方式：（1）收藏保管；（2）分类研究

2. 遗产公约——分类与申报

【核心概念】世界遗产

世界遗产是指被联合国教科文组织和世界遗产委员会确认的人类罕见的、目前无法替代的财富，是全人类公认的具有突出意义和普遍价值的文物古迹及自然景观，其基本特征是稀缺性、不可替代性、杰出性、多样性。世界遗产包括文化遗产、自然遗产、文化与自然遗产和文化景观四类。1972 年 11 月 16 日，联合国教科文组织大会第 17 届会议在巴黎通过了《保护世界文化和自然遗产公约》。

阅读教材第二子目，回答以下问题。

【课堂提问】

《世界遗产公约》的制定及意义是什么？

预设答案：基于保护人类共同财富的需要，联合国教科文组织于1972年通过了《世界遗产公约》，这对有效保护人类文化遗产和自然遗产具有重大意义。

【课堂提问】

世界各国"申遗"概况如何？

预设答案：截至2016年3月，共有191个国家和地区加入了该公约。截至2018年7月，列入的遗产地数量达到1092处，分布在167个国家和地区。

【课堂提问】

世界遗产分类及意义是什么？

预设答案：《世界遗产公约》确定了文化遗产、自然遗产、文化与自然双重遗产的三种类型。"人类口头和非物质遗产"概念提出后，联合国教科文组织又通过了《保护非物质文化遗产公约》。这对传承民族文化、维护文化多样性和创造性有着重要意义。

我国高度重视物质文化遗产和非物质文化遗产的保护。通过申遗，保护遗产、传承文化的理念逐渐深入人心。

3. 集思广益——传承与保护

经过前面两个子目的学习交流，学生对世界文化遗产及其保护有了新的认知，也对如何加强传承与保护有了一定的思考。

【课堂提问】

列举世界各国著名的历史遗迹与文化遗产。

预设答案：

古代埃及：孟菲斯及其墓地和金字塔、阿布辛拜勒神庙。古希腊罗马：雅典卫城、古罗马城。意大利：佛罗伦萨历史中心。中国：长城、秦始皇陵兵马俑、布达拉宫、明清宫殿和陵墓、昆曲、中国古城和古村落等。（PPT展示相应图片）

【课堂提问】

在传承与保护世界众多且珍贵的各类文化遗产方面，请梳理国际社会和中国的主要做法，并提出你的建议。

预设答案：

做法：国际社会主要采取缔结公约的形式；中国采取制定法律法规的形式；

都重视保护文化遗产方面的宣传和教育。

建议：加强学校和博物馆等部门的联动，对青少年一代从小进行宣传教育；多出文创作品，通过扩大宣传，增强人们的文化遗产保护意识……

（三）课堂小结

通过本课时及本单元的学习和交流，我们都有了这样一个认识：世界文化遗产是人类的共同财富！它们需要我们共同传承与保护，这是我们义不容辞的责任与担当！

中国加入《世界遗产公约》以来，积极整理、保护和申报各项各类文化遗产和自然遗产，对推动世界文化遗产保护工作做出了重要贡献。

在 21 世纪的今天，我们每一个人都有权利也有义务继续传承和保护所有的文化遗产。这既需要我们集思广益，又要我们不断开阔视野，用智慧和行动真正热爱每一份世界文化遗产！

六、从教学效果反思价值思维对于历史素养的培育

从价值思维的角度，笔者把本课时的主题概括为"保护世界文化遗产，构建人类命运共同体"。本课时从学情出发，适时拓展了深受学生喜闻乐见的史料，通过三部分内容的课堂讨论、探究与交流，学生们在一定程度上能够生成历史意识，站在历史长河中，既回望过去，又珍惜当下，还能增强世界意识和人类命运共同体意识。这在一定意义上也培养了学生的唯物史观和家国情怀，培养了学生的历史责任感和使命感，增强了其对大历史的敬畏感。

在大历史视野下，引导青少年学生学会对文明的尊重，形成对不同文明的科学判断，用全球化的眼光认识文明的交融与独特的个性。

相比知识传授、方法讲解和能力提升，基于价值思维的历史学科教育教学的任务更艰巨，时间周期更长，效果更易受社会大环境与家庭小环境影响而呈现出不同的变化。一般认为，历史价值观教育是系统的、复杂的。就其系统性而言，历史价值观教育是全面提升人文素养的核心要素，涵盖范围广，涉及内容多；复杂性则主要是指基于影响历史价值观教育有效性的因素是多方面的。因此，以"文化遗产：全人类共同的财富"一课为例的思维价值教学仅仅是抛砖引玉，因为真正切实的历史价值观教育不能简单利用某节课或某项课题完成，需要我们一线教师长期的坚守与浸润。

（张欢 佛山市顺德区罗定邦中学）

哲学思维引领的高中地理"水循环"教学策略

2020 年，教育部考试中心研制的《中国高考评价体系》正式出版发行，该体系是深化新时代高考内容改革的理论支撑和实践指南。在此背景下，地理考试已由原来的知识立意升级到核心素养立意，从知识考查转变到核心素养考查，如何在"新课标、新高考"的教育改革下，培养学生合理运用科学的思维方式和方法，高质量地认识问题、分析问题、解决问题，是广大一线教师关心的热点问题。马克思主义哲学是一门智慧的学问，是科学的世界观和方法论，是指导人们认识世界和改造世界的强大思想武器。地理学研究人类赖以生存和发展的自然地理环境和社会人文环境，其学科特征、研究对象、研究方法等方面与马克思主义哲学关注的对象、世界观及方法论有很强的一致性。因此，本文从马克思主义哲学思维的角度，以高中地理核心知识"水循环"为根本，以不同情境下的区域认知为背景，探究高中地理教学新途径，以期使哲学原理与地理核心素养相互渗透、相互融合，更好地提升学生的地理学科综合品质。

一、实践是认识的基础，济南泉水见证着水循环的来龙去脉

认识运动的基本规律表现为：人的认知是在实践基础上从感性认识到理性认识，再从理性认识到实践的两次飞跃过程。2021 年广东高考地理试题注重对学生自然地理原理过程的考查，死记硬背原理结论不再符合新时代的高考要求，这也是很多学生学习地理的薄弱点。因此，本文以山东趵突泉的来龙去脉为主线，按照"感知现象—归纳原理—指导实践"的认知规律，帮助学生自我建构水循环原理过程。

（一）情境呈现

材料一：济南城内百泉争涌，分布着久负盛名的趵突泉、黑虎泉、五龙潭、珍珠泉四大泉群，享有"七十二名泉"之美称。济南泉水数量之多在中国城市之中可谓罕见，截至 2011 年 8 月 23 日，济南市普查共发现泉水 800 余处。随着社会经济的发展，人们对泉水的开发利用经历了多阶段的变化，由过渡开采地下水导致泉水停喷，到目前济南市提出了海绵城市建设等一系列保护政策。

问题 1：探究济南泉水的形成过程。

（二）案例分析

本案例以山东济南为区域载体，展现济南城市"四面荷花三面柳，一城山色半城湖"的真实情境，引导学生通过查阅济南区域图和互联网等方式，总结出泉水的来源是大气降水，再通过教师介绍济南市的地形地势、岩石类型等信息，启发学生思考降水如何转换成泉水，中间经历了哪些环节。明确了泉水的来源后，继而追问全年不停喷的泉水最终流向哪里，最后让学生自主构建水循环示意图，形成对水循环过程、环节和类型等问题的深刻认识。整个过程学生从客观事实转化为科学认知，实现从感性认识向理性认识的飞跃，体会人类行为对水循环过程的影响，增强学生保泉护泉意识，培养正确的人地协调观。

二、发挥主观能动性必须以尊重客观规律为前提，古老的哈尼梯田述说着人地相处智慧

规律的客观性与主观能动性的关系表现为，规律是客观存在的，不以人的意志为转移，但人可以发挥主观能动性去认识并利用规律，最终达到改善生活、改造客观世界、实现人地协调的目的。本案例主要说明云南元阳人民顺应水循环自然规律，形成"森林—村寨—梯田—河流"的垂直景观，不但重视对森林的保护，还利用雨水实现自然施肥，被列入世界遗产名录，实现人地协调发展的良性循环模式。通过对本案例的分析，提升学生学以致用、认识尊重自然规律、发挥主观能动性因地制宜的综合品质。

（一）情境呈现

材料二：云南元阳哈尼梯田主要种植水稻，总面积约 6.7 万公顷，全部镶嵌在海拔 600~2000 米的山坡上，具有"森林—村寨—梯田—河流"的垂直景观结构，2013 年被列入世界遗产名录，吸引了许多国内外游客。当地的生产生活顺应自然规律，重视对森林的保护，仅允许在人工林放牧及间伐取材（对过密的林木进行疏化采伐，并留下一定高度的带芽树桩）；同时梯田常年泡水且利用雨季雨水冲洗地养分入田，实现自然施肥。

问题 2：阐述水田参与的水循环过程，并分析当地雨季施肥的自然原因。

（二）案例分析

本案例以云南元阳哈尼族人民的生活情境为载体，要求学生立足客观原理，分析水田参与的水循环过程。学生根据材料信息获得"梯田常年泡水"，结合当地的区域认知及文字信息"哈尼梯田全部镶嵌在 600～2000 米的山坡上",得知水田在整个水循环过程中提供了大量的水分蒸发,受地形影响沿山坡上升,为下一个环节降水提供了条件。当学生完成运用原理解释真实情境雨季施肥的自然原因时,更加能够体会人地关系协调发展的智慧和重要性,加深了可持续性发展理念。

三、事物的联系有普遍性和客观性,扎龙湿地的形成离不开其他要素的存在

世界是一个普遍联系的有机整体,任何事物都与周围的其他事物有着这样或那样的联系,事物的联系具有普遍性和客观性。事物不是孤立存在的,水循环原理与自然地理环境中的其他各要素、各圈层之间通过各种方式相互联系、相互影响,并具有统一的演化过程,即自然环境的整体性特点,这与哲学中联系的普遍性原理具有一致性。本案例以 2018 年全国 I 卷扎龙湿地为例,结合图文材料推测湿地形成与其他地理要素(地形、气候)的关系。

(一)情境呈现

材料三:乌裕尔河原为嫩江的支流。受嫩江西移、泥沙沉积等因素的影响,乌裕尔河下游排水受阻,成为内流河。河水泛滥,最终形成面积相对稳定的扎龙湿地(见图1)。扎龙湿地面积广大,积水较浅。

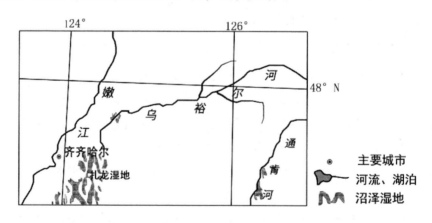

图 1

问题3:河流排水受阻常形成堰塞湖,乌裕尔河排水受阻却形成沼泽湿地。据此推测扎龙湿地的地貌、气候特点。

（二）案例分析

自然地理要素在环境中并非孤立存在的，而是相互影响、相互联系、相互制约的。本案例以扎龙湿地作为情境，要求学生结合图文资料，运用普遍联系的观点，根据已知信息推测与之相关的其他要素地貌和气候特点。教学中呈现出堰塞湖和沼泽湿地照片，对比湖盆和湿地地形，使学生体会两种地理事物的区别，进一步加深对材料中"扎龙湿地面积广大，积水较浅"的理解，由此推测出湿地地形平坦开阔。乌裕尔河排水受阻，本应形成堰塞湖，却形成了积水较浅的湿地，根据水量的变化，启发学生用整体性视角和联系观点推测水量变少的气候原因，提升学生从局部发现问题、从整体分析问题和解决问题的能力。

四、具体问题具体分析是正确解决矛盾的关键，里海的前世今生讲述着自然环境的变化

矛盾着的事物及其每一个侧面各有其特点，它要求我们坚持具体问题具体分析原则，即在矛盾普遍性原理的指导下，具体分析矛盾的特殊性，并找出解决矛盾的正确方法，不能千篇一律按照套用模板的方法解决不同事物的矛盾。不同的矛盾在事物发展过程中的地位和作用不同，其中主要矛盾在事物发展过程中处于支配地位，对事物发展起着决定作用。本案例通过里海盐度不同时期的变化，旨在帮助学生理解矛盾的特殊性，并能用动态发展的眼光看待不同时期的主要矛盾。

（一）情境呈现

材料四：随着非洲板块及印度洋板块北移，地中海不断萎缩，里海从地中海分离。有学者研究表明，末次冰期晚期气候转暖，里海一度为淡水湖。当气候进一步转暖，里海北方的大陆冰川大幅消退后，其补给类型发生变化，里海演变为咸水湖，但目前湖水盐度远小于地中海的盐度。图 2 示意里海所在区域的自然地理环境。

问题 4：末次冰期晚期里海一度为淡水湖。对此作出合理解释。

问题 5：分析补给类型发生变化后里海演变为咸水湖的原因。

（二）案例分析

本案例先让学生列举出影响湖泊盐度的一般因素（降水量、蒸发量、径流量、输盐量等），再引导学生具体问题具体分析，根据不同时期的主要矛盾，分

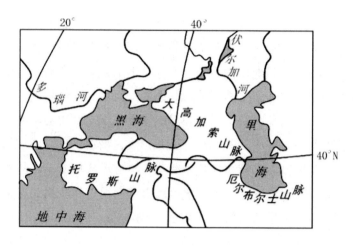

图2

析里海由淡水湖变为咸水湖的过程，从而达到对一般规律的灵活运用。学生通过阅读材料，总结两个时期的气候特点，对比分析气候从"转暖"到"进一步转暖"的变化过程中，湖泊的水量平衡关系从原来的"冰川融水补给大于蒸发"发展到"蒸发大于冰川融水补给"，再结合湖泊的形态分析盐度变化。通过设问对比，旨在培养学生用发展变化的眼光看待地理事象变化，明白地理现象既遵循普遍规律，又有其特殊性所在，提高学生具体情况具体分析的能力。

哲学是一门充满智慧的学问。在高中地理教学中，把马克思主义哲学原理与地理核心主干知识"水循环"案例教学进行融合，启发学生从马克思主义哲学思维的角度对地理原理进行思辨性、溯源性的分析，同时又从地理视角理解科学的世界观和方法论，从而有效提升地理学科核心素养，对高中地理教学具有许多有益的启示。

（李道娟　佛山市顺德区罗定邦中学）

基于哲学思维的高中生物学实验教学探索
——以室外种群密度调查实验为例

《普通高中生物学课程标准（2017年版）》提出从生命观念、科学思维、科学探究、社会责任等方面发展学生的生物学核心素养，《中国高考评价体系》

则将素质教育目标凝练为"核心价值、学科素养、关键能力、必备知识",其中的核心价值包括了"世界观和方法论"。哲学是系统化、理论化的世界观和方法论,世界观中包括了生命观念,方法论则囊括了科学探究、科学思维。因此,运用哲学思维指导生物学教学正是发展生物学核心素养、落实立德树人的必然要求。

实践是认识的来源,更是认识发展的动力。著名教育家陶行知提倡"教学做合一",尤其注重"做"在教学中的作用,认为要在做上教、做上学。生物学是一门以实验为基础的自然科学,实验教学是生物学教学中"教、学、做合一"的重要阵地。真实地做实验,才能发现真正的问题,推动科学认知的发展,进而调动科学思维,开展科学探究去解决问题,最终将生物学科核心素养落到实处。抽样方法调查种群密度实验是人教版高中生物学必修三的一个室外调查实验,笔者基于哲学中的实践思维,带领学生在校内开展车前草的种群密度调查,发现问题后基于求实思维予以解决并反思,在一定程度上培育了学生的生命观念、科学思维、科学探究等学科核心素养。

一、实验安全问题及解决

(一) 现象及原因分析

实验时不少同学穿短袖短裤,饱受蚊虫叮咬的折磨导致调查效率低下。还有几个同学在调查时发现了蜥蜴,便围追堵截企图捉住它,但被老师及时制止。再回想实验之初,各小组虽然提前观察了场地,大体确定了调查方法,但并没有进行安全分析,教师在实验开始前也只是简单强调了一下要大家要注意安全……这些现象都源于我们的室外实验安全教育十分薄弱。究其原因如下:第一,师生安全意识淡薄。人教版高中生物教材中明确提出:"来到调查地点后,先大致观察一下地形,分析有没有安全隐患,提出安全注意事项。"大多数同学对此视而不见,即使有部分学生看到了也觉得这不是实验的重点,所以并未引起足够的重视。由于调查地点在校内的两栋教学楼之间,身边熟悉的环境也未能引起教师足够的安全重视。第二,缺乏室外实验安全知识的学习和实践。高中生物实验大多在实验室内进行,室外实验较少。笔者在近几年的听课中发现,不少学校并未开展本实验或者变更实验的方式,例如,在教室内利用绿豆或纸上的圆点代替植株模拟实际调查。学生缺少亲身实践机会,室外安全知识的学习更无从谈起。第三,教材中的提示过于笼统,只是大致提醒学生注意安全,具体从哪些方面落实，学生并不清楚。

（二）解决措施

1. 重视教材中的安全提示，根据学情将实验安全教育纳入教学目标

《普通高中生物学课程标准（2017年版）》在加强和完善生物学实验教学的实施建议中明确提出："要注意实验安全教育""教师应强化安全教育，增强学生自我保护意识。"这一主张本身就体现了生命观念和科学思维的学科核心素养要求，也与哲学中的人本思维和统筹兼顾思维高度一致。人教版教材中的安全提示虽缺乏细致的安全警示符号，但依然是提醒我们关注实验安全的有效信号。师生应摒弃实验课中更多关注动手能力或实验结果而忽视了实验安全的观念，仔细研读教材，留意这些提示才能防患于未然。此外，针对室外实验安全教育薄弱的现状，课程的教学目标可制定为"通过取样方法实地调查种群密度，培养实验安全意识，初步掌握室外实验的安全防护措施。"根据学情将实验安全纳入教学目标可引起师生的共同重视，明确教学方向。

2. 实验过程中落实安全教育

实验前组建安全调查小组，进行安全评估。首先，每个实验小组选定一位安全小组长，由他们和教师组建本次实验的安全保障小组，负责本次实验安全方面的调查、培训、防护、简单救助等工作。实验安全重在预防，因此前期的调查评估尤为重要。本实验中地形、地貌、天气、生物多样性等均可能存在安全隐患，这些需要现场仔细的排查并填写安全评估单。其中，动物方面的安全隐患有蚊子多，有小昆虫如蚱蜢、蝴蝶等；主要植物种类及安全隐患有鸡蛋花树、大王椰树、杨桃树、蒲公英、车前草等，杨桃树可能被喷洒过农药；主要微生物包括树下的蘑菇以及土壤中的细菌、真菌、放线菌等；另外，中间的水龙头处有较多水，易滑倒。其次，依据评估单查阅资料，讨论并制定本次实验的安全防护建议：第一，本实验不要穿凉鞋或拖鞋，穿长衣长裤可以防蚊虫叮咬。第二，有些植物有刺，请留意；不要沾染植物的汁液，如果沾染请迅速用清水冲洗；对花粉过敏的同学应佩戴口罩及手套、护目镜。第三警惕草丛及土壤中的小动物，对陌生动物应保持镇定，不要刺激它们。第四，不要采摘不熟悉的植物或真菌，不吃任何在室外找到的东西。第五，如有意外发生，及时报告老师。第六，实验结束时应彻底清洗双手。最后，由每个安全小组长进行组内安全培训。实验过程中小组长负责指导、监督的职责，出现问题不要贸然处理，应先及时报告老师；教师则要关注整体，对危险行为及时制止，对出现的

意外情况能进行恰当的救助。实验结束后需进行安全总结，先进行组内讨论、自评，然后在班级内分享本次实验在安全方面的优点与不足，集思广益，提升师生的实验安全素养。

二、取样方法的疑惑及解决

（一）疑惑及起因

教材中谈到取样的关键是做到随机取样，不能掺入主观因素，且介绍了常用的取样方法有五点取样法和等距取样法。有学生提出"为什么用这两种取样方法？能否像抽签一样随机抽样？它和本节的五点取样法和随机取样法有什么不同？"这是对抽样的原理以及抽样方法缺乏理解的表现。问题的起因是学生在人教版数学教材必修三中了解到多种取样方法，而本次实验恰好也是关于取样调查，学科间知识的碰撞产生了此问题。

（二）解决及拓展

根据唯物辩证法，矛盾的普遍性寓于特殊性之中，并通过特殊性表现出来，没有特殊性就没有普遍性。同时，特殊性也离不开普遍性，不包含普遍性的事物是没有的。基于这种共性与个性相统一的思维，我们认为，样本是按照一定规则从总体中抽取的一部分个体，对其进行研究可推断总体。因此样本要具有充分的代表性、准确性和完整性。为了避免主观因素给实验结果带来误差，造成结果虚假和不稳定，取样时常采用随机取样法。随机抽样法就是调查对象总体中每个部分都有同等被抽中的可能，是一种完全依照机会均等的原则进行的抽样调查。随机抽样的基本形式主要有简单随机抽样、系统抽样、分层抽样和整群抽样等。如果采用简单随机抽样法需对调查区域进行所有样方的划定，然后对其编号，将号签放在容器内搅匀后进行抽取，随后统计抽取到的样方内植株的数量。如果调查区域不大则适合，当总体过大时，则不易实行。这时，可将总体分成均衡的几个部分，然后按照预先定出的规则，从每一部分抽取所需要的样本即为系统抽样。

五点取样法和等距取样法隶属于系统抽样，对于初学者能利用该方法迅速地开展调查，但并非适用于任何调查对象，例如，当总体是由差异比较明显的几部分组成时则应采用分层抽样法。应在实验前进行实地初步观察，对总体情况进行了解后再设计抽样方法。教师结合学生在数学中所学的简单随机取样、分层取样等方法，适当地进行拓展可实现学科间的交叉融合，激发学生学以致用的兴趣，同时将实验研究引向深处。

三、数据分析的疑惑及释疑

在统计边界上的植株时，有部分学生将其计数为 0.5 株；在数据整理过程中有学生舍去最大值、最小值然后求平均值；还有部分学生认为平均值应该四舍五入成一个整数，而不应含有小数。这些现象反映出学生欠缺数据分类、数据分析等知识。

用计数方式得到的数量性状资料称为计数资料。在这类资料中，它的各个观测值只能以整数表示，在两个相邻整数间不得有任何带小数的数值出现。如猪的窝产仔数、鱼的尾数等，这些观测值只能以整数来表示。我们实验的调查对象为车前草，每一株均是独立的生命个体，它的数量应为整数，不能因为其在调查的边界上而取其数量为 0.5。教师可介绍统计学相关的知识，并明确边界上植株应统计相邻两边及其夹角上的植株数量。通过计数得到样方内车前草的数量，这属于原始数据资料。而通过对多个样方数据求平均值得到的数据属于次级数据资料，此时不一定为整数，因此样方种群密度的平均值可以含小数。

一个极端数据是否为真的异常值，需要对其进行来源分析。首先检查采集过程中是否有错误或异常，如记录、测量、计算时因工作粗心大意造成的，则对该数据进行修正或舍弃。其次检查样方内的个体是否真的与众不同，这种异常很可能是由于个体本身在生物学上与其他个体有差异造成的，可能具有重要生物学意义，应该将该数据保留下来。因此，不能随便舍去最大值、最小值。学生出现舍去的行为主要来源于生活经验，如有些比赛类的电视节目，其主要目的是为了减小人为因素对数据的影响，不属于科学统计。此问题的解决既可提升学生科学探究的能力，又能掌握社会中的一般做法与科学研究的区别，有利于提升学生对科学本质的认识。

四、教学反思

（一）真实情境中的实践更能引发新的认识

真实情境会激发学生的情意，从而产生强烈的学习动机和欲望，进而开展实践形成新的认识。高中生进行室外调查的实验屈指可数，本实验调查地点在室外、在身边，调查对象可能曾被踩在脚下，对自然的近距离探索能激发起学生浓厚的兴趣。学生除调查了车前草的种群密度，还自发地对蒲公英等植物展开调查；有的小组同学为了使实验数据更精确，利用课外时间进行更多样的调查；在调查中有学生还发现了叶子背后的蚜虫、草丛旁的苔藓，他们兴高采烈地进行观察、讨论如何调查这些生物的种群密度。调查时学生注意力集中、积极讨论、不厌其烦，这正是他们形成科学思维和科学探究能力的集中表现，为进一步深入学习和思考打下了坚实的基础。

（二）问题发现及解决有助于发展生物学核心素养

求实思维的要义是一切从客观实际出发、实事求是。罗杰斯认为最有效的学习方法就是让学生体验到自己面临的实际问题。以学生为中心，开展真实的实验才能发现真正的问题。局限于模拟实验或者照本宣科式的抽象讲解，学生和教师缺少身临其境的体验，也就失去了问题生发的土壤。试想用一捧绿豆进行模拟实验，是很难发现学生在实验安全方面的问题，也不会收获关于蚜虫种群密度该如何调查等问题的。没有问题，思维难以起步，科学探究能力、生命观念以及社会责任这些生物学核心素养如何培养？

通往知识、思维、能力、观念、责任的道路中，问题发现及解决是一条风景秀丽的路径。当学习者在解决一个现实问题的过程中，往往需要知识的迁移应用，经历提出假说—设计方案—验证假说的探究过程，需要开展批判性思维、创造性思维等科学思维，综合应用多种素养才能解决问题。本实验中针对数据的分析，摒弃错误的去除最大值和最小值再求平均值的做法，对待特殊值要查明其来源再做处理，这种尊重事实、严谨和务实的求知态度，有利于科学思维的形成。针对实验暴露出的安全问题，师生发现问题后创造性地通过教学目标的改变、实验安全方案的设计及实施，提出应对的防护建议，培养学生基于生物学认识，做出理性的判断进而解决实验中的安全问题，有助于培养学生的社会责任感，也有利于师生关注生命安全。利用数学与生物相关知识的融合对实验进行拓展，打破学科间僵化的边界，强化知识的整体意识，养成跨学科思考问题的习惯，有利于学生理解科学的本质、科学的思想方法和跨学科的概念和过程，培养学生知识综合能力。此外，通过实地尝试多种取样方法，针对提出的假说开展探究进行验证，解决问题且有助于科学探究素养的养成。

运用实践思维、求实思维、统筹兼顾、个性与共性相统一等哲学思维，积极开展生物学实验教学，有效组织探究式学习，从发现问题到逐步解决问题，积跬步以致千里，有助于生物学学科核心素养的养成。

（邹德乐 佛山市顺德区罗定邦中学）

借助"四四"法则提升群文阅读教学实效

——以高中语文随笔单元群文项目式阅读为例

高中语文群文阅读教学，依托马克思主义哲学的人本思维，遵循学生认知规律，针对学生的阅读情况，借助项目式学习和"四四"法则，利用各种资源，开展形式多样的阅读形式，让学生在项目驱动中阅读，解决实践中的问题，引领学生深度阅读，使学生在感受体验中进行知识建构，高效群文阅读教学，培养学生的高阶思维，提升阅读教学品质和核心素养。这里的"四四"法则，第一个"四"指学情分析、课标解读、高考评价体系解读、单元目标解读；第二个"四"指项目驱动、情感体验、合作探究、思维创生。

一、依托课前"四"式法，有效群文阅读教学

（一）学情分析

高一学生已有一定的审美鉴赏能力，形成了围桌阅读的习惯，阅读过程中学生能合作交流分享，但学生应用、审美与探究能力还比较薄弱，阅读速度慢，阅读后缺少主动思考的意识，研究能力不强，发现问题、分析问题、解决问题的能力还须强化。特别是群文阅读，比较分析能力欠缺，或面面俱到，或只就一篇文章大谈特谈，重点不突出，没有群文的任务意识，很难结合三篇文章就其中相关联的问题进行多角度分析论证，来体现思考的智慧。老师要对阅读作品精准设置阅读项目，有效引导学生进行阅读项目策划，让学生学会分配阅读任务，对阅读项目进行策划，采用 WHWM 思考法对阅读进行深度研读，和同学交流研讨探究，分享阅读研究成果，提升思维品质和学科素养。

（二）新课标解读

《普通高中语文课程标准》指出："通过阅读与鉴赏等语文实践，学会语文运用的方法，有效地提高语文能力，在学习过程中促进方法习惯及情感、态度与价值观的综合发展。""老师的主要任务是提出专题学习目标，组织学习活动，引导学生深入思考、讨论和交流。""老师应提供阅读策略指导，适时组织经验

分享和成果交流活动。""促进思维能力和发展与思维品质的提升，提高审美素养，培养自觉的审美意识和高尚的审美情趣，培养审美感知和创造表现的能力。""要有足够的课时保证学生独立自主阅读，设计促进学生个性化体验的阅读活动。"新课标明确指出，通过活动引导学生思考、交流，通过专题学习，促进学生思维、探究，通过阅读与鉴赏实践，促进学生方法、习惯、情感、态度、价值观的综合发展。

（三）高考评价体系解读

《中国高考评价体系》特别强调核心价值、学科素养。"核心价值，是在语文学科中起着价值引领作用的思想观念体系，是其在面对现实的问题情境时应当表现出的正确的情感态度和价值观的综合。""核心价值包含政治立场和思想观念、世界观和方法论、道德品质和综合素质。""学科素养是指即将进入高等学校的学习者在面对生活实践或学习探索问题情境时，能够在正确的思想价值观念指导下，合理运用科学的思维方法，有效整合学科相关知识，运用学科相关能力，高质量地认识问题、分析问题、解决问题的综合品质。""学科素养包括学习掌握、实践探索、思维方法。"

（四）教学单元解读

随笔单元设置了三篇课文，这三篇文章都是思想内涵丰富，思路清晰、有深度的文章，能令人深思，使人清醒，给人正能量，传达正道，感受积极向上的力量。阅读本单元作品，可以感受到文章透露出的独特的思路、严谨的思维和奇巧的阐述观点的角度，根本之道在于体现语文核心素养和学科素养，培养、提高学生的语言与思维能力，以期在更广阔的视野中合理探究，在真实情景中有效解决，实现"立德树人"和提高文化素养的目标，发挥优秀文化浸润功能，培养学生的品德修养和思维品质。

本单元阅读目标是培养学生的应用、审美和探究的能力。从文体的角度来说，本单元是杂文、随笔。杂文是文艺性的社会评论，属议论类，有议论特性，重在说理，语言犀利；随笔也有很多说理的成分，针对生活、人生现象，上升到哲理层面进行阐述。通过本单元的学习，培养学生的议论能力、阐发观点的能力、分析论证的能力和归纳整合的能力。从审美的角度说，本单元三篇文章都具有文学性、形象性，语言都具有哲理美、朴素美。通过赏读语言，深入解读文章的丰富内涵，可以更好地培养学生的美感，提高审美能力。从探究的角度说，本单元三篇文章阐述了文化、社会、人生问题，这些问题都是与学生密切相关的。学生带着生活、生命体验赏读，与作者对话、沟通，分析、评判，进一步提升学生发现问题、分析问题和解决问题的能力，培养研究能力，提升学生的思维能力。

《拿来主义》用驳论的方式阐述对文化遗产和外来的东西要占有、挑选、创新；《父母与孩子之间的爱》用横纵交织的方式，通过感受父母给孩子的爱，让孩子懂得怎样成为一个成熟的人；《热爱生命》用对比的方式，阐述热爱生命就是要热爱生活，拓宽生活的宽度，增加生活的分量；《人是一根能思想的苇草》运用比喻的方式，阐明人很脆弱，但人拥有思想就能控制宇宙的哲理；《信条》运用朴素的方式，阐述做事要认真，做人要遵守规则，确立良好的人生态度和健康人格的观点。

二、依托课中"四"式法，助力群文阅读研究

课前教师对单元群文设置群文阅读项目，确立单元阅读主题，给小组分配项目，小组全体组员策划项目，组长从阅读项目中分配好阅读任务，组员积极参与自主赏读，或围桌阅读，用思维导图理清篇章思路，总结自主赏读时的疑惑，提出自己独特的见解。老师根据学生赏读情况，总结学情，进行深入分析，便于课堂上引导。课堂上，学生合作探究，交流阅读心得，提出自己的疑惑小组讨论，对分配的阅读项目深入研究，找全角度，组长汇总，主持本组组员完善阅读见解，记录小组共同问题，形成阅读分享成果，实现小组智慧的整合。展示阅读分享成果，同学可能提出质疑或补充，教师根据具体情况进行点拨评价。

（一）项目驱动

设置打通整个单元的阅读项目，分小组活动，以阅读项目推动课堂，以阅读研究活动让学生获取语文知识，展现赏读思维。学生小组分析探究，不断质疑，共同解决问题；老师观察，适当点拨循循善诱，培养学生的思维品质。教师设置阅读任务，学生根据阅读任务深入解读文本。设置阅读项目，以活动完成阅读项目，根据阅读项目进行研究探讨，让学生获得阅读体验，自行构建群文阅读方法。

以随笔单元为例，可以设置贯通整个单元的阅读项目，如"思路蕴含思想，语言透视深度"，"如果要求你给阅读月活动推荐一篇文章，你认为本单元哪篇文章更能从文章的思路中透视出深刻的思想，请应用 WHWM 思考法，画出思维导图，说出自己的看法"，"群文比较阅读，找出其表现思想深刻的思维同与异"，"本单元文章的语言妙语横趣，如何运用语言艺术体现出思想的深度，举例分析"。

（二）实践体验（情感体验）

创设特定的教学任务情境和活动，让学生面对情境中的问题，用生活经验感受作品深邃的思想，用生命体验品读作品意蕴，体悟语言的魅力，进行哲理思考，提升人生境界。学生在阅读研究体验中自行归纳整理，建构群文阅读途径。

（三）合作探究

根据 WHWM 思考法对第三单元进行群文赏读，厘清文章思路，深入研讨丰富的内涵。课堂上通过导学案质疑问难的反馈分析、合作探究落实学习目标，解决重点难点，老师点拨，学生合作探究赏读分享，对难点提出各自的见解，进行思想的碰撞，促进研究的深入，这样有利于培养学生自主学习、合作交流和研究的能力。

（四）思维创生

阅读研究分享，展现阅读智慧，引领学生思考，丰富思想，深邃意蕴，激起兴趣。通过分享活动让每个小组展示各小组个性化的阅读项目研究成果，通过阅读研究分享让学生自行构建群文阅读的方法，引领学生学会比较阅读，培养比较思维。小组间阅读项目研究分享，形成思想的碰撞，互相激励，相互学习，深入研究，使学生学会面对情境解决复杂问题，呈现独特的视角，获得阅读的智慧，深化阅读兴趣，培养阅读思维。通过学习分享活动，自行构建群文阅读的有效途径，获得高尚情怀的浸润，进而达到面对生活情境复杂问题时有能力解决，培养研究问题和解决问题的能力。

新课标在审美鉴赏与创造中指明："学生在语文学习过程中，通过审美体验、评价等活动形成正确的审美意识，健康向上的审美情趣与鉴赏品位。"新课标强调，"创设情境，开展自主、合作、探究学习"，"能用文字表达自己的审美体验、情感、态度和观念"。根据新课标要求，人教版新教材单元是以"学习任务群"的方式教学的，这种方式打破了单篇文章精细讲解的模式，更加强调放手让学生自主学习，培养核心素养和语文素养。把过去的单篇课文教学改变为"学习任务群"，并且以阅读项目和任务群组织单元教学，这种方式教学的目标更加凸显，不会出现面面俱到或肢解的现象，项目式群文教学应该成为语文教学的主要教学形态。

（刘红　佛山市顺德区罗定邦中学）

立足本土资源精烹"粤味文化"课堂

呆板、说教、枯燥不应成为思想政治课的标签，鲜活生动、积极参与、高效才是思想政治课的灵魂。教师只有把课上得有滋有味，才能让学生真学、真信、真懂、真用，才能让道理入耳、入脑、入心、入魂。然而，高中思想政治课确实理论性强，教材素材也存在相对滞后的特点。如何生动、高效教学？笔者认为，在教学中充分融入本土文化资源，可使课堂贴近学生生活，激发学生兴趣，实现教材与学生生活的融合，更好地提升学生核心素养，实现育人目标。什么是本土文化资源？通俗地说，就是某地本土文化即区域文化，"是指处在一定的地域环境、特定的历史背景、独有的人文精神等条件下经历长期历史变迁而形成的物质财富和精神财富的总和，区域文化存在于一定的区域空间之中，扎根于一定区域内人民群众的生产生活当中，以真实的地方情境为支撑，具有鲜明的区域发展性、文化传承性、形态多样性特征"[①]。即本土文化资源，包括民风习俗、语言文字、本土建筑、音乐艺术、人文思想、传统文化、宗教信仰等。

"文化生活"作为高中新课程改革的成果之一，以学生置身其中的文化生活为依托，使学生了解当前生活中的各种文化现象，获得参与各种文化活动的基本知识和能力，包括如何进行文化赏析、提高文化修养，理解文化传承、交融

[①]　苏宏象，黄修卓. 利用区域文化资源提高思想品德理论课教学实效研究［J］. 百色学院学报，2012（25）：137-140.

和创新的意义等。基于此，"文化生活"教学更加呼唤本土资源的交融。笔者所处学校为广东地区——简称"粤"，地处中国大陆南端沿海，是岭南文化的重要传承地，有着独特的语言风俗和历史文化，给思想政治课提供了丰富的课程资源。本文以"文化生活"教学为例，探讨广东本土资源与高中思想政治课程的结合。

一、本土文化资源运用于思想政治课堂的优势

（一）独树一帜，引人入胜，激发兴趣

意识具有能动性，它是对物质的能动的反映，又对物质具有能动的反作用。兴趣是最好的老师，它可激发人的创造热情、好奇心和求知欲。《文化生活》教材中选取的素材与本地学生实际生活有一定距离，存在区域差别与隔阂，因此难以引起情感上的共鸣。一方水土孕育一方文化，一方文化养育几代人。广东本土文化资源的运用，具有无可比拟的优势，一方面是学生们熟悉的，兴趣浓厚，有天然的亲近感；另一方面，能激发学生关心本区域发展，学习本区域先进模范人物，这体现新课改"生活德育"理念，吻合"文化生活"依托学生生活实践培养正确世界观、价值观和人生观的原则。例如，学习"文化塑造人生"一课中"优秀文化能增强人的精神力量"这一内容时，笔者播放了充满正能量的粤语歌曲《红日》，瞬间点燃学生而变成了一段慷慨激昂的班级小合唱。这使学生亲身感受本土优秀文化魅力，激发了学生学习文化生活知识的浓厚兴趣，加深了对本土文化的认知，提高了课堂参与度和获得感，提升了他们对本土文化的保护意识。

（二）方便快捷，落到实处，有实效

社会存在决定社会意识。"人们自己创造自己的历史，但是他们并不是随心所欲地创造，并不是在他们自己选定的条件下创造，而是在碰到的、既定的、从过去继承下来的条件下创造的。"① 一个时代的文化归根到底是由这一时代的问题和任务决定的。传统文化的孕育、产生和发展也都与其所处的时代任务和问题密切相关。优秀传统文化的传承与发展是新时代的必然要求，弘扬优秀传统文化，首先在于传承好自身优秀传统文化。本土文化资源具有地域上无距离

---

① 马克思. 路易·波拿马的雾月十八日［M］. 北京：人民出版社. 2018. 4.

的优势，可就地取材，为教学提供方便，减少了开发教学资源的成本，便于延伸教学实践，易于达成思想政治学科任务，更好地提升学生文化素养，促进学生全面发展。例如，学习《传统文化的继承》一课，课前学生活动为周末调查广东传统文化，制成小卡片。课堂上由学生列举广东传统习俗、传统建筑、传统文艺及传统思想等，信手拈来，自然融入课堂中，帮助学生深刻了解广东传统文化的内涵、形式和特点，以小见大推及对国家的传统文化的理解，同时又提高了实践能力。如此，广东本土教学资源源自广东，同时也服务于广东，达到双赢效果。

二、打造"粤味文化"课堂的意义

（一）有利于转变教学方式，开展活动型课程，延伸思政课的广度与深度

实践是认识的最终目的，认识要服务于实践。"精通的目的全在于应用。"思想政治课是以培育思想政治学科核心素养为主导的活动型学科课程。思想政治课的教学是理论学习与实践拓展的有机结合，理论学习是让学生懂知识，实践拓展是让学生信知识并落实到实践中。为了应付考试，教师往往采用大量背诵与做题的方式，在让学生"懂知识"这个模块狠下功夫，却忽视了课外实践环节的拓展，即让学生信知识并联系实际生活落实到实践中。本土资源的融入将改变这一现状。本土资源贴近生活、贴近实际、贴近学生，耳熟能详又生动鲜活，感召力非常强，可轻松拓展思想政治课堂，使课堂从校内走向社会，使学校教育与社会生活接轨，促进学生关注身边事物，理性思考，在实践中深刻感悟本土文化的价值。

例如，在学习《文化在继承中发展》一课中"传统文化要在继承基础上发展，在发展过程中继承，不断推陈出新，革故鼎新"时，笔者引入了广东非物质文化遗产——顺德著名传统工艺——香云纱的继承与发展。课前布置实践活动作业，指导学生从多方面了解香云纱的历史与现状，走访香云纱实体店、香云纱文化产业园区等。课堂中以香云纱的继承与发展为探讨主题，学生献计献策，关心家乡传统文化。笔者还建议学生将意见和建议写成可行性报告，送交相关政府部门和企业。这样不仅有效地锻炼了学生的实践能力，又促成素养目标的实现。

（二）有利于传承与发展本土文化，升华爱国爱家情感，增强文化自觉与自信

人是社会历史的主体。社会历史是由人的实践活动构成的，每个人都是历史活动的参与者。一切活动要尊重人、依靠人、塑造人和为了人。区域文化是中华文化的重要组成部分，与本地民众血肉相连，其特色鲜明，区域文化的继承与发展需要每一位本地民众的参与。《文化生活》课程中融入广东本土文化资源，有利于本土文化潜移默化地传承与发展，激发学生对家乡的热爱与责任感，同时也激发学生将爱家乡之情升华为爱国之情。社会生活在本质上是实践的。学习《文化生活》的重要目标之一就是要深入生活实际，了解身边的文化，提升文化鉴赏能力和辨别能力，感悟社会主义文化，树立正确的世界观、人生观和价值观。挖掘和利用本土文化资源，通过对社会文化生活的体验，使学生产生共鸣，激发学生对家乡的归属感，从而更加自觉承担起继承和发展优秀传统文化的使命。

例如，在进行《永恒的中华民族精神》《弘扬中华民族精神》两课教学时，可引用学生熟悉的孙中山故居纪念馆、毛泽东同志主办农民运动讲习所旧址、广州市三元里人民抗英斗争纪念馆、广州起义纪念馆和烈士陵园景区、广州市黄花岗七十二烈士墓和广州市黄埔陆军军官学校旧址等，引导学生从中感悟中华民族精神的精髓，感悟以爱国主义为核心的团结统一、爱好和平、勤劳勇敢、自强不息的民族精神的形成过程。从而引导学生思考，如何弘扬民族精神及新时代广东精神——"厚于德、诚于信、敏于行"。

三、运用广东本土文化资源为思想政治课堂服务的建议

丰富的"粤味文化"，深深根植于本地民众心中，与本地民众血肉相连；同时它蕴藏着丰富的课程资源，为思想政治课的高效教学提供了可能性。广东本土文化资源与高中思想政治课程《文化生活》教学的结合，应注意以下六点。

（一）精准对接，契合学生特点

"粤味文化"思想政治课堂的教学目的是激发学生主动参与课堂的积极性，帮助学生理解课本知识，拓展课堂教学的深度与广度，促成核心素养目标的达成。因此，在选择本土教学资源之前，应首先具体分析研究学生的心理特点、知识结构及认知能力，进而有针对性地进行教学设计，让"粤味文化"更"接

地气"，使课堂教学更高效。

（二）与时俱进，符合课标要求

新版《普通高中思想政治课程标准》反映时代要求，增强了指导性。作为思想政治课程纲领性文件具有权威性，指引着教学资源的选择。因此，在选择广东本土文化资源为"文化生活"课程服务时，首先应认真落实课标要求，做到课程目标的实现，精选、细选，取其精华、去其糟粕。

（三）依规办事，不可脱离教材

教材是在国家课程指导下编写的，具有严谨性与科学性的特点，遵循了教育教学规律和学生身心发展规律，贴近学生的思想、学习、生活实际，充分反映学生的成长需要，体现了国家对于人才培养的要求与目标，是教学的蓝本。教师在进行本土文化资源与教学整合时，应遵从教材编写逻辑。选取的本土教学资源应坚持"以教材为本"，从课标出发，为课程目标服务，而非脱离教学内容。

（四）适度攫取，避免资源滥用

使用本土资源确实可激发学生兴趣、提高课堂效率，使教学素材、学生活动、课外实践活动更加本土化。适度攫取，可以锦上添花；过度无原则滥用，则画蛇添足，违背教学初衷。

（五）统筹兼顾，增强教学趣味

知识性可以满足学生对知识的渴望，使学生感到有知识可学；趣味性则是运用本土资源时，要根据教学需要，考虑学生身心特点，能激发学生兴趣。把知识性和趣味性熔为一炉，更能拨动学生的心弦。而脱离趣味性的知识易陷入简单说教，脱离知识性的趣味会让课堂演变成空洞的游戏。

（六）立足实际，放眼世界文化

本土文化资源固然贴近学生、贴近生活，但是在课程教学中，不可排斥其他教学资源，陷入狭隘主义。本土资源的选取是为课程服务的，因此关注本土的同时，依然要胸怀天下，吸收优秀的外来文化精华，为我所用。

综上所述，探索本土资源与思想政治课教学的结合，对提升教学实效意义重大。在教学实践中，笔者发现，融合了知识性与趣味性的"粤味文化"思政课广受学生欢迎，形成了生动活泼的课堂氛围，为学生提供了展示个性与潜能的平台，提高了学生热爱家乡、关心国家的热情，增强对本土文化的认同感，培养了担当社会责任的意识，锻炼了公共参与的素养。

（王玉香　广东实验中学顺德学校）

将学生生活与哲学教学相结合的优势与策略

哲学是让人们生活得更好的艺术。学生学习哲学知识是为了更好地生活，而现实生活中又蕴含着丰富的哲理，所以高中政治教师在指导学生学习时，要充分落实生活化教学理念，为学生提供丰富多彩的生活化素材，以便调动他们的兴趣，顺利传输知识信息。具体来讲，高中政治教师要努力让课堂与生活融合，并将哲学知识融入各种生活案例中，深入浅出地解读其内涵，使学生在理解的基础上进行应用，把哲学生活化，把生活哲学化，从而促进其综合素养的发展，提升学科教学质量。

一、思想政治课教学中哲学与学生生活相结合的优势

（一）能够突出学科特点，提升教学效率

哲学本就是研究客观世界的学科，与人类的生产生活息息相关，可以说，生活就是研究和学习哲学的源泉。因此将高中思想政治教学中的哲学模块与学生的生活相联系，能够突出该学科的特点，引导学生更加顺利地认识客观世界的本质和规律。另外，哲学的许多概念原理比较抽象难懂，将其与学生的生活实际结合起来，可以让他们借助真实的事物、案例更为感性地解读哲理知识的内涵，能够起到化抽象为直观的效果，且可以使学生在领悟哲理的同时，运用相关理论分析问题、解决问题，不断增强其问题解决能力，从而提升教学效率。

（二）能够促进学生发展，树立正确的价值观

高中学生尚未脱离青春期，所以仍然可能受到不良风气的影响，无法辨别是非，或是面对不同事件时缺乏冷静处理的意识，此时结合他们的生活实际向其传输马克思主义哲学知识，能够使他们更为全面、客观地看待周围的人和事

物,同时以科学的方法、发展的眼光处理事情,有利于促使其树立正确的价值观、世界观。与此同时,将哲学和生活相联系,能够调动学生对生活的热爱之情,并促使他们关注生活,从中汲取更多知识、哲理,并形成社会责任感,从而促进其身心的健康成长,顺利实现哲学教育的目标。

(三) 能够提升学生素养,实现立德树人教育目标

高中思想政治教学中哲学与学生生活的结合也是落实立德树人根本任务的重要举措之一。首先,以学生生活为土壤开展哲学教育工作,可以使学生正确认识世界,并主动改造世界,使之在此过程中获得幸福感和成就感,不断提升其生活质量和生命价值,促使他们在学习中坚定理想信念、完善个人道德修养。其次,这种教学思路改变了学生的学习方式,学生不再被动接收教师传递的信息,而是可以结合教材内容,从自己的生活出发挖掘各种哲学元素,同时会积极与周围的人交流和分享,获得更为完善的认知。最后,哲学与生活的结合还能够丰富课程教学内容,使学生不再囿于教材中有限的案例和内容,而是在更为广阔的空间内解读哲理,并把握其与现实生活的内在联系,从而提升他们的学习成效。

二、思想政治课教学中哲学与学生生活的结合策略

(一) 运用求实思维挖掘生活化素材,启迪学生智慧

为了将高中哲学教学活动与学生的生活紧密联系起来,思想政治教师必须善于挖掘与学生相关的生活化素材,并将其引入具体的教学活动,以便简化学生的理解过程,同时有效指导学生的生活,不断启迪其智慧。例如,在指导学生学习"唯物主义和唯心主义"时,就可以展示学生比较熟悉的生活化素材,即"你想要学习英文单词,按照遗忘规律和自己的实际能力,一天一般是学习掌握20个英文单词,可是自己却想要一天掌握100个英文单词",然后结合该例子为学生讲解对应的哲学思想,使之通俗地理解唯物主义和唯心主义的内涵,之后可以要求学生根据自己的理解再列举一些生活中的案例,重点以自己的真实经历为切入点,通过几轮分析后,他们对于哲学知识的理解会更加深刻,同时也会在这些哲学思想的引导下去分析生活中的问题,不断强化自身的综合素养。

(二) 运用联系思维设计合作环节,培养学生的思辨性

在教学实践中,高中的思想政治老师还可以组织学生合作学习,以便发挥

其主观能动性，使之自主学习、创造性学习，并在不断探究中形成开阔的视野、灵活的思维，学会辩证看待问题、客观解决问题，从而培养其哲学思维。例如，教师可以让学生合作学习"意识的作用"这一课的内容，并为其设计对应的导学方案，在其中融入多种形式的生活案例，以便于他们发挥小组成员的智慧，在全员参与、全过程参与中获取丰富的信息，同时互相启发和帮助，联系生活实际得出"在建造工程之前，往往需要先绘制图纸、制订计划，接着再施工，最后形成工程结果，这就说明意识对物质具有反作用"的结论。由此，学生的学习成效会不断提升，在合作中也会积极思辨、不断创造，达到切实提升哲学思维的效果。

（三）运用实践思维组织生活调查，引导学生践行哲学理念

高中思想政治教师也可以组织生活实践活动来引导学生践行哲学理念，提升他们对于生活和哲学的认识。例如，教师可以组织学生开展实践调研活动，了解本地某个小区的水电费水平以及小区总体的月用电和用水量，同时在小区内进行问卷调查，了解不同住户家中消耗水、电的各个环节，同时可以从住户处搜集一些节水、节电的方法，最后依据调查所得数据进行计算、提取关键信息，再形成报告，在班级中分享。在此期间，学生会充分践行"一切从实际出发，实事求是"的哲学思想，也会对生活形成理性认识，根据调研所得信息提出一些可行的建议，以便达成用哲学指导生活的目标，有利于切实提高教学质量。

（四）运用辩证思维进行教学评价，推动学生全面发展

教师在教学过程中点评学生时，也要结合他们的实际生活，以哲学理论为指导，坚持事求是、具体问题具体分析的原则，给予学生更加具有针对性的评语，以便促使他们正确认识自我，然后发挥主观能动性改进自我。例如，针对性格不同的学生，教师的评价方式要有差异，一般而言，面对性格内向、缺乏自信的学生，教师的评价要以鼓励为主，且要明确指出他们的优势，帮助其建立自信，将积极情感转化为学习动机；而面对性格外向、张扬活泼的学生，教师在评价时要坚持表扬和批评统一的原则，既肯定他们的优势，也要引导他们改正缺陷，当然教师的评价也要更加"接地气"，如通过微笑、点头、拍肩膀等方式表示肯定，使学生获得情感激励。这样一来，教学评价能够真正面向学生的可持续发展，促使他们不断完善自我。

总而言之，高中政治教师在教学实践中将哲学思维与学生的实际生活相联系，不仅可以帮助学生领悟知识内涵，提升学习效率，还可以引导他们正确使用哲学知识分析和解决现实问题，培养他们的钻研精神、应用能力，促进其综合素质的发展。同时，哲学与生活的结合还可以改善教学氛围，让枯燥、抽象的内容转化为更加易于理解的素材，能够增强学生的洞察力、政治素养和哲学智慧，为他们今后的成长与发展奠定坚实的基础。

（杨静　佛山市顺德区罗定邦中学）

第四章

哲学思维与德育特色

本章重点介绍基于马克思主义哲学思维指导的学校德育特色案例，以及专项德育工作的具体案例，包括学校、年级和班级专项德育工作特色等。

第一节 哲学思维与学校德育特色

"知行合一、体验内生"的立德树人之路

立德树人是教育的根本任务，国务院办公厅《关于新时代推进普通高中育人方式改革的指导意见》明确"突出德育时代性"，既梳理了新时代高中学生的培养方向和内容，也强调了实施渠道和方式的多样性，体现出植根塑魂、与时俱进的观念。因此，针对传统的程式化、灌输式的德育较难真正走进青少年内心，从而产生德育低效甚至失效的尴尬局面，我校旗帜鲜明地把"知行合一、体验内生"作为自己的德育特色，即在尊重教育和学生认知规律的基础上，强调高中学生的自主自为和主体建构。如马克思主义哲学的实践观的基本观点：实践是认识的来源，是认识发展的根本动力，是检验认识正确与否的唯一标准，也是认识的最终目的和归宿。青少年的道德认知必然来源于其道德行为实践，且其道德水平最终也必然通过其行为实践予以表现。

一、坚持人本思维和实践思维，确立"知行合一、体验内生"的德育理念

顺德一中的育人目标集中体现在"四个学会"的校训之中，即"学会做人、

学会求知、学会办事、学会健身"。学校始终坚持以生为本，一切为学生的终身发展。

知和行的问题，一直是哲学家们思考的问题。但它不仅是哲学问题，更是与我们的生活和生命息息相关的问题，事关我们修业进德、立身处世等方面。

著名教育家陶行知先生的父母给他取名陶文浚，不过他在读大学期间深受王阳明"知行合一"的影响，在 19 岁时给自己改名"陶知行"，他认为"知是行之始"，认识先于实践。但很快他认识到其中的唯心论色彩，于是把王阳明的学说翻了个个儿，提出"行是知之始"，有实践才有认识。到了 43 岁时，他再一次给自己改名"陶行知"。不过，陶行知很快又认识到，"从行到知"只是认识的第一阶段，再由知到行又是认识的更高阶段，他曾写了一首小诗：行动是老子，知识是儿子，创造是孙子。这就是他的"行——知——行"理论。

1937 年，毛泽东发表《实践论》，用"论认识和实践的关系——知和行的关系"作为副题。他发展了王阳明的"知行合一"学说，更赋予了它新的内容。他从辩证唯物主义和历史唯物主义的哲学高度，为今人揭示其核心要义——实践！通过实践发现真理、证实真理和发展真理。从感性认识而能动地发展到理性认识，又从理性认识而能动地指导革命实践，改造主观世界和客观世界。实践、认识、再实践、再认识，这种形式，循环往复以至无穷，而实践和认识之每一循环的内容，都相比较地到了高一级的程度。这是辩证唯物论的认识论，这就是辩证唯物论的知行统一观。

作为一种哲学思想，知行合一，是世界观和方法论的统一。知，是认知，是认识世界；行，是实践，是改造世界。这里的"世界"，既包括深微的自我世界，也包括广阔的社会天地。不管是在哪个世界里探寻，都离不开知与行的结合。

认知的强化、道德的觉醒、情感的激发，都离不开体验。"纸上得来终觉浅，绝知此事要躬行。"陆游的《冬夜读书示子聿》给我们启迪，"躬行"就是"亲身实践"。体验是一种方式，强调在实践基础上的内省；体验更是一种观念，促进教育逻辑的转变，目的是推动学生发展，比灌输说教的方式更加人性化、更加具有亲和力。体验式德育就是以组织和引导学生在亲身实践中，把做人做事的基本道理内化为健康的心理品格，转化为良好的行为习惯的过程。它强调学生要回归生活，亲自参与，在体验中感悟，在感悟中内化，提高思想认识，促进道德行为的成长。思想观念、道德认知只有自省内化，才能表现为稳定的道德行为。

成长的过程一定是学习的过程，但学习的过程不一定是成长的过程，因为只有做到知行合一才能终获成长的果实。"知行合一"，就是将理论与实践相结合，认知与行为互相转化。"体验内生"，体验就是"以身体之，以心验之"，强调对事物过程与结果的认知和反馈，激发内在的成长需求，最终目的是通过亲身实践所获得的经验指导今后的学习、工作和生活。

二、实践是认识的基础，扎实践行"知行合一、体验内生"的德育理念

基于"知行合一、体验内生"的理念，顺德一中构建了特色鲜明的德育体系，包括核心素养的目标指向、生涯发展的内容途径、体验内生的特色成果、成长记录的过程评价几个部分。

（一）坚持立德树人，指向核心素养

我校将"立德树人"作为教育的根本任务，聚焦中国学生发展的核心素养，"为学生的一生发展奠基"。我们尊重教育规律，贴近时代和青少年，以"一流品质，卓越表现"为育人目标，以生涯教育为抓手，以"知行合一、体验内生"为特色，通过开展"知行结合"的系列化主题教育活动，梳理校内外多种生活情境，丰富学生的生命体验，促进学生德性、知能发展，契合"学会做人，学会求知，学会办事，学会健身"的校训，塑造"厚德、博学、明礼、笃行"的学生形象。

在新时代背景下，我们致力于人格和谐，彰显人文情怀，着眼于人生发展。我们认真梳理中国学生发展核心素养，将体验德育的目标聚焦于中国学生发展核心素养中的"责任担当"和"健康生活"板块，结合校内外教育教学活动和资源，以学生生涯发展为主线，打造符合顺德一中学生定位的价值系统，培养新时代社会主义建设者和接班人，培育适应未来时代发展和面向世界的现代公民。

（二）着眼生涯发展，进行系统设计

我校从生涯发展的需求出发，注重价值引领，将道德认知和道德实践相结合，将公德与私德相结合，从学生培养目标、学习生活内容、学生发展评价等方面进行了系统梳理和顶层设计。

我校拟定了《高中卓越成就》行动指南，将德行目标落实在具体的德育工作中，给学生描画有意义的高中生活蓝图；编印了《学生手册》，从校史校情、制度规范、安全保障、学习指南、生活服务、成长记录等方面给予学生清晰指引，制度成体系，作风可传承；知行结合，注重体验，挖掘和利用教育资源，构建了"1+2+3"的学生生涯发展课程；摸索试行了学生成长积分系统，制定了符合学校校情的学生综合素质评价制度，以写实记录和实施进行发展性评价。

通过文化、制度、课程、活动、环境和评价，我校形成了开放思维与精细管理相统一，理想情怀与严格要求相统一的德育系统，并在实践中摸索出"知行合一"的育人方式，创设了"体验内生"的若干情境。

我校课程资源丰富，尊重学生成长的体验，初步形成了涵盖全面、全程和全体的体验式德育网络体系。高一以启蒙为主，突出生涯认知，通过初高过渡体验、纪律作风体验、岗位角色体验、缤纷社团体验、多彩活动体验等认识自我性格、职业倾向等，进行学科专业的初步匹配和选择；高二以实践为主，包括职业跟岗体验、志愿服务体验、社区服务体验、社会调查体验等，突出"责任担当"的生涯价值和"健康生活"的积极心态；高三以生涯为主，如专业面对面、职业大讲堂、成人仪式体验等，唤醒学生使命感和内驱力，做出求学深造的生涯决策。

（三）实施自主管理，唤醒内在体验

自主管理的第一层意思是"学生管理学生"，对应中国学生发展核心素养当中的"责任担当"板块。我校成立学生领袖联合会，各年级成立年级自管会及班级自管会，力争事事有人做，人人有事做。引导学生在岗位实践中有主见、懂协作、负责任。学生通过岗位体验、活动组织等内生出做人、求知、办事的德行和能力，认识自己和他人、个人与集体的关系，实现人生价值，提升人生境界。我们组织系列特色活动，给予学生体验的平台和机会。校内学生组织体艺节、嘉年华活动，学生唱主角；通过行为辨析、模拟联合国大会等平台让学生参加学校管理，思考社会人生，培养全面健康发展的人。搭建众多社团平台，文学社、街舞社、摄影社等，让学生体验生命的价值、体验生活的滋味，由此实现自我管理、自我教育和自我服务。

自主管理的第二层意思是"自己管好自己"，对应中国学生发展核心素养当中的"健康生活"板块。学生个体在生涯理论指导下，不断认识自己，懂得规划、反思、调控和决策，发挥自我管理、自我教育、自我服务的影响力。我们不断更新教育教学观念，减少灌输说教，尊重学生的个性体验，在原则范围内包容他们的失误，采取心理剧场、角色扮演等方式，"自己做自己的主人"，通过体验唤醒学生内在的成长需要。

（四）关注过程表现，进行写实记录

我校在德育评价上注重过程评价和发展性评价，着眼于学生综合素质的发展，根据学生学习生活实际，从"思想品德""心理健康""社会实践"三个方面给予学生指引，学生在一定周期内积极申报，描述自己的过程表现，写下体验与感悟。一些有着真切体验的活动，会成为学生可贵的高中回忆，是他们"崇尚一流，追求卓越"的印记。

将高中三年的卓越成就进行写实记录，意义不仅仅在于成为供高校招录时查阅的成长电子档案。学习的情境是多样的，学习的内容是多维的。学生毕业离开校园，也许会忘了具体的学习或活动场景，但只要在这些过程中充分感知，就能将生成良好的情感、态度、价值观沉淀成终身受用的品格、习惯和方法。

三、坚持共性与个性的有机统一，打造德育品牌成果辐射广泛

通过多年实践，不断完善，以"知行合一，体验内生"为核心理念的顺德一中德育教育，取得了一系列令人欣喜的成果。

（一）构建了体验式德育课程育人模式

借鉴课程的4个基本要素（课程目标、课程内容、课程组织、课程评价），坚持规范化、系列化、课程化、品牌化的方向，顺德一中构建了"5O"体验式德育课程育人模式，即"目标（Objective）→概况（Overview）→实施（Operation）→收获（Obtainment）→展望（Outlook）"。

1. 目标（Objective）

所有的体验式德育课程目标都为了培育学生终身发展和社会发展需要的必备品格和关键能力，也就是包含人文底蕴、科学精神、学会学习、健康生活、责任担当、实践创新六大方面的中国学生发展核心素养。体验式德育课程目标的确立，避免了活动的盲目性和随意性，增强了活动的指向性和目的性。

2. 概况（Overview）

"德育课程概况"罗列了体验式德育课程的基本情况，包括时间、地点、主题、参与及组织人员、活动图集等，每个小型体验式德育课程都拥有明确的育人目标。顺德一中"四个学会"与"中国学生发展核心素养"的关系具体为：学会做人对应责任担当；学会求知对应人文底蕴、科学精神、学会学习；学会办事对应实践创新；学会健身对应健康生活。

3. 实施（Operation）

"体验式德育课程实施"以某一子活动为例，从活动时间、地点、活动实施、活动分工、活动保障等多方面介绍顺德一中德育课程组织实施的全过程。该过程坚持三个特点，即"分类分层、自主自为、内生外化"，其中"分类分层"的方式旨在引导学生参与活动，体验式德育课程覆盖文化、科技、艺术、体育等多方面主题，学生完全可以根据个人兴趣、爱好、特长自由选择，有利于学生张扬个性、施展才华；以"自主自为"的方式进行德育课程的组织实施，突出学生在体验式德育课程中的主体地位，让学生成为德育课程的主角，有利于充分调动学生的积极性、主动性和创造性，自主自为地开展活动，使活动深入人心，有利于充分发掘学生的优势和潜能；以"内生外化"的方式提升德育课程的育人功能，"内生于心、外化于行"的育人方式可以让学生产生情感共鸣和心灵震颤，学生的身体和心灵在潜移默化中受到启迪和熏陶，道德感、理智感、荣誉感、责任感、危机感及美感得以建立和培养，良好的行为习惯和优秀的思想品质得以内化和外显。

4. 收获（Obtainment）

"体验式德育课程收获"收集了活动参与者和组织者等活动相关人员的心得体会和感悟收获，这个环节充分体现了顺德一中的德育理念，即"知行合一、体验内生"。著名德育专家李季教授说："我听过的我忘了，我看过的记不住了，但是，我做过的我理解了。"从李教授的德育观可知，在活动的筹备、组织、实施和总结中，应该让学生主动融入，通过倾听、开口、动手，用自己的身体去经历，用自己的心灵去感悟，让学生在参与过程中去理解、去感受、去探索、去学习，在身临其境中增长解决问题的才干，在体验中认识世界并形成良好的行为习惯，不断进行情感和道德的自我完善与解放，以此达到内化、体认、内省的效果，从而激发生命活力，实现学生内心自主性精神生长，完善学生生命成长的内在需要，在体验中让学生获得精神的启迪。

5. 展望（Outlook）

"体验式德育课程展望"通过回顾德育课程的全过程，总结体验式德育课程的经验与教训，发掘德育课程的重大意义和深层次内涵，让未来的育人之路更加畅通无阻。"体验式德育课程展望"紧紧围绕一个思路，即"为学生的一生发展奠基"，这是顺德一中的办学思路，是顺德一中坚持以服务学生成长成才为出发点和落脚点的具体体现。我们认为，学生在校学习只有三年的时间，学校应不只求一时之利、眼前之得，应以生为本，从大局着手、高处立意，为其持续发展、长远发展奠定基础、提供平台，让学生走出校门能管理自我、调整自我、提升自我、超越自我，适应社会变化发展的各种需求，并从中实现自己的人生价值和理想目标，让他们做最好的自己，创造自己最精彩的人生。

（二）形成了体验式德育课程

1. 两大生涯教育系列活动

（1）体验式生涯规划课活动：生涯起航、认识你的兴趣、探知性格奥秘、发掘你的潜能、确立价值观、专业探索、认识行业、职业的世界、职业与专业、职业的探索、决策方法等。

（2）体验式生涯主题班会课活动：我的墓志铭、我的精彩人生——我的前传与后传、我的人生码头生涯鱼骨图、偶像炼成记、感动人生颁奖典礼、我的兴趣岛、我的成就故事、宽频理"才"等。

2. 形成体验式德育的实施路径

（1）"国旗下演讲"：用鲜活的案例、多样的表现形式彰显家国情怀，体验国家带给人民的安全感、获得感和幸福感。（国家意识）

（2）"我们的节日"：营造中华民族传统节日氛围，阅读传统文化典籍，在节日、礼俗和器物中体验传统文化的魅力，传承文化遗产。（文化自信）

（3）"青年党团课"：学习中国共产党和国家的建设发展历程，带领青年参观祖国建设成就，体验担当民族复兴重任。（党史国运）

（4）"行为辨析会"：联系社会现象，创设生活情境，体验某种行为带来的冲突和效应，辨析诚信、敬业、法治、自由、平等等价值取向。（核心价值）

（5）"模拟联合国"：以全球视野，参与对国际事务的讨论，体验对人类文明和文化差异的尊重。（国际理解）

（6）"爱与你同行"：通过向不同群体（残疾、贫困、孤独等弱势群体）表达关爱，体验对人的尊重和关怀。（人文情怀）

（7）"志愿服务者"：以自尊自律、文明礼貌、诚信友善的态度，体验热心公益、绿色生活的美好与感动。（社会责任）

（8）"劳动实践课"：从家务和学校劳动开始，尊重劳动和劳动者，养成劳动习惯，在劳动中体验给自己和他人带来的幸福感。（劳动意识）

（9）"生命的航程"：通过安全演练、角色扮演等活动，爱护自己和其他的生命，追求生命的价值，体验生命的坚韧和使命感。（珍爱生命、健全人格）

（10）"职业面对面"：通过家长行业大讲堂、学长专业宣讲、职场真人秀、跟岗体验等活动，规划"学业——专业——职业——事业"的生涯道路。（自我管理）

（三）出版了"知行合一、体验内生"系列德育专著

体验式德育系列成果之一——校本生涯教育教程《知行合一、体验内生——高中生生涯教育指导》于 2019 年 10 月编辑出版，不但为班主任开展生涯团辅提供了活动资源，还为 2020 届高一学生准备好了生涯规划教材。体验式德育系列成果之二——《顺德一中活动课程育人模式建设成果》于 2020 年 12 月公开出版。

（四）设计并开发了顺德一中学生成长积分系统

以顺德一中学生发展规划（高中成就计划）为指引，梳理现有的教育资源，从学校、家庭、社会建立积分渠道；整合现有的校园活动，分阶段、分类别；明晰申报、采集、审核、反馈、发布等一系列环节流程；在课题研究过程中，连续 2 年试行学生成长积分系统对应评优评先和自主招生推荐等工作，提升积分内涵和价值。学生成长积分系统的运行流程如下：登记（自主申报或批量导入）→审核（学生干部、成长中心教师）→反馈（校园 LED 屏公示）→发布（校讯通、公众号、APP）

（五）带动了学校教育科学研究，扩大了学校品牌影响力

学校以"知行合一，体验内生"为主题，组织年度德育论文和案例评比，牵头开展集团体验式班会课设计大赛，一批班主任原创作品获奖。完成了典型职业专业视频库的建设，合共收录职业 105 个、专业 143 个，为学生进行生涯探索提供了丰富的资源。组织了一批现任班主任和新教师参加生涯规划师的培训，40 多位老师取得生涯规划师证书。凝练特色，打造品牌，以课题项目为依托，众多老师在省内外、兄弟学校进行体验式德育工作经验介绍，发挥了示范辐射作用。

（谢大海　佛山市顺德区第一中学）

创建信息化特色高中　促进学生全面发展

党的十九大报告指出，中国特色社会主义发展进入了新时代。培养什么人、怎样培养人、为谁培养人被称为"新时代教育三问"。罗定邦中学始终坚持以习近平新时代中国特色社会主义思想为指导，牢记立德树人的根本任务，坚持为党育人、为国育才，培养德智体美劳全面发展的社会主义建设者和接班人，努力办好人民满意的教育。近年来，学校以推进信息技术深度融合的"1+1主体建构"课堂教学改革深入发展作为创建特色品牌高中的有效抓手，以打造"优良的质量、优秀的学生、优雅的教师、优美的校园"（"四优工程"）作为建设品质罗中的具体目标，创建适合学生发展的教育模式，为学生的终身发展奠基，进一步提升学校办学质量和学生的核心素养，促进了学校的科学发展和可持续发展。

一、坚持求实思维，把握推进学校特色发展的背景和契机

马克思主义哲学的求实思维，要求我们想问题办事情要从变化发展的客观实际出发，实事求是。罗定邦中学创建信息化特色高中，就是根据新时代学校发展的客观实际而做出的决策。

百年大计，教育为本。2010年9月，罗定邦中学启动课堂教学改革，推行小组合作教学。经过5年的努力，逐步形成了以自主预习、合作探究、展示点评为主要环节的"1+1主体建构"课堂教学模式，教学质量和办学水平都得到了大幅的提升，学校社会声誉良好。

2016年9月，适逢顺德区推进学校优质化、特色化、多样化发展契机，我校从课堂教学改革入手，从教学实际出发，以学习者为中心，积极探寻信息技术与课堂教学深度融合之路，推进信息技术深度融合的"1+1主体建构"课堂教学改革深入发展。

2016年，佛山市高中阶段招生制度发生了变化，我校由原来只面向顺德区大良街道招生到面向全顺德区、面向全佛山市招生。招生制度的变化使我校生源质量得到了很大改善，学生培养目标随之发生了积极的变化，如何培养更多高层次人才成为摆在学校面前的迫切需求。

2018年开始，佛山市推进普通高中学校优质多样化特色发展，根据《佛山

市教育局关于开展普通高中分类创建行动工作的通知》及《佛山市普通高中分类创建行动工作指引》的相关要求，我校申请成为"佛山市特色高中"创建学校。结合新高考改革，面对新教材、新课标、新高考，学校紧紧抓住教育信息化2.0时代机遇，以"打造四优工程、建设品质罗中"为总目标，坚持质量立校、改革强校、人文兴校，逐步建构了"一体两翼三支撑"管理模式，形成了以小组合作为基础的信息技术深度融合的"1+1主体建构"课堂教学改革、以"六境一日常规"为抓手的"1+1自主责任教育"体系的特色。

二、坚持具体问题具体分析的精准思维，把握学校特色发展的方向和重点

精准思维是一种非常务实的思维方式，它强调具体和准确，要求动作精准到位、在一个个具体的点上解决问题。罗定邦中学创建信息化特色高中，准确定位学校特色发展的方向和重点。

（一）特色发展方向

（1）以小组合作为基础的信息技术深度融合的"1+1主体建构"课堂教学改革课堂模式基本形成。

（2）教师发展成效显著，学生发展得到突破。

（3）建立有自主知识产权的"定邦云"教学平台。

（二）特色建设亮点举措

1. 制度建设

（1）学校逐步探索出"一体两翼三支撑"管理体系。

（2）基于课堂改革的需要分别制定了罗定邦中学课堂教学组织管理指导意见、罗定邦中学学科集体教研管理规定、罗定邦中学教学常规管理实施办法、罗定邦中学优雅教师奖励计划实施办法、罗定邦中学教师发展实施办法、罗定邦中学教学考核评价办法、罗定邦中学一课一研实施办法等制度，为罗定邦中学课堂教学改革保驾护航。

2. 队伍建设

（1）构建教师人才层级培养机制

目前罗定邦中学已有获得区级以上荣誉的教师81人，高级教师51人，正高级教师1人，教师平均年龄37.5岁，研究生学历者达48%。为了构建青年教师创新成才通道，学校积极推动优雅教师全员培训。制订《罗定邦中学优雅教师专业发展实施方案》，以优秀定邦人才的分级分类培养为目标，明晰国家、省、市、区、校各级各类名师申报条件，梳理全校教师的基本情况，分级分类、规范、专业地规划在实际工作中的教师成长路径，积极进行后备干部、教学名师以及德育名师的分类培养。通过扶贫支教、市内优质和卓越学校跟岗，提升教师专业水平。近三年区级以上教学竞赛获奖教师达 150 人次。教师课题研究水平不断攀升，特色项目课题立项近 20 项。尤其以信息化课堂建设为切入点的特色项目，屡获奖励。

（2）打造促进教师特色发展的学习平台

积极发挥学校现有的正高级教师刘彦特级教师工作室等平台引领教师发展的作用，扩大现有平台的影响力和辐射力；鼓励教师积极参加国家、省、市、区等各类级别的比赛，为教师搭建多样化、特色化的与外校交流学习的平台；积极组织教师开展基本功大赛、课堂观摩、优质课评比、说课比赛、一课一研、优秀备课组和优秀教研组评比等一系列活动，为广大教师搭建交流、互动、展示的平台，促进优秀教师脱颖而出，迅速成长。现已拥有 2 个省级、2 个市级特色学科基地。

3. 课程建设

学校在深入研究新高考、《中国高考评价体系》、《普通高中课程方案和各学科课程标准》（2017 年版 2020 年修订）、《中国学生发展核心素养》的基础上，依据本校学生的实际特点以及具体的培养目标，研究构建出更加符合新高考要求并能充分体现学校发展特色的"定邦课程体系"组织实施。

定邦课程包含两层含义。一是按照课程方案和广东省课程实施方案指导精神开足开齐学业基础课程的必修和选择性必修以及选修课程，学生毕业可获得144 学分。教师根据课程方案结合学校实际通过选择、改编、整合、补充、拓展等方式，对国家课程和地方课程进行再加工、再创造，使之更符合学生的需要，即国家课程校本化，如我校的学案设计。二是结合高考的精神及对学生综合评价的要求和学生个性发展的需要，学校开发个性发展课程。按照学校培养目标开发、开设个性发展的必修课程和选择性必修课程以及选修课程。学校对本校学生的需求进行科学的评估，并充分挖掘现有课程优势资源，以学校和教师为主体，开发具有学校自我特色的旨在培养学生综合素养、发展学生个性特长的、多样的、可供学生个性发展需要的课程，如学科素养型、艺术素养型、运动素养型、个人品格修养课程等。目前学校开发的校本课程有 100 多门。

4. 教学改革

信息技术深度融合的"1+1 主体建构"课堂教学改革模式逐渐成形。

5. 资源投入

（1）功能场室日益完备。

学校继续完善教育教学设备设施配置，配置水平日益提高，管理日益规范。目前所有学生课室全部配备一体机，学校网络 Wi-fi 全覆盖。九大学科全部建有学科功能教室，并且建有理化生探究实验室，能支撑学校特色项目发展。

（2）智慧校园彰显特色。

作为顺德区信息化特色学校，大力开展智慧校园建设。目前，立足于课堂教学的"定邦"教学云平台已较为成熟，学校正进一步拓宽信息技术的应用范畴，打造涵盖学生综合素质评价体系、教师专业发展评价体系、学校常规管理体系等三位一体的"定邦"云平台，进一步提升学校教育教学管理的效能，打造智慧校园。

（3）校园环境日益美化。

新教学楼、学生宿舍楼等已投入使用，大大缓解了校舍压力。此外，因校制宜，打造多个区域文化中心，包括清水平台、悦读中心。目前，多功能综合馆也已基本建设完成，学校整体环境日益美化，师生体验感、获得感日益增强。

5. 评价考核

教学工作是学校的中心工作，教学质量和办学水平是学校的生命线。教学评价考核既要评出积极性又要评出发展性。基于此，我们制定了《罗定邦中学教师教学成绩评价办法》。学科成绩等级转换和赋分办法如下：

（1）等级比例（%）分别为：35、50、13、2。

（2）相应的等级分别为：A、B、C、D。

（3）等级赋分分别为：96—83、82—70、69—60、59—45。

等级赋分办法经过 2021 年学生高考情况的验证，符合我校学生的实际情况。

三、坚持共性与个性相统一的思维，提炼学校特色发展的主要经验

矛盾的普遍性与特殊性的关系，要求我们在认识事物、分析矛盾时，坚持共性与个性具体的历史的统一。遵循从特殊到普遍、再从普遍到特殊认识规律，并掌握一般号召与个别指导相结合的科学工作方法。罗定邦中学创建信息化特色高中的实践探索，有效促进了学校的发展，形成了可供借鉴的成功经验。

（一）办学质量实现跨越式发展

在全体罗中人的共同努力下，学校课堂教学改革持续深入，成效显著，推动着学校、教师、学生的共同发展。

1. 教学质量连年攀升，屡获嘉奖，高考成绩持续高位增长

学校高考上线的高优人数、高优率、本科人数、本科率，从 2015 年的 99 人、11.87%、707 人、84.59%，到 2021 年分别上升到 296 人、32.74%、868 人、96.01%，学校的办学质量得到大幅度提升，赢得了良好的社会口碑。

学校先后荣获佛山市普通高中教学质量综合评价优秀奖、顺德区普通高中办学绩效 A 类学校、顺德区先进学校、顺德区高考优秀奖、顺德区课堂教学改革先进学校、顺德区教育发展中心实验基地学校等多项重量级荣誉。

2. 提升学生综合素养，促进学生全面发展

经历五年的信息技术深度融合的"1+1 主体建构"课堂教学，学生的综合素养明显提升。小组合作学习的方式增强了学生的责任感与团队协作能力；自主学习课培养了学生热爱学习、善于学习、敢于学习的能力；展示点评课上，学生敢于展现自我，理性思考的逻辑思辨能力、发现问题解决问题的能力大为增强；先后有多位学生获得广东省宋庆龄奖学金及广东省优秀学生荣誉称号。

3. 推动教师的专业成长，科研兴教之风渐浓

课堂教学改革的实践，促使老师们重新思考教育教学的理念、方式等核心问题，推动着广大教师由"教书匠"向学习型、研究型教师转变。科研兴教、科研兴校之风兴起，教科研工作明显提升。近年来，结题或在研课题包括国家级课题 2 个、省级课题 4 个、区级课题 10 余个、校级小课题近 40 个。

2016 年以来，学校教师在信息化建设相关比赛中斩获多项殊荣。先后有多位教师荣获教育部"一师一优课、一课一名师"部级优课和省级优课。

4. 区域影响不断增强，社会声誉显著提升

教学改革促成优良的教学质量，培养大批优秀的学生，学校社会声誉不断提升。近几年，大批专家学者、学界同行来我校观摩学习。区外单位包括汉阳一中、汉阳二中、蔡甸区实验高中、四川省盐源中学、广州八十六中、云浮中学、佛山二中、高明一中等校多次莅校观摩。

此外，在中央电化教育馆组织的 2017 年全国新技术支持下个性化学习高峰研讨和应用成果展活动中，我校信息技术深度融合的"1+1 主体建构"课堂教

学改革荣获全国二等奖。同年，获顺德区课改优秀成果评比一等奖。同年，广西壮族自治区电化教育馆组织市、县（区）级电教站负责人莅临我校现场观摩学习。2018年，佛山市"互联网+"课堂学与教变革研讨会由我校承办，顺德区中小学深化课堂教学改革研讨暨成果推介会议落户我校。2019年，获顺德区中小学教师培训优秀项目一等奖。2020年，荣获顺德区中小学课堂教学改革先进学校、顺德区优秀实验基地学校、顺德区第二批创客教育示范学校等荣誉，这都是对学校信息化特色办学的高度认可。

（二）存在的主要问题及下一步的改革思路

1. 从整体课堂模式打造转入学科特色建设

信息化课堂改革探索起步伊始，会有相对固化的教学组织形式，即所谓的"模式"之说。当下，我校绝大多数老师已能熟练运用教学云平台开展教学活动，教学模式初步形成。下一阶段，将进一步探索具有学科特色的信息化课堂，实现信息技术与学科教学的深层次整合，充分发挥其作为资料来源、学习工具与交流平台的巨大作用。在整体优化的基础上变革传统课堂教学模式，以达到培养学生创新精神与实践能力的目的，真正将信息化与学科素养紧密结合，成为助推学生成长的利器。

2. 以信息化课堂建设为基石，创新学生个性化培养举措

教学云平台的创建、信息化课堂的打造，本质上就是为学生开启了更具个性化的学习之路。信息化课堂的即时反馈、数据支持为学生自我定向、自我适应、自我修正、自我规划与自我监控提供了路径，为学生找到更加适合自己学习、发展的个性化道路提供了可能性。学校也会以此为基础，充分发掘学生潜能，创新学生个性化培养举措。例如，伴随着学校信息化课堂建设发展起来的机器人社团，从无到有，从有到优。培养了一批有兴趣、有能力的学生，在各级各类比赛中成绩优异，为学生开启了另一条成长成才之路，影响深远。

3. 升级"定邦"教育云平台，实现开放、共建、共享

"定邦"教育云平台是我校基于课堂教学改革，自主研发的具备独立自主知识产权的网络教学、学习平台。经过两年的建设，云平台已经完全融入我校日常的教育教学工作中。

随着平台的日趋完善和功能模块的逐渐丰富，我校的云平台引发了区内外不少教育同行的瞩目。学校将进一步拓宽信息技术的应用范畴，打造涵盖学生综合素质评价体系、教师专业发展评价体系、学校常规管理体系等三位一体的

"定邦"云平台，进一步提升学校教育教学管理的效能，可真正实现智慧校园。学校将升级平台软件，以进一步辐射"定邦"云的作用，带动区域信息化的发展，实现开放、共建、共享。

4. 加速 STEAM 课程研究建设，提升学生的信息素养、创新意识和创新能力

学校积极构建科学影像、机器人竞赛课程、创客课程、科技创新等 STEAM 课程。

2016 年以来，我校机器人竞赛团队从无到有、从有到优，取得不少佳绩。2017 年，我校成功获评顺德区高中学科竞赛训练基地。在不断提高机器人教学水平的同时，加强创客空间的建设，引进 3D 打印器材、无人机模具组等，着力打造学校的创客课程特色。

随着学校机器人竞赛及创客教育的发展，我校拟进一步提升机器人竞赛、创客课程的开发力度，建设成为创新拔尖人才培养基地。并向区内初中、小学开放，资源共享，为我区的机器人教育、创客教育贡献力量。

大力发展科技创新及学科竞赛项目。对于全国青少年科技创新大赛，学校目前尚处于起步探索阶段。在创建周期，学校将在无人机、数字建模等方向加强师资培训，资助学生参赛。并提高对数理化生等学科竞赛的支持力度。

此外，学校会加大对 STEAM 相关项目的课题研究支持力度，包括在研课题"教育信息 2.0 时代下普通高中'STEM＋'学科教育实践研究"（编号：2018GDSTEM043）、广东省"十三五"教育技术专项课题"基于'1+1'主体建构模式的微课应用实践研究"等。

信息技术深度融合的"1+1 主体建构"课堂教学改革促成优良的教学质量，培养大批优秀的学生，使学校社会声誉不断提升，成为顺德教育的一张课改名片。

（熊文华　佛山市顺德区罗定邦中学）

构建"六境"德育课程的实践探索与哲学思考

随着社会经济的不断发展以及科学技术的持续进步，学校的育人方式也发生了相应的变化，育人方式的改变也引起更多教师和德育工作者对德育教育实践和意义的思考。高中阶段的德育教育不仅要确保学生可以全面地吸收高中教师所教的知识内容，还要进一步提高学生的思想道德水平，锻炼学生的实践能

力与学习能力，帮助高中生顺利跨入大学，并培养学生良好的道德素养满足未来社会发展对人才的要求。自《教育部关于全面深化课程改革落实立德树人根本任务的意见》颁布和中国学生发展核心素养提出后，尤其在 2019 年国务院办公厅《关于新时代推进普通高中育人方式改革的指导意见》颁布后，学校对高中生的道德教育不仅要充分发挥出学生的实践能力和创新能力，还要在这一过程中锻炼学生的责任感，提高学生的学习技能以及综合素质，帮助学生培养科学精神、丰富人文底蕴，提升学生的综合素养。基于此，本文将运用马克思主义哲学思维方法，结合现如今城镇普通高中德育教育实践过程中存在的问题，进一步探究基于核心素养的城镇普通高中德育教育策略，以期为教育行业的相关工作者提供参考。

一、坚持人本思维和求实思维，分析和把握高中德育教育实践过程中存在的问题

人本思维要求以学生为本，尊重学生的主体地位。学校德育工作的出发点必须坚持以人为本，一切活动要尊重人的独立人格、能力差异、创造个性和权利，目的是有效促进学生的全面发展。求实思维是人们正确认识世界和改造世界的根本立足点，它要求我们想问题办事情要一切从客观实际出发、实事求是。还要做到从变化发展的客观实际出发，不能完全用从过去的实际中积累的经验看待当前的、新的客观实际。这就需要我们在教书育人的过程中，首先要分析和把握高中德育教育实践过程中存在的问题。

现如今德育工作在城镇普通高中阶段开展过程中，由于缺乏一定的科学性和系统性，而且在实施阶段缺乏对学生看法的了解，就导致难以和学生的思想做到统一的现象，造成规划不顺利，不能很好地对学生做好引导；另一方面，在平时的教学过程中，不能很好地强调德育教育的有效实践，而且在高中阶段德育工作中存在随机化和滞后性，不能很好地对学生进行思想道德的深层指导。对于德育工作的开展，需要对学生的德、智、体、美、劳都有涉及，刚入学时就构建路径，针核心素养在学生的学习和日常生活中进行深入渗透，这种做法能够有效地避免学生的思想意识教育出现滞后性。与此同时，要做好系统的教育规划，根据自己学校实际构建可行的德育教育课程，保证学生能够很好地在丰富的德育活动中学习、体验和感悟德育教育内容，通过德育教育内容获得更深的精神指导，自发了解道德思想的更高境界，以及提高自己综合素养的途径和方法，从而提升自己道德认知水平和综合素养。

二、坚持系统思维和精准思维，构建"六境"德育课程，有效提升学生核心素养

精准思维也就是具体问题具体分析的思维，它依据矛盾特殊性原理，强调具体和准确，是正确解决问题的关键。精准思维就要求我们在实施德育教育策略的时候，必须坚持具体问题具体分析，善于抓住重点和关键。系统思维是一种从整体和全局把握问题的思维方式。系统思维方法要求从整体出发，遵循系统内部结构的有序性，注重系统内部结构的优化趋向。系统思维要求我们在构建"六境"德育课程的时候，注重从培育学生核心素养的整体出发，注意"六境"德育课程之间的内在联系。

（一）重视德育教育，围绕核心素养构建德育课程

对于高中生来说，由于他们的学习任务较重，除了学习，很少能够在其他方面花费较多时间，所以在这样的学业压力下，高中生极易被外界的新鲜事物所吸引，一旦这些新鲜事物充斥着不好的教育引导，就可能阻碍学生道德水平的提高。所以，教师应当牢牢把握住良好的教育时机，将德育教育渗透进学生在学校内学习的方方面面，全面推动高中生的身心健康发展，为他们塑造良好的思想与品德。道德是一个人的立身之本，教师应当主动为学生树立这一观念，并在这一过程中将有利于开展德育教育的教学资源充分利用起来。在对学生进行德育教育的过程中，教师首先要科学合理地组织德育课程，在确保德育教育课程可以在高中的日常教学活动中有效实施的同时，还要使学生较为全面地获取到德育教育的启示。其次，教师要积极地对德育教育模式进行创新改革，组织德育教育活动时要反复思索每个环节设置的合理性，不断努力创新，设计出趣味十足的德育活动，提高学生的实践创新素养。

学校从 2017 年开始围绕中学生六大核心素养构建了六大德育类课程，即人文素养类——敬德课程（为学莫重于尊师，君子隆礼而亲友）、科学精神类——竞优课程（并驱争先竞风采，扶摇直上六月凝）、学会学习类——静慧课程（静以修身并致远，入室及座细无声）、健康生活类——净美课程（窗明几净阶如洗，伏案方可心无尘）、实践创新类——劲刚课程（宠辱沉浮还坚韧，劲气由来不可摧）、责任担当类——镜正课程（镜不蒙尘可照人，人不染污可树威）。在课程的构建过程中始终坚持立德树人根本任务，在兼顾年级特色的基础上统筹

设计德育教育主题。例如，高一年级坚持以"养成"为核心，注重学生行为常规、学习常规和文明礼仪常规的训练与养成，主要围绕学会学习类（静慧课程）和健康生活类（净美课程）主题开展活动；高二年级继续以"规划"为重点，围绕人文素养类（敬德课程）和实践创新类（劲刚课程）主题开展活动；高三年级继续以"奋发"为目标，激发学生斗志和热情，围绕科学精神类（竞优课程）和责任担当类（镜正课程）开展主题活动，充分发挥非智力因素对学习的催化作用。

通过课程建设丰富德育教育的路径，让核心素养的培养与学校的实际相结合，有迹可循，达到发展学生的核心素养，培养"全面发展的人"的目标。

（二）丰富德育课程实施路径，将德育融合在学生的日常学习和生活中

首先，课堂的主体是学生，课堂是体现立德树人、开展德育教育的主阵地之一。在各个学科开展课程教学过程中，教师要有意识地将德育教育思想融入课堂教学中，提高各自的德育教育水平，让教师在教授学科知识的同时将本课程的核心价值和学科素养等德育教育思想也传播给学生，强化学生的德育意识，如此一来，学生便能够循序渐进地用德育思想约束自己在日常生活中的行为举止。就以高中化学课堂为例，化学教师将化学教学目标与德育教育目标相结合，并在教授化学学科知识时渗透相关的德育思想。尤其是在学习与世界各国文化相关的化学知识时，教师就可以宣扬中华优秀的传统文化，利用这些优秀的传统文化熏陶学生的思想，并鼓励学生将其传承下去，发扬光大，从而培养学生的人文底蕴以及责任担当等核心素养。

其次，在学生的日常生活中，既要优化主题教育活动课程，开展活动形式多样、内容丰富多彩的德育活动，以活动为载体，突出学生个性发展，为学生搭建好展示自己才华的成长平台，充分发挥主题教育活动的育人功能，提高学生综合素质。同时要积极推进学生常规管理的规范化和制度化，整体规划学生活动，组建指导教师团队，以围绕核心素养构建的六境德育课程为依据制定《"六境"一日常规实施细则》和《学生自主管理委员会章程》等制度，切实加强对学生活动的指导监管，促进课程育人目的的实现。

（三）拓宽德育课程资源，将德育与家庭和社会相融合

基于核心素养背景下的高中生德育教育工作不仅仅需要教师的教育引导，社会与家庭也应当通力协作，拓宽德育课程资源，持续构建德育教育的良性循环，共同推动高中生的全面发展。深入挖掘社会中的德育教育资源，并将其与

爱国主义参观和社会道德教育实践活动相结合，利用城镇区域优势，深入基层企业、街道社区、志愿者服务中心等场所，合理地将德育教育渗透进社会实践活动中，在专题教育博物馆、展示馆中让学生亲眼见证我国社会的发展之快，亲身感受我国改革开放后所取得的伟大成就，体会中国劳动者的优秀素质，感受社会对自身思想的引导。参与社会教育，与周边街道、工厂等社会实践的德育教育形成合力，全面提升高中生的德育教育水平。此外，与家庭联合的德育教育可以由教师借助电话、微信等渠道与家长定期交流，对于学生在学校与在家的不同表现或者异常情况及时反馈给彼此，然后教师再根据具体情况制定有效的德育教育方法提供给家长，让家长也同步参与孩子的教育过程。让学校的德育教育与家庭和社会相融合，促使德育教育课程落地，健全学生人格，培养学生的核心素养。

德育工作是学校工作的中心，在培养学生核心素养的过程中扮演着极其重要的角色，所以，学校在日常教育教学工作中要把德育工作放在首位，通过德育课程的构建促使德育渗透到教育教学的各个环节中，提高德育教育实践探索的实效性，实现城镇普通高中生核心素养的有效提升，切实地培养出具有良好的道德素养与创新精神的综合型人才，从而促进我国的可持续发展。

（易新洋　佛山市顺德区罗定邦中学）

系统思维视角下的学校共生德育体系建设

系统思维是马克思主义哲学的基本思维方法。它以系统论为思维的基本模式，指出系统具有整体性、结构性、立体性、综合性、动态性的特点；强调从整体出发认识事物；强调遵循系统内部结构的有序性；强调各个要素的优化组合及系统内部结构的优化趋向。

以系统思维的视角审视学校德育工作，应该围绕落实"立德树人"的根本任务，明确学校育人的目标；从整体上谋划和设计德育工作，增强德育工作的系统性；理顺学校文化、德育管理、德育队伍、德育课程、德育评价等要素之间的关系，落实全员全程全方位育人；以德育工作者的专业化发展促进学生自主有为成长，扎实提高德育工作实效。

佛山市顺德区伦教中学运用系统思维，提出"建一所有温度、高品位的学校"，实施共生教育、共生德育。学校致力于打造"共生教育生态"，激发教师、学生、家长发挥各自潜能，相互促进，共同成长、共同发展，实现教育价值的最大化。

在"共生教育"框架下，学校建设共生德育体系。提出共生德育理念——育伦常品行，促共生发展；弘扬"共生精神"——自强不息扬个性，共生发展创未来，着眼于学校全局梳理教师、学生、家长等主要关联者的共生关系，优化学校文化、课程建设、师资队伍、学生特长、家长引导等教育要素，构建共生共荣的教育生态，促进学校教育教学全方位发展。

一、共生的教育生态与共生的德育体系

顺德区伦教中学把共生教育生态作为最理想的学校发展境界。在共生教育生态里，学生、家长、教师、校友等与学校有关联的人群是相互依存、相互包容、相互欣赏、相互负责、相互促进、相互成就的关系，这就使每一个学生都得以充分成长、每一位老师的职业价值得以充分实现，学校得到和谐而持续发展。

为了实现这样的生态，学校将德育工作的首要目标确定为：教育师生具备"共"的意识、"共"的能力和"共"的行为，从而实现共同的生长和发展。为此，学校提出了共生德育理念——育伦常品行，促共生发展。

学校挖掘了传统伦常文化所蕴含的人文精神和美德内涵，并梳理新时代培育学生发展核心素养的需要，对践行社会主义核心价值观进行了校本化探索，提出了伦常品行，即礼（文明有礼）、责（责任担当）、容（心胸宽广）、信（自信有为）。育伦常品行，就要让礼、责、容、信成为学校师生共同遵守的公德修养。

学校立足于构建多元教育共同体，搭建平台，营造氛围，让教师、学生、家长在共生文化精神的浸润下相互依存、相互包容、相互成就。开发成体系化的共生德育课程，为学生成长营造丰富而深刻的生命体验，为学生发展创设多条成才途径。

学校围绕共生精神构建德育工作体系，包括传播共生精神、促进德育队伍专业化，优化德育课程，改善德育评价等。

二、凝练和传播共生文化

师生有信仰，教育有力量，学校有希望，学生有前途。学校依据伦教中学

的历史文化，凝练了"自强不息扬个性，共生发展创未来"的共生精神，并把它作为共生德育体系的灵魂。将学校共生文化体系转化为伦教中学的校歌《伦中薪火》和学生与教师誓词，在各种场合、关键时间点大张旗鼓地、全面系统地向师生家长传播，使之成为师生共同的精神信仰。

（一）围绕共生精神布置学校文化

如在各种载体上显示"共生教育——伦常恒远，多元共生"；在教学楼、宿舍楼、办公楼布置"礼责容信"的解读展板；在各大楼宇的显要位置布置"自强不息扬个性，共生发展创未来""我在，伦中更精彩""在一起，创美好"等标语；每天在广播站播放校歌《伦中薪火》，在重大活动开始前以《伦中薪火》MV为暖场音乐；通过国旗下讲话、电子班牌、学校公众号等方式传播共生精神；在开学工作会议、誓师大会上组织教师誓词和学生誓词的宣读；各年级各班也基于共生精神形成主题标语，学校的各宣传橱窗、各年级的主题标语、教育教学活动主题、各班的班级室内外文化布置都提醒传播共生精神，让共生精神随处可见，入眼、入耳、入心。

伦教中学教师誓词是：我是伦中教师，引领学生成长是我的使命，促进伦中发展是我的责任。我宣誓：修身立德，包容共生；言传身教，示范引领。专而乐教，精益求精；传承文明，启智求真。自强不息，永求上进，为教育事业奉献终身！

伦教中学学生誓词是：我是伦中学生——今日我以选择伦中为荣，他日伦中以培育我为傲。我宣誓：自强不息，共生发展。朝气蓬勃，情操高尚；敏而好学，自为自强。遵规守纪，尊师敬长；团结友爱，文明交往。志存高远，开拓眼光；勤学求真，成就梦想！

（二）深度解读、动态传播

学校系统梳理和实施共生德育系列讲座。面向班主任宣讲《做一名有温度、有思想的班主任》，引导班主任以共生思想文化为引领，打造"一班一品"特色班级共同体；面向学科导师宣讲《做一名有情怀的导师》，引导学科导师以师生共发展的理念，对学生进行心理、生活、学习和生涯指导；面向学生宣讲《做一名优秀的伦中学子》，引导学生以共生共赢的精神，实现自主有为的多元成长；面向家长宣讲《做一名优秀的伦中家长》，引导家长以共生精神促进家校协作、家校共育，共同促进学生成长。学校还出台了《共生教育行动纲领》，将共生精神贯彻到德育管理、德育课程和德育评价中，凝聚共生的共识、提升共生的能力、推动共生的行动、表彰共生的榜样，实现对师生的精神引领。

三、以共生文化推动德育队伍发展

人才是做好工作的根本性因素；经师易得，人师难求。学校始终以"做一名有温度、有思想的德育工作者"为目标，系统推进德育队伍的建设。

倡导做有温度的德育工作者。学校着力激发每一位德育人的"爱心与责任"，强化使命担当的精神，主动发现和满足学生真实的成长需求。学校大力推行以年级为核心的扁平化管理机制，为年级建设放权赋能，激发年级管理团队、年级班主任团队、年级备课组长团队和年级教师团队、年级学生分会、年级班长团委书记等学生自治团队的管理潜能。学校推行"一班一品"特色班级建设，给班主任放权赋能，实现"我的地盘我做主我负责"，最大限度焕发主人翁精神和主动性创造性。学校通过举办班主任节的暖心活动，大力推行感恩教育和自主教育，组建家委会推动家校共育，营造学生热爱、家长拥护和领导同事点赞、尊重、支持班主任的氛围。

为营造师徒一家亲的氛围，学校编制了《伦教中学班主任谈心工作指引》（以下简称《指引》），推动班主任谈心工作走向常态化，取得了良好的效果。以下是《指引》的具体内容。

与学生谈心是班主任的基本工作，是班主任对学生进行有针对性教育的常用方式。学校要求，班主任要常态化、制度化开展学生谈心工作，把握班级学生的情绪心理、生活学习、人际交往、思想观念等动态，及时帮助学生化解烦恼、解决问题，有效引领学生成长。为卓有成效地推进学生谈心工作，学生成长中心编制如下工作指引。

（一）应该和谁谈？全覆盖，一个都不能少

1. 按学号轮流为主

全部都要谈。确保一个都不遗漏；用一张花名册，标注谈心的时间地点和关键词。

2. 以临时安排为辅

大考前后，重要变故后，及时应对各类突发情形。可主动介入，可接受学生预约。特殊情况要留备忘录。

要求：每个学期，每个学生最少应该谈心 2 次。

（二）在什么时间地点谈？灵活多样，随机应变

1. 早读晚修自习课——教室外走廊

2. 大课间跑操——运动场

3. 中餐晚餐——饭堂餐桌

4. 晚餐后——运动场或者随机

5. 巡查宿舍时——宿舍

温馨提醒：办公桌旁、会议室内太正式，不是最佳场所，但对于犯了严重错误、需要和一个小组或者一个宿舍就某个主题进行集体谈心的，选择办公室或者会议室，会形成庄严肃穆的氛围。

（三）谈什么

1. 随机谈话为主

家长里短、同学关系、男生女生、班级趣事、各科学习、品德习惯、校内新闻、家庭矛盾、情感纠葛都可以，非功利化，营造和谐氛围、润物细无声地建立和巩固师生信任。

2. 主题谈话为辅

处置问题、成绩分析、化解矛盾、疏导情感、劝学励志等。确立主题、设定目标、设计追问，力求实效。

（四）怎么谈

1. 提前备课

观察、收集和梳理学生的家庭状况、各科成绩、生活习性、人际关系、心理状况、性格特征、兴趣特长、忌讳等情况；主题谈话要明确谈心意图，设计谈心进程，准备追问问题，预设谈心效果，自己希望谈心能达到什么样的气氛与效果，这些都要有一定的"预设"。

2. 多听少说

可以一对一，也可一对多；选择适当的时间地点场合，营造环境；特殊情况邀请老师或学生见证陪伴配合；设计回应或者追问的问题引导学生表达；判断学生的诉求、正面引导学生思考问题的方向和方式。

3. 先跟后带

首先理解和认同学生的表达和诉求，寻找和聚焦共同点，"跟"上学生的情绪和思维，建立"我们是自己人"的亲和感；设法提出一系列学生只能表示肯

定的观点，逐步让其形成回答"是"的言语习惯，最后提出希望和要求，把学生"带"到所希望的方向。

4. 整理反馈

对于谈话获知的需要向年级、学校、家长反馈的信息应当及时反馈；对特殊的重要的事件应当及时记录；对不适宜公开转告的隐私秘密，应当守口如瓶；对共性的典型的话题内容应加强梳理提炼，生成教育叙事、个案研究等成果。

谈心是一门艺术，特别需要智慧。我们的谈心要让学生如沐春风，避免让学生敬而远之。一起努力，让我们的谈心如溪流，潺潺流入学生恬静的心田；如暖阳，缓缓照进学生淳美的世界，让班级更加和谐，让师生更加友爱。为此，德育工作者还需要注意以下三点。

一是倡导做有思想的德育工作者。学校以共生精神为引领，组建学校名班主任工作室，实行"1+1"德育师徒结对，发挥资深优秀德育工作者的传帮带作用；组织德育沙龙、德育分享会活动，促进同伴之间相互学习德育智慧；举办学校班主任专业能力大赛、德育论文评选、主题班会同课异构活动等，由资深的优秀老师任评委，让年轻的老师打擂台，促进整体专业提升；引入省级德育名家实施提质计划、推荐优秀班主任加入省名班主任工作室、选拔骨干班主任参加市区班主任能力大赛，组织团队协同备赛，并取得优异成绩。

二是用共生精神打造班级生命共同体。学校编制了"一班一品特色班级建设指引"，推动班主任形成自己的个性化班级建设思想理念，并将自己的思想理念落实到班级常规管理中，推动班级自主化、制度化运转；把思想理念落实到家校协作的过程中，通过班级家委会、班级家长会和家长分享会等推动家校共育；把思想理念落实到学习促进中，营造和谐奋进的学习氛围，组织学习竞赛，发挥榜样的示范作用提高班级学习成绩；把思想理念落实到主题班会和班集体活动中，系统主动地进行思想引领；把思想理念落实到深度谈心工作中，有计划有针对性地与学生交心交流；把思想理念落实到惩戒教育中，温柔而坚定地帮助学生纠偏导正；把思想理念落实到德育成果的积累中，主动系统地丰富自己的育人理念和专业成果。学校围绕"一班一品特色班级建设"开展德育教研、班主任分享会、班主任专业能力比赛、德育论文评比等活动，促进班主任工作智慧交流；学校以一年一度的校运会暨嘉年华为契机，举办班徽班旗班服设计大赛；每个学月一次的"班容班貌评比"促进班级特色文化展示；定期在升旗仪式上举办特色班级建设成果展示，增加了班主任的成就感和价值感。

三是倡导做"有温度、有情怀、有思想"的导师。学校明确，做学生的导师是每一位老师的神圣职责。一方面，强调底线要求，即不要因为老师的不适当教育教学行为诱发特殊学生的过激反应，造成不良事件；不要因为老师的不适当教育教学行为恶化了师生关系，伤害班级和谐；不要因为老师的不适当教育教学行为造成或者加剧了学生的厌学情绪，伤害学风。另一方面，对学业指导、生活指导、心理疏导、人生指导等方面提出了具体要求。在学业指导上特别强调因材施教——教学情景设置，设计学习任务，课堂教学评价，布置课后学业，选编测试题目等环节，都充分尊重生源实际，降低教学重心，降低训练难度数量，提高针对性、系统性，千方百计给学生更多的展示机会和获得感、成就感。在生活指导上特别强调时间精力管理和学习生活用品的管理。在心理疏导上要加强同伴交往，尤其是男女生交往的指导，注重考前考后、人生重大变故等时间点的关心指导。在人生指导上，加强生涯规划指导，特别是在选科，选校本课程、选择朋友、填报志愿等重大事件上，为学生点灯指路。

为促进导师工作，学校明确导师与帮扶对象的帮扶关系，以班主任安排为主，双向选择为辅。学校编制了"谈心工作指引"，对谈心的对象、频率、内容、方法提出了要求；年级管理团队对导师工作进行日常观察，发掘先进典型进行宣传表彰，以重大考试为契机，表彰先进导师；期末向学校提供先进和表扬导师名单，并在绩效考核、奖教奖学等方面进行大力表彰。

四、以共生文化建设共生德育课程体系

学校将高中德育的主要内容（理想信念教育、社会主义核心价值观教育、中华优秀传统文化教育、生态文明教育和心理健康教育）进行校本化探索，构建了共生德育课程体系。

学校以共生精神文化为指引，设定了品行、才干和能力三个层面的育人目标。品行层面的目标是培养"伦常四德"——礼、责、容、信，即言行有礼、担当责任、心胸宽广、自信有为；才干方面的目标是培养"伦中四才"——一手好字、一副口才、一门艺术、一项运动；能力方面是培养"伦中四能"——认知能力、合作能力、创新能力、职业能力。

为了达成育人目标，学校构建了学校、年级和班级三个层面的共生德育课程。学校层面每年常态化开展的德育活动课程非常丰富，主要有高一军训及入学教育、教学楼宿舍楼的逃生安全疏散演练、校运会及嘉年华、综合社会实践、

科技学术节、传媒艺术节、五四大合唱比赛、学生生涯规划能力大赛、团体操比赛、高三成人礼、高三百日誓师大会、高三毕业典礼等；还有十大学生干部评选、十佳学生评选、十大歌手比赛、学代会团代会、团课党课、志愿者服务等。开学初，学校将重点德育活动编入学校行事历，并高品位推进。

各年级管理团队在执行学校重点德育活动的基础上，分学期规划实施本年级德育活动。每个学期常态化主要有：学生主题教育集会、心理团辅活动、班级文化日活动、大考的考前誓师动员和考后表彰活动、家长大会与家长学校活动等。开学初将年级重点活动编入年级工作规划，并有序推进。

班主任在执行学校和年级德育活动的基础上，围绕自己的育人理念和班级发展目标，编制主题班会/班集体活动的主题规划，并纳入班级发展规划中。学校明确，每个月必须有一次心理健康主题的班集体活动（可以是人际交往、情绪调节、心理团康等）；学校要求主题班会/班集体活动要成为学生的学习加油站、情感沟通站和心灵抚慰站；学校倡导主题班会/班集体活动要走向活动化、素材化，加强浸润式体验。学校在班主任评价方案中，特别设置主题班会评价板块，每学期分年级举办主题班会示范课、同课异构活动；各年级组建主题班会设计小分队，以团队协作的方式减负提质。

学校、年级和班级的德育活动，都设置鲜明的主题、设计适切的内容，实现了主动引领；整合学校、老师、学生、家长资源，保障了条件；在活动策划、组织实施和总结反思等环节都精细安排，增加了学生参与的广度和深度，一般都会有延续教育效果的后续安排，实实在在地发挥活动的育人实效。

五、以共生文化推动德育常规管理

德育工作必须从最基础的看得见的工作做起，管好纪律和安全，抓好学生行为习惯，创建优良校风，实现管理育人。常规管理的价值在于通过持之以恒的纪律与安全的规范化治理，遏制学生散漫任性的负面本能，培养优秀的品质和习惯。

学校以共生文化建设年级管理团队，以团队的力量、集体的智慧扎实推进常规管理。各年级配备一个校级领导、两个中层、两个年级组长，引进优秀班主任和备课组长进入管理团队。在年级组长例会和班主任例会上研究手机、外卖、早恋、心理情绪等学生管理的经典难题，凝聚集体智慧。学校、年级、班级都分批分类培训学生干部，激发学生自主管理的意识和能力。

学校坚持把德育常规管理推向制度化、自主化和智能化。德育常规管理的制度化就是给德育常规管理建立规范和标准，确保德育常规运转有章可循。学校将《中小学生守则（2015 年修订）》细化为《过程性评价制度》，并根据《中小学教育惩戒规则（试行）》和教育部办公厅《关于加强中小学生手机管理工作的通知》等政策文件，针对学生在各个场景中的行为规范提出要求，对最常见最典型的失范行为进行约束惩戒。学校编制了《手机管理规则》《班容班貌评比规则》《班风十项常规评比》《宿舍管理规则》《十大禁令》等管理规范，并以落实各项制度规则为抓手，组织各种管理力量下沉到年级和班级，经常性地对教室、宿舍、饭堂、运动场、校门口等进行检查反馈整改，真正把行为习惯一以贯之地抓细、抓实、抓到位，从而实现管理育人。针对手机、外卖、交往过密等典型且反复的问题，学校坚持以正面疏导为主，以针对性纠偏约束为辅，协同家长进行教育。

德育常规管理的自主化，就是千方百计组织和培养学生干部队伍落实常规管理，围绕班级规则建设，学生干部培养开展自主教育沙龙。校团委、学生会、年级组长、班主任必须把培养学生干部作为核心的工作任务，激发学生干部的责任担当意识，培养学生学会谋划和推进工作。校团委学生会组建了校风督察队、纪检部、各级各类检查员评分员，对德育常规管理的各环节和场景开展巡查检查；各年级分批分类对学生干部开展培训；将学生干部的评优评先直接与常规管理班风建设挂钩；组织学生干部到兄弟学校进行访学交流。

德育常规管理的智能化，就是以信息技术手段实现管理数据的采集分析，使德育量化评价系统更全面准确及时反映年级班级的管理情况；学校以德育量化评分系统、企业微信等渠道，利用电子班牌、一体机、学校和学生会微信公众号等加强管理信息的及时通达，大大提高了管理的效率和针对性、有效性。

学校以共生精神为导向，坚持德育正向评价。在日常工作中，学校行政特别是德育行政年级主管行政坚持随手拍，实时宣传常规管理中的好人好事；把关键时间点的巡查情况、导师制的落实情况，年级学生干部的培养使用情况纳入年级组长评价；把值周班的执勤情况、班团学生干部的培养情况纳入班主任评价。学校整理了卓越班主任、优秀班主任、表扬班主任等荣誉，在学校宣传、评优评先、奖教奖学中给予表彰宣传。

六、共生教育共生德育落地生根，开花结果

学校围绕共生教育开展了"实施共生教育，培养学生核心素养研究"和

"基于希望特质的高中班级建设"两个顺德区十三五规划课题研究，都已经顺利结题；在中国教育报发表了《实施共生教育，落实立德树人》，在《高考》上发表了《基于希望特质理论下的"希望班级"建设—班级建设创新实践》；形成了《共生教育行动纲领》《希望特质班会课教案集》《希望特质团康活动教案集》《教师希望特质培训手册》《学生希望特质手册》等一系列成果；学校的"六个一助力生涯教育"系列课程获得区一等奖并刊载于《顺德教育》。

学校围绕护航学生健康成长的课题积极探索生涯教育，形成了生涯教育课程体系并编写了校本教材。学校"一体，两翼，三维度，四方式"模式的生涯教育，倡导"无处不生涯"的生涯教育理念，涵盖生涯课堂、生涯社团、生涯实践、生涯咨询四方式的"六个一"循环递进生涯实践活动，每年举办学生生涯规划能力大赛，为学生找到自己未来发展的方向，在区内起到引领示范作用。

学校涌现出一批市区优秀班主任、名班主任、骨干班主任，对年级组长班主任队伍成长发挥着示范引领作用；学校涌现出一批宋庆龄奖学金获得者、省优秀团员、市区优秀学生。

实施共生教育、共生德育以来，学校教育教学各方面的发展一年一个台阶，实现飞跃。创建了市优质多样特色发展学校，传媒特色教育已成知名品牌，伦教中学传媒特色教育集团获评省市优秀教育集团。学校多年获得区高考质量进步奖，尤其刚刚过去的2020年，伦教中学获得了高考成绩卓越奖、教学成绩优秀奖、区先进学校等大丰收。共生教育、共生德育真正实现了落地生根，开花结果。

（陈钊　佛山市顺德区伦教中学）

基于责任教育的体验式德育实践探索

人生在世，责尽心安。一个对自己负责的人是幸福的人，一个对他人负责的人是高尚的人，一个负责任的民族是高尚的民族。责任心作为一种道德情感，是一切美德的基础和出发点，是人类理性与良知的集中表现，是社会得以存续的基石。立德树人是教育的根本任务，"举什么旗、走什么路、培养什么人"是新时代每个教育工作者必须思考的问题。学校和教师要对学生成长负责，为学生的终身发展奠基，对为党育人、为国育才负责。

责任是指分内应做的事情。也就是承担应当承担的任务，完成应当完成的使命，做好应当做好的工作。责任教育是指培养责任主体的责任意识、责任情感、责任能力和责任行为的教育，是对其所应该承担的职责、任务和使命加以确认、承诺并履行的教育。责任胜于能力，责任心可以弥补能力的不足，而能力难以挽回责任的缺失。

责任教育是教育的责任。笔者曾经在普通高中学校担任三年的德育处主任和九年的德育副校长，倡导办负责任的教育，实施"以生为本、以心育心、以德润德"的德育理念，其根本宗旨就是造就师生的责任情怀、担当精神与履行责任的本领。学校自2010年以来，开展"基于责任教育的体验式德育实践研究"，开展顺德区"十二五"规划重点课题"以责任教育促进校风建设的实践研究"，对全校教师、学生及家长进行责任教育系列主题活动，搭建多种社会实践平台，注重体验式的责任教育培养，学校的教育教学质量和社会口碑越来越好，连续多年被评为佛山市和顺德区先进学校，探索出一条适合自身发展的育人之路。

一、问题提出的主要背景及意义

（一）开展"基于责任教育的体验式德育实践研究"的主要背景

体验式德育主要是指教育者依据德育目标和学生的心理、生理特征以及个体经历创设相关的情景，让学生在实际生活中体验、感悟，通过反思体验和体验内化形成个人的道德意识和思想品质，在反复的体验中积淀成自己的思想道德行为。笔者所在学校开展"基于责任教育的体验式德育实践研究"，当时有以下的主要背景。

1. 落实学校办学宗旨和德育理念的需要

造福桑梓，回报社会，培育英才，是顺德区罗定邦中学创办者的教育理想。学校坚持"办负责任的教育，为学生终身发展奠基"的办学宗旨，确立"以生为本、以心育心、以德润德"的德育理念，其中"以心育心"就是要以老师的爱心、事业心培养学生的责任心、自信心和进取心。

2. 引领学校走出办学困境和强化校风建设的迫切需要

罗定邦中学原是顺德区大良街道的一所镇属公办普通高中，学校原来的招生范围被限定在本镇街辖区内的初中学校，而且是在原区属高中、民办高中招完之后录取，生源素质相对较差，学生容易产生被迫无奈，甚至消极抵触情绪。加上学校办学的硬件设施又相对落后，导致学生对学校的认同感和归属感不强，爱校意识比较淡薄。

3. 解决学校德育工作的实效性与针对性问题的需要

如何根据学校实际提高德育教育的实效性，始终是德育工作者的重要课题。通过以责任教育为主线，探索镇街普通高中加强校风学风建设的有效途径。

4. 积极配合学校"1+1 主体建构"课堂教学改革的需要

从 2010 年开始，学校领导团队以极大的勇气和魄力，带领全校教师进行课堂教学改革，希望借此提升学校的教育教学质量。学校当时实施的"1+1 主体建构"课堂教学改革，大力提倡学生自主学习、合作学习、探究学习。这就特别需要加强学习小组建设，需要培养学生的爱心和责任心，尤其是学习小组长的责任心直接关系到学习小组的建设。实施分层教学与合作探究需要同学之间的互帮互助，小组评价激励机制需要每个成员增强主人翁责任感，才能促进共同进步。

5. 加强学校教师队伍建设的需要

学校自 2010 年完成初、高中分离后，高中的招生规模不断扩大，连续几年共招聘了一百多位大学应届毕业的新教师，教师队伍出现两头大中间小的格局。部分年纪较大、资历较深的教师出现职业倦怠现象，而刚刚毕业的年轻教师缺乏教育教学经验，迫切需要那些有爱心和责任心的老教师进行培养和引导，帮助他们尽快成长。

6. 弘扬中华民族优秀传统文化的需要

人生在世，责尽才能心安。责任心作为一种道德情感，是一切美德的基础和出发点。中国历来重视对年青一代进行责任教育。孔子的"当仁不让"，孟子的"舍我其谁"，李大钊的"铁肩担道义"，无不显示着对国事民瘼的崇高责任感。

7. 培育和践行社会主义核心价值观的需要

国家富强和社会进步需要每个人都承担相应的责任，做出相应的贡献。"国家兴亡，匹夫有责。"立德树人是教育的根本任务，实现中华民族伟大复兴的中国梦，必须增强每个公民的社会责任感和使命感，这是社会主义核心价值体系中不可或缺的重要内容。

（二）开展"基于责任教育的体验式德育实践研究"的价值意义

第一，探索镇街普通高中实施责任教育的有效途径，强化学生的责任意识、爱国意识、规则意识和自律观念，养成良好的行为习惯，促进学生素质的提高。

第二，进一步增强教师自身的责任感和使命感，贯彻立德树人的教育使命，尽心尽责地做好教书育人工作，牢固树立对学生负责、对学校负责、对社会负责、对未来负责的教育教学理念。

第三，提高师生、家长对学校的认同感和归属感，关心热爱学校，形成良好的校风学风，努力承担起各自应该承担的责任。

第四，增强普通高中学校德育工作的实效性与针对性，形成相应的研究成果，创建罗定邦中学的德育品牌，发挥一定的示范和辐射作用。

二、解决问题的主要过程与方法

（一）开展"基于责任教育的体验式德育实践研究"的主要内容

1. 构建普通高中责任教育系列主题班会课程

课堂是实施责任教育的主阵地，要开展基于责任教育的系列主题班会教育活动，开展增强师生责任感的专题教育活动。

2. 开展教师责任心与校风建设的实践研究

立德树人首先要立师德、铸师魂。良师背后是责任，唯有充满责任感的教师，才能培养出有责任感的学生。

3. 开展学生责任心与校风建设的实践研究

要通过主题班会、体验式德育活动等许许多多的责任教育形式，增强学生的责任意识和爱校意识，提高学生对学校、班级的认同感，要像爱护自己的眼睛一样爱护我们赖以成长和生活的班集体，共同创建优良的校风学风。

4. 开展学生自治自理与责任感培养的实践研究

根据知、情、意、行相统一的原则，责任感意识的培养必须通过实践活动，要在学生自治自理和参加各种社会实践中进行养成教育，并且检验和巩固责任教育的效果。

（二）开展"基于责任教育的体验式德育实践研究"的主要方法

1. 以申报教育规划科研课题引领责任教育的实施

由学校德育副校长牵头，组建实施责任教育专题研究的课题组，"以责任教育促进校风建设的实践研究"成功申报为顺德区教育科学"十二五"规划2011年A级立项课题（课题批准号：SD2011018）。课题组深入开展调查研究，召开研讨会征求意见，邀请教育专家对课题研究方案进行指导，确保课题研究的实效性和科学性，确保课题研究的顺利进行。确定四个子课题和实施方案，梳理核心概念，分配课题研究任务，认真全面实施责任教育课题研究，该课题结题时得到了与会专家的高度评价。专家认为该课题研究目标明确，思路正确，方法恰当，资料翔实，在区域内发挥了积极的示范与引领作用，一致认定课题研究已经超出预期效果，做得很丰满、很美，走心又实在，且具有可复制性。

2. 以问卷调查为依据增强责任教育的针对性

为了增强责任教育的针对性，了解学生的实际情况，提高课题研究的有效性，课题组对全校师生进行了四个方面的调查研究。一是"罗定邦中学学生最讨厌的行为"问卷调查；二是"高一新生入学问卷调查"；三是"罗定邦中学校园年度十件大事评选"；四是"我最喜欢的老师"评选。

3. 以责任教育系列专题讲座为平台培养师生的主人翁意识和责任感

全校所有班级都要开展责任教育系列主题班会课。高一年级新生开学第一课主题：《学会负责，走好人生每一步》；高一年级学生家长第一次家长会主题：《做最好的家长，培育负责任的子女》；每年的团委学生会干部换届后第一次培训主题：《做一名敢于担当的优秀学生干部》；学校团委每年举办的青年团校培训主题：《做一名负责任的优秀共青团员》；全校教职工师德教育培训主题：《以心育心，良师背后是责任》系列讲座；每年入职的新教师培训主题：《你凭什么在学校立足与成长》；在全校教师中举办《爱与责任——我的教育故事》演讲及征文评选等。通过责任教育系列讲座，教育学生要热爱学校、尊重老师、学会自律、承担责任、追求成功。同时引导教师、家长、学生说负责任的话、做负责任的事、当负责任的人，强化师生和家长的责任意识。

4. 以系列体验式德育活动为载体增强学生的爱校意识和自豪感

实践是认识的来源，德育离不开活动作为载体和支撑。德育情感需要在体验中养成，责任教育需要在活动中体验，在体验中培养，在培养中成长。育人比教书重要，情感比认知重要，体验比说教重要。通过体验式德育实践活动培养责任情感，促进优良校风形成；通过体验式德育实践活动提升素养，为学生终身发展奠基；通过体验式德育实践活动砥砺意志，丰富人生。让学生在体验式德育活动中，感受一段经历、解决一个问题、亲历一次感动、塑造一种品质。学校围绕实施责任教育这条德育主线，开展了一系列丰富多彩的体验式德育教育活动。

（1）高一新生军训。每年的8月下旬在校内进行为期一周的高一新生军训。新生军训将国防教育、责任教育、爱校教育、行为规范教育与军事技能训练相结合，对高一学生开展"学会负责，走好人生每一步"的"开学第一课"入学教育活动，引导学生要热爱学校、尊重老师、学会自律、承担责任、追求成功。

（2）高二学生学农。每年的9月下旬，组织为期3天的高二年级全体师生到肇庆四会的广州越秀区教育实践基地开展学农综合实践教育活动，通过锄草、挖地、施肥、插秧、野炊等课程体验，感悟劳动的光荣与艰辛，在感悟中内化自己的感恩与责任意识，提高思想认识，促进道德行为的成长。

（3）高三学生成人礼。每年的12月中旬隆重举办高三学生18岁成人礼。成人礼以"感恩、立志、重责、明理"为主题，活动设计新颖，内涵丰富，音乐视频感人至深。

（4）高考喊楼文化。每年的6月5日，学校德育处和高一、高二年级都会精心组织一场惊天动地、荡气回肠的"高考喊楼"活动。一遍遍"霸气"的喊楼助威口号在校园里回荡，既表达了学弟学妹对师兄师姐的考前祝福，又是全校师生爱与责任的真情流露，师生爱校的情感在相互感动和相互激励的呐喊声中得到进一步升华。

（5）体艺节和科技文化节。每年上下学期分别举办体育艺术节和科技文化节，举行国学经典朗诵大赛和丰富多彩的学生社团活动展示等，这些活动一律是停课进行，为全校学生提供展示青春和才华的大舞台。

（6）高三师生无偿献血。组织学生参加无偿献血是爱与责任的教育，是实施和检验责任教育的有效载体。近年来，我校学生参加无偿献血的积极性很高，每年高三学生自愿报名人数在年级总人数的半数以上。

（7）高一学生相约未名湖。每年暑假组织高一学生到北京参加"相约未名湖"科技夏令营，让学生在参观清华北大，感受祖国悠久历史和灿烂文化的过程中去体验、去感悟、去构建社会与时代所希望他们拥有的爱国情怀、民族精神和责任意识。

（8）全校常规公益活动。团委学生会每年组织常规性公益活动，如爱心捐款活动、韶关曲江慈善社会实践活动、学生干部校外拓展培训、回收废弃笔芯、撑起爱心雨伞、重阳敬老献艺等，都受到学生的热切关注。

5. 以学生干部的自主管理为抓手强化学生的自律意识和归属感

学校高度重视团委学生会干部的培养，通过校内集中培训、校外拓展提升等活动，不断提高学生干部的管理能力，遵守纪律成为学生自觉的行为。

三、取得成果的主要内容和推广价值

（一）开展"基于责任教育的体验式德育实践研究"取得的实际效果

1. 建立责任教育体验式德育体系，抢抓机遇推动学校快速发展

基于责任教育的体验式德育管理，构建学校、家庭、社会一体化德育教育

架构，促进了学生德、智、体、美、劳的全面发展，锻炼和造就了一支有较高素质的德育队伍，健全了德育运行的内部机制，提高了学校德育科学化、系统化与规范化的程度，为深化德育教育打下了坚实的基础，为推动学校发展奠定了根基。基于责任教育的体验式德育将规范教育与自我教育相结合，将品行教育贯穿于活动始终，使整体活动贯穿着"责任为本"的教育理念，学生个体的品德行为在体验中得到充分张扬，有效促进学校学风校风转变，极大提升学校办学质量。例如，2012 年，我校高考重本上线人数仅 19 人，本科上线人数为425 人。2017 年，重本上线人数达 158 人，本科人数上升飞速提升至 840 人，本科上线率达 90%。到了 2021 年，我校高考重本上线（特控线）296 人，本科上线人数 868 人，本科上线率达 96%。优异的高考成绩可以充分证明，学校德育教育是提升高考成绩的前提和重要增长点。

2. 大大增强学生责任意识，完善学生健康人格

基于责任教育的体验式德育让学生在参与活动过程中，产生心理体验，加强责任认知，促进情感升华，完善品德人格发展，增强其社会公民意识。具体表现在三个方面：

一是学生的爱校意识、自律观念明显增强。跟几年前相比，学生遵守纪律的自觉性、勤奋学习的拼搏精神都有明显提高，班风学风显著进步，高考成绩连续几年实现跨越式提升。每天的自主学习课和晚修课，即使是在没有教师值班的情况下也能保持良好的学习秩序。校园乱扔垃圾现象没有了，宿舍、教室公物损坏现象明显降低，学生的文明礼貌意识显著增强。

二是学生的责任意识、自治自理能力大大提高。学生以主人翁的姿态，积极参与学校管理。团委学生会自治自理工作有了很大进步，学生干部的工作主动性大大加强，大胆参与学校各项管理，在班级常规检查、升旗礼、跑操、晚修、饭堂、宿舍，以及各种大型活动中发挥越来越重要的作用，学生的自信心和综合素质普遍提高。

三是学生更懂得感恩与承担责任。责任教育潜移默化地感染着学生的成长，使学生学会感恩，懂得报恩。仅 2011—2014 年学校师生为罗定邦中学爱心基金、教育基金百万行、"630 扶贫"捐款共计人民币 369188.5 元。每年顺德区无偿献血活动中，高三学生用实际行动诠释自己的爱心与责任，受到顺德区中心血站和慈善机构的表彰，学校被评为佛山市和顺德区"无偿献血先进单位"，并作为普通高中唯一的代表在无偿献血招募会上作经验介绍，引起其他参会单位

的关注和赞扬。

3. 强化教师责任感与奉献精神，造就一支负责任讲奉献的教师队伍

基于责任教育的体验式德育通过引导、示范、激励、约束相结合的方式，持续推进教风建设，使广大教师具有良好的职业操守，严谨的治学态度，严格的教学规范和较强的研究性教学能力。罗定邦中学"1+1 主体建构"的教学改革能够走到今天，成为顺德区课改的一面旗帜，跟全校教师面对新课改的挑战能够坚定信念、深明大义、勇于担当、团结合作、甘于奉献是分不开的。特别是以班主任为主的学校德育教师队伍，他们每天起早贪黑，不辞辛劳，为学校的发展和学生的成长做出重要的贡献，成为学生心目中最可爱的人。

4. 全面提升学校办学品位，形成德育品牌示范辐射省内外

基于责任教育的体验式德育课程已经成为我校的德育品牌，吸引了来自湖北、上海、广州、云浮、清远等省内外兄弟学校前来观摩。特别是 2015 年我校的高三成人礼，成为顺德区委宣传部、团区委、区教育局向全区各高中学校推广的示范课程，成为顺德区中学德育教育的一张名片，产生了良好的示范与辐射作用。新华网、中国新闻网、新浪网、凤凰网、网易、南方都市报、佛山日报、珠江商报、顺德城市网、顺德电视台、顺德电台等新闻媒体对罗定邦中学的德育活动进行了相关报道。

香港罗定邦中学、武汉汉阳一中、广州 86 中、广州开发区中学、云浮中学、清远华侨中学、阳江一中、顺德一中、伦教中学、北滘中学等兄弟学校来我校交流。部分学校甚至采取"拿来主义"，直接照搬我校的高三成人礼等德育品牌活动，且取得良好效果。

学校受到中国教育报、国家语言文字报、中国名校杂志、广东电视台、顺德下一代杂志等域内各大媒体的关注。学校荣获中国名校实验基地、全国教科研先进单位、重点课题科研单位、顺德区首批德育示范学校、顺德区先进学校等荣誉。

(二) 开展"基于责任教育的体验式德育实践研究"的成果创新点

1. 形成契合学校实际的德育理念和德育主张

学校德育要脚踏实地，通过开展"以责任教育促进校风建设的研究"活动，找准了学校德育定位，确定以责任教育为德育工作的主线，确立"以生为本、以心育心、以德润德"为学校德育理念和德育主张。以生为本是指倡导办负责任的教育，创建适合学生发展的德育模式，为学生的终身发展奠基。以心育心

是指以教师的爱心、事业心培育学生的责任心、自信心、进取心和爱校情感；是指用教师的师德修养、人格魅力滋润学生的成长，引导学生形成良好的社会公德、个人美德和健全人格。

2. 创新生本化德育教育模式

以责任教育为切入点、以体验式德育活动为载体的系列德育教育活动，深受学生喜欢，真正体现以生为本的教育理念，大大提高了学校德育工作的实效性，有力地促进了学校发展。

3. 体验式德育课程特色化、系列化

体验式德育课程包括科技文化节、体育艺术节，高一学军、高二学农、高三成人礼、五十华里徒步拉练、高考喊楼文化等德育课程体系业已完善，极大增强了学生的责任意识和爱校意识，提高了学生对学校、班级的认同感。

4. 责任教育个性化、人文化

针对学生、教师、家长等不同的群体，分别开设不同的并且具有很强针对性的责任教育专题讲座，增强了师生员工的责任感，显著提升了学生自主管理的意识与能力，取得良好的教育效果。

5. 理论成果颇具新颖性、实用性

凝练基于责任教育的体验式德育内涵，强调创设德育情景，让学生在实际生活中体验、感悟、反思，内化形成个人的道德意识与道德行为，形成基于责任教育的德育品牌和德育主张，德育专著《爱与责任》由黑龙江人民出版社正式出版，基于责任教育的体验式德育实践研究获得 2017 年广东省教育厅基础教育成果二等奖。

6. 德育实践创新引领促进学校发展

通过实施基于责任教育的体验式德育实践研究，引领我们学校德育活动，增强了师生员工的责任感，带来了校风学风的明显进步，学校的教育教学质量和社会口碑越来越好，连续多年被评为佛山市和顺德区先进学校，学校的德育管理经验具有示范和推广价值。

（三）开展"基于责任教育的体验式德育实践研究"的成果推广价值

经过 2010 年以来多年连续的探索与实践，罗定邦中学基于责任教育的体验式德育体系已经形成，学校的校风学风明显好转，连续多年高考取得突破性的优异成绩，学校的社会声誉和办学口碑也越来越好。

"基于责任教育的体验式德育实践研究"的理论成果和实践成果均适用于中

学阶段学校德育教育活动，尤其对于普通高中学校加强责任心培养、创建优良校风学风具有借鉴和推广价值。

本研究成果紧紧围绕学校德育教育过程中的实际问题，具有一定的独创性、新颖性，具有很强的实用性，对提高德育工作实效性和提高教育教学质量有明显效果。一系列体验式德育教育活动已经成为罗定邦中学的德育品牌，也是顺德区高中学校德育教育的一张名片，有着良好的示范与辐射作用。

四、需要进一步探索与解决的问题

实施"基于责任教育的体验式德育实践研究"是一项系统工程，需要宣传媒体、社会、家庭等的共同配合，才能形成责任教育氛围和教育合力，避免由学校单一的教育力量导致的教育尴尬。

进一步完善与责任教育相关的校本课程教材修订与整理工作，不断加强和巩固责任教育效果，使勇于担责、乐于奉献成为学校文化，使师生达到自觉自省，还需要全校师生的不懈努力。

进行责任教育需要结合社会主义核心价值观，要始终牢记为党育人、为国育才的初心使命，结合立德树人的教育根本任务，任重而道远。

总之，适合的才是最好的，学校德育也一样。高端大气上档次的德育可以锦上添花，而低调朴实有深度（内涵）的德育更能雪中送炭。顺德区罗定邦中学开展"基于责任教育的体验式德育实践研究"，经过多年的研究与奋斗历程，取得了丰硕的研究成果，推动学校实现了跨越式发展。"基于责任教育的体验式德育实践研究"获得 2017 年广东省教育厅基础教育成果二等奖。学校将继续完善和深化教育教学管理综合改革，脚踏实地，积极探索"责任教育+自主管理"的德育管理模式，用负责任的态度办好负责任的教育，推动我校基于责任教育的体验式德育向纵深拓展。

（刘彦　佛山市顺德区罗定邦中学）

"兰品润心，共育美好"的德育实践探索

党的十八大提出："把立德树人作为教育的根本任务，培养德智体美劳全面发展的社会主义建设者和接班人。"① 中共中央、国务院印发的《关于深化教育教学改革全面提高义务教育质量的意见》强调："要落实立德树人根本任务……发展素质教育，培养德智体美劳全面发展的社会主义建设者和接班人。"这些重要论述明确了教育的根本任务是立德树人；明确了我国教育就是要通过构建德智体美劳"五育并举"的教育体系，实现培养社会主义事业的建设者和接班人的任务。

"人"是教育的出发点，也是教育的归宿，"培养人"是教育的本真使命。带着对"我们要办一所什么样的学校？培养什么样的人？怎样培养人？"的思考，顺德区北滘镇君兰中学开展了一系列的实践探索，创建以本校德育为先，以德智体美劳五育并举为基础，以"兰品润心，共育美好"为特色的德育品牌。

一、"兰品润心，共育美好"德育内涵解读

教育是促进人的发展，培养社会所需要的人才的一种活动，本质就是要追求人的幸福成长。君兰中学从兰花的寓意中挖掘君子品格，君子比德于兰，并将君子品格与时代需要进行衔接，凝练出如兰花般美好的幸福学子模样：灵魂高贵、智慧丰盈、身心健美、品位高雅。

"兰品润心"意指君兰师生学习兰花高洁、典雅、爱国和坚贞不渝的"君子品格"，以兰之品格温润人心，陶冶人生，形成良好的思想品德、正确的价值追求和健全的人格，培养灵魂高贵、智慧丰盈、身心健美、品位高雅的君兰学子，让学生的德智体美劳得以全面发展，以实现立德树人的根本任务。

"共育美好"意指挖掘整合各方教育资源，优化学校、家庭、社会的德育人文环境，形成学校、家庭、社区三位一体的育人网络，营造适合师生生长的教育生态，促进师生幸福成长。

二、"德育为先，五育并举"的哲学解读

唯物辩证法认为，世界是普遍联系的，事物之间以及事物内部各要素之间

---

① 党的十八大报告［N］. 人民日报，2012-11-09.

会相互依赖、相互影响、相互制约和相互作用。所以我们在做事情的时候要有整体系统的思维，要全面看问题，从整体性去认识事物。

立德树人是教育的根本任务，人的成长与发展是教育的根本目的，幸福美好是人生的追求。所以说我们的教育要帮助学生成长，让学生拥有追求幸福美好的能力，离不开德、智、体、美、劳的全面发展。通过德育塑造学生健全人格和丰富的精神世界，提升人生命理想和生活幸福的高度；通过智育培育学生的文化素质，开拓人理想的生活方式和幸福空间；通过体育培育学生健康的体魄；通过美育激发学生的理想、兴趣、激情以及直觉力、想象力和创造力，从而获得最大的幸福；通过劳动教育培养学生的劳动意识，给学生搭建锻造自我的舞台。要"树人"，德、智、体、美、劳五者缺一不可，整体发展。

同时也要看到，立德树人可以分为"立德"和"树人"两个部分，"立德"是基础，"树人"是目的，要"树人"，必先"立德"。"立德"与"树人"是相互联系、相互依存、相互转化的双方。正所谓"人无德不立""人无德必自毁"。习近平总书记在全国教育大会上指出："要把立德树人融入思想道德教育、文化知识教育、社会实践教育各环节，贯穿基础教育、职业教育、高等教育各领域。"① 德育在"五育"中居于首位，渗透到智育、体育、美育和劳动教育中，而"五育并举"同时又反过来促进德育的发展。因此，要以德育为首，五育并举，才符合立德树人的基本要求。学生的成长并非真空状态，会受家庭、学校、社会等各种因素的影响，所以我校努力调动起家庭、社会的积极因素，对学生形成正面的影响，形成有系统、整体的德育力量。

事物的联系具有普遍性，事物的发展意味着新事物的产生和旧事物的消亡。学生的成长有其自身的客观规律，不以人的意志为转移，同时不同阶段有不同的特征。例如，初一的学生带着新奇与陌生感步入初中生活，初二的学生处于青春期冲突最明显的阶段，既没有初一的新鲜感又没有初三的升学压力；初三的学生面临着升学的压力与未来发展道路的选择，面对不同年级的学生不同的身心发展特点与需求，在学校德育工作中要有差异思维，善于分析和把握不同年级学生的发展差异并开展有益的德育活动。

---

① 习近平总书记在全国教育大会上的讲话［EB/OL］. 新华网，2018-09-10.

三、"兰品润心，共育美好"德育实施过程

（一）梳理"幸福教育"目标体系

我校以"君子立德，兰心蕙性"为校训，在之前"精细化管理""学生成长导师制"等德育特色项目的基础上进一步提升，以"依兰育品，幸福教育"作为教育理念，凝练出君兰中学学生素养的校本表达：灵魂高贵、智慧丰盈、身心健美、品位高雅。

其中，灵魂高贵对应的是德育，要求培养学生的人文情怀和责任担当；智慧丰盈对应的是智育，希望能涵养学生的科学素养，培养学生的求真创新思维；身心健美对应的是体育与劳动教育，要求培养学生健康身心，热爱劳动的品格；品位高雅对应的是美育，要培养学生审美情趣，涵养气质，以此来践行学校"让师生过一种幸福完美的教育生活"的办学理念。

（二）构建"兰品润心"德育课程体系

德育是实现立德树人根本任务的最重要途径，也是学校工作的重中之重。在学校"依兰育品，幸福教育"教育理念的指引下，学校以"兰品润心"为主线，把平时零碎的德育活动进行梳理，整合成"兰品沁心、兰馨蕙质、兰姿润美、兰韵流芳"四个板块的德育课程，以培养灵魂高贵、智慧丰盈、身心健美、品位高雅的君兰学子为目标，构建以德育为基础，把德育与智育、体育、美育和劳动教育相融合、相渗透的德育课程体系。具体如下。

1. 灵魂高贵：兰品沁心德育课程群

本课程群对应德育，以培养学生高贵的灵魂，树立理想信念和社会主义核心价值观，增强民族文化自信，培养人文情怀和责任担当为目标，包括爱国主义教育课程、节日主题系列课程、成长仪式课程群三部分。

爱国主义教育课程：包括每学期的开学第一课、每周的升旗仪式、每年国庆节的庆祝活动、重要纪念日的教育活动等。例如，在新中国成立 70 周年之际，学校开展了"庆新中国成立 70 周年，展班组建设新风采"班组文化展示活动，让学生以班集体为单位参与活动，还开展了"向祖国表白，与国旗同框"活动，学生以自愿参与的形式，发动朋友或家人，与国旗同框，并且写下对祖国的祝福。在党的十九届五中全会公布十四五规划和 2035 年远景目标的时候，学校开展了"2035，我的青春畅想"活动。学校除了这些形式多样的活动外，还在烈士纪念日、抗战胜利纪念日、九一八事变纪念日等重要纪念日通过广播、

宣誓等方式开展爱国主义教育。

节日主题系列课程：例如，组织清明节的"致敬英雄，祭奠逝者"祭英烈活动、青年节的"弘扬五四精神，勇担青春使命"新团员入团宣誓活动、端午节的"浓浓端午情，点点粽叶香"活动、元旦的"暖暖祝福，助君成长"送祝福等，通过丰富多彩的主题活动，树立学生的理想信念、文化自信、家国情怀。

我国自古以来都注重成长之"礼"，不同的成长礼仪活动是孩子成长的界碑。君兰中学的成长仪式课程群与学生发展阶段相结合，形成了初一"童年不散场 青春正启航"的庆六一暨退队活动，意味着学生从童年跨进青少年阶段；初二是"奋发有为，青春担当"新团员入团仪式；初三与中考相结合，有以"逐梦奋斗，赢战中考"为主题举行的 60 日中考誓师活动、体育中考壮行活动以及为初中生活画下句号的毕业典礼。通过这些分年级的成长礼，让学生体验成长的快乐，体验到师长、朋友对自己的爱和自己对未来的责任。

2. 智慧丰盈：兰馨蕙质德育课程群

这一课程群对应智育，以培养学生丰盈的智慧为目的，落实德育学科渗透，全方位育人。以建设书香校园建设和科技文化节为抓手，通过师生共读课，积极创设浓郁的阅读氛围；通过开展学科竞赛，为书香校园的形成添注活力。

例如，2020 学年的书香校园建设过程中，就开展了"风华正茂、古韵犹存"古诗的默写和赏析、"我有一个梦"主题演讲、英语词汇拼读、"我是小小神算家"数学思维提升、成语填词、宪法知识学习等课程，以充实学生的知识储备，扩大学生的知识容量，让他们用智慧和能力服务于国家、民族和人民，成为担当民族复兴大任的时代新人。

在科技节里，各个学科围绕本学科知识开展有趣的活动，让学生充分领略知识运用的魅力。例如，地理学科的"厉害了，我的国！"中国地图拼图活动；物理学科的鸡蛋撞地球活动、纸承重比赛；信息技术学科的航空模型比赛、机器人 RM 挑战赛；数学学科的"小魔方，大智慧"魔方竞速比赛；综合学科的"我的水果我做主"创意水果拼盘活动、变废为宝科技小制作比赛；美术学科的传统手工制作比赛等，把探究的勇气、科学精神充分融合到学科活动中，达到了德育渗透的目的。

3. 身心健美：兰姿润美德育课程群

此课程群主要对应体育与劳动教育，培养学生健美的身心，培养其勤劳动、不怕苦不怕累的精神。

在学生身体健康方面，我校严格执行"阳光一小时"的体育锻炼，保证"两操"质量，每学期开展"足球嘉年华"活动、班际篮球赛，每年举行田径运动会，保证了学生的身体健康。心理健康方面，针对不同阶段不同需要的学生开展课程，如复学心理课程："积极心态与主动适应"；性别教育课程："做一个美丽的女孩"女生青春期健康教育课程；"我是男生"男生青春期健康教育课程；针对网络问题有"关注心理健康 拒绝网络成瘾"知识讲座；舒缓学习压力的活动有"释压前行，轻装上阵"考前减压活动、"为中考助力"学弟学妹暖暖祝福活动、积极应对学习压力的"擂战鼓 壮士气"期末考试动员大会等。

劳动教育方面，针对学生缺乏劳动技能的短板开展一系列课程：从基础性的"抽屉整洁，脑袋清醒"学习用品整理课程到专业性的"护绿小能手"植物护理课程；从学校的爱国卫生运动之校园清洁活动，到家庭的"劳动赢得尊严"之厨艺大比拼再到服务社会的"美丽家园我来建"街道清扫志愿活动，都是为了扭转学生重知识、轻劳动的观念，发挥劳动教育的独特功能，立足塑造劳动观念、掌握劳动知识与技能、养成劳动习惯与品质的教育目标。

4. 品位高雅：兰韵流芳德育课程群

该课程群对应的是美育，目标是以美润心，通过美育陶冶学生高尚的情操。美育与德育、智育、体育、劳动有机融合、相互促进，在立德树人实现过程中更能内化于心。

君兰中学的美育课程是学生在学科课程、德育课程、体育课程、劳动课程中的收获的综合展现，除了开足和开齐美术、音乐等国家课程外，还为学生提供了很多的学习机会，如"天籁之音"合唱课程，培养出一批捧回国际大赛奖杯的合唱高手；学校的舞蹈队在区、市比赛中屡获殊荣；还开设剪纸艺术课程、影视作品赏析课等，每学年的上学期开展"梦舞青春，艺彩飞扬"舞蹈专场大赛、下学期开展"声动青春，亮出自己"君兰好声音校园歌手大赛等课程，让学生理解认同歌舞之美、诗词之美、品格情操之美、理想信念之美、家国情怀之美、天地万物之美，以美润心。

（三）营造幸福美好的共育氛围

1. 尊重差异，遇见教育智慧

在我校的德育体系中，注重区分三个年级学生的不同身心发展特点，对各类德育活动的开展精准定位，让学生感受成长的美好。如给不同的年级定下了不同的德育基调：七年级以"正行"为主题，培养学生守规、养习、慎处的品行；八年级以"冶性"为主题，培养学生自主、坦荡、高雅的品行；九年级以"励志"为主题，培养学生立志、精进、坚毅的品行。在此基调指引下，同样是成长仪式，能充分利用不同的节日特色开展，例如，七年级利用六一儿童节，以"告别童年，走向青春"为主题开展少先队退队活动；八年级利用五四青年节以奋发有为，青春担当为主题举行新团员入团活动；九年级围绕"逐梦奋斗，赢战中考"主题，开展中考誓师活动、毕业典礼活动。研学旅行，七年级以走出校园，增强爱国情感为主，开展"重走长征路"国防教育社会实践活动；八年级随着学生学识增长，对地理、生物、物理等学科的知识增长，主要以科技研学为主，如广东工业设计城科技创新研学活动；九年级综合运用初中阶段的历史文化知识，进行文化研学，如武汉文化研学之旅："世界作课堂，旅途见成长"，湖南研学活动"追溯潇湘文化　纵览古今风骨"。这都是充分把握事物发展的差异性，促进学生进步的表现。

2. 专业提升，遇见教育热情

幸福是可以传递的，教师是幸福教育的培育者，是学生幸福成长的引路人。我校通过"迎国庆·升国旗·唱国歌"活动和"不忘初心、牢记使命"学党史、学新中国史参观学习活动以及"我身边的榜样"学习活动等方式提升教师的教育信仰；通过班主任经验分享会、师徒结对传帮带、主题班会研讨课、外出培训学习等方式全方面提升师资队伍的德育工作水平。同时，通过"全员导师制"让全体教师承担起德育任务，达到全员育人的效果。通过一系列的措施提升德育队伍的专业水平，温暖其心灵，充盈其精神，让他们成为眼里有光、心中有梦、充满热情的德育人。

3. 美丽校园，遇见教育沃土

我校从整体的设计思维出发，将校园环境的创设与办学理念、办学特色、课程设置以及学生身心发展规律完美融合，通过教师风采长廊、君兰轩、图书角、英语角、科技长廊、创课室、诗歌长廊、历史园、地理园等校园空间让师生体验文化的魅力、科技的力量，享受艺术的熏陶、实践与互动的趣味，通过环境渗透树人的教育，使校园中的一砖一墙、一树一草都成为学生品德成长的沃土。

4. 家校社合作，遇见教育精彩

本着"家校社，共担当，育新人"的目标，我校一是成立了家委会，开展了家长学堂、线上线下家长学校、家访（电话、微信、视频、实地家访）、给家长的一封信、"智慧父母课堂"讲座、"家长义工护花队"家长志愿者服务活动。二是融入社区，利用警务区、居委会、关工委、社工等社会各界的力量，在安全教育、法制教育、家庭教育、社会实践等方面对学生产生影响。三是充分利用本地社会资源，这两年开展了广东工业设计城科技创新研学项目、乐龄三洪"耆"社区长者照顾活动、家庭综合服务中心"一心社工"联合活动等与社会机构合作的项目，拓宽学生眼界，以榜样的力量影响、引导学生形成正确的价值观，把学校、家庭、社会紧密结合在一起，迸发出教育的精彩，助力学生幸福成长。

四、"兰品润心，共育美好"德育特色品牌的成果初显

正如校名"君兰"二字所蕴含的育人期待和文化追求：学校希望培养出如兰花般美好的幸福学子。基于学校的育人期待和办学实践，君兰中学探索出"依兰育品·幸福教育"的特色发展之路，提炼出"兰品润心，共育美好"的德育特色品牌，把校训"君子立德、兰心蕙性"贯穿于学校的每一个活动，充满校园的每一个角落，根植于师生内心深处，成为指引"君兰人"做人的基本准则。在此指引下学校发展取得丰硕成果：学校在 2018 年获得顺德区初中教学质量优秀奖，2019、2020、2021 连续 3 年获得顺德区初中教学质量进步奖，成为顺德区连续被表彰次数最多的学校之一。我校连续 4 年被评为顺德区先进学校，2021 年被评为顺德区思想政治教育先进学校，获得顺德区中小学德育品牌建设成果奖等多项荣誉，机器人、舞蹈、合唱等特色教育成果突出，校风学风得到社会的赞誉，学校被顺德区教育局定位为品牌学校建设单位。

发展未有穷期，奋斗永不言止，"君兰人"将继续在"依兰育品，幸福教育"理念的引导下，走好"兰品润心，共育美好"的德育特色发展道路，坚持以德育为中心，五育并举，立德树人，奋学乐进，培养具有德智体美劳全面发展的社会主义事业建设者和接班人！

（何玉芝　佛山市顺德区北滘镇君兰中学）

"四个学会"引领下的卓越青少年德育培养特色

立德树人是教育的根本任务。顺德区第一中学外国语学校在办学过程中贯彻落实党的教育方针，秉承"学会做人、学会求知、学会办事、学会健身"的一中校训和"崇尚一流、追求卓越"的一中精神，以"为学生一生发展奠基"为办学理念，五育并举，形成了培养"卓越青少年"德育培养体系。学校高度重视"四个学会"在德育特色发展中的引领作用，发挥马克思主义哲学的指导作用，在"卓越青少年"德育培养体系充分体现了哲学思维中的求实思维、整体思维和实践思维，让学生们在"四个学会"的引领下发展自己、完善自我，成为卓越青少年。

一、坚持整体思维，全校一盘棋发展

唯物辩证法中的整体思维即系统思维就是一种基于全面看问题而要求从整体性去认识事物的方法。整体思维要求我们树立全局观念，立足整体，统筹全局，选择最佳方案，实现整体的最优目标。

百年一中，薪火相传，在整体思维指引下传承并发展了"学会做人、学会求知、学会办事、学会健身"的办学理念，形成了四个学会指引下的卓越青少年德育培养体系，形成了"为学生一生卓越发展奠基"的德育目标，在分年级、分层次和分类别的活动中，寓教于活动之中，让学生在活动实践中明理知礼，在活动实践中成长成才，为未来发展奠基。

"四个学会"即学会做人、学会求知、学会办事、学会健身。"会学""学会"是学生的基本功和终身学习的社会要求；"做人""求知""办事""健身"是学生素质发展的核心素养，是素质教育的要求。"学本教育"的办学理念和"崇尚一流，追求卓越"的"一中精神"，通过"四个学会"的校训落实和体现在学校师生的言行举止之中。"学会做人"，学校坚持立德树人，通过各种活动让学生学会做人，对学生进行文明礼仪教育、亲情教育、感恩教育、爱国爱校教育等。"学会求知"即教育的追求，除了学业成绩，还有学习态度、创新精神、动手实践能力、解决问题能力、科学探究的精神以及健康审美的情趣。我们不仅要教学生"学会"知识，更要教他们"会学"知识。"学会办事"即会做事，善共事。办事不仅是学习方式，而且是人们重要的生活方式，其本质是除旧布新。首先就要学习并具备生存和生活的基本技能和本领，为了把事情做对、做好，有效地提高做事的效率和效益，需要按规律行事，必须努力提高自己的思维和研究能力、表达与交流能力、设计与制作能力、组织与运筹能力。"学会健身"，健康体魄是青少年为祖国和人民服务的基本前提，是中华民族旺盛生命力的体现。学校活动要树立健康第一的指导思想，切实加强体育、美育等工作，使学生掌握基本的运动技能，养成坚持锻炼身体的习惯。身体健康、身心健康是推进素质教育、培养真善美杰出青少年的必然要求。

二、坚持求实思维，脚踏实地重落实

辩证唯物论中的求实思维就是我们想问题办事情要一切从客观实际出发、实事求是。求实思维要求我们把握全面的、发展变化着的实际，尽可能抛弃主观成分、主观偏见；在实践中按照客观规律办事，反对单凭热情的盲目蛮干。

学校在求实思维的指导下，把"四个学会"思想紧紧融入各类各层次的活动之中。从学校实际出发，按照"三年一盘棋"的思想，把"四个学会"分年级、分主题进行了安排，同时在实践思维的指引下，把"四个学会"设计成每个具体的实践活动。

"学会做人"对标于《义务教育质量评价指标》中《学生发展质量评价》中的 A1. 品德发展：理想信念、社会责任、行为习惯。围绕"爱党爱国、视野开放、崇德明礼、自强感恩"的"学会做人"具体精神品质内容，分年级设计教育主题：初一年级"养成教育"、初二年级"感恩教育""责任教育"、初三年级"理想教育"。相对应设计活动有：红色教育、传统文化教育、法律教育、文明礼仪、感恩教育等。红色教育：古韵悠悠话文秀　红色动力活传承——一中外国语与文秀社区共话红色教育活动、学校团委与文秀社区共同开展"传承红色基因、迎接建党百年"纪念活动等；传统文化教育：端午节"我与爸妈共做一道菜"活动、"我们的节日——清明节"网上祭英烈活动等；法律教育：开展"安全校园·拒绝校园欺凌"法律讲座、"青少年法律教育——预防未成年人犯罪专题讲座"法律宣讲活动等；文明礼仪：校园"文明礼仪之星"评选活动等；感恩教育：母亲节给妈妈献礼活动、教师节给老师们说句感恩的话活动等。

"学会求知"对标于《义务教育质量评价指标》中《学生发展质量评价》中的 A2. 学业发展：学习习惯、创新精神、学业水平。围绕"勤奋主动、好问善思、乐学求真、博学创新"的"学会求知"具体精神品质内容，分年级设计

教育主题：初一年级"经典诵读"、初二年级"外语特色"、初三年级"中考誓师"。相对应的设计活动有：学习习惯养成、经典诵读、外语特色、社团活动、科技文化等。学习习惯养成有书写、坐姿、仪容仪表等养成专题教育活动；经典诵读有中华古诗词朗诵比赛、诗诵中国，礼赞青春！——庆祝建党100周年之经典诗歌诵读大赛等；外语特色有初中英语口语展示活动、"相约外语梦"英语晚会等；社团活动丰富多彩，学校社团有观星社、校园NO.1、兰亭雅风、管乐队、尚舞青春、轻"羽"飞扬、灌篮高手、科技空间、年少"乒乓"、棋弈天地、凤尾竹音、醒狮社、旋风足球、传武洪拳、国旗班、戏剧社、腾龙文学社、水墨丹青、黑白格调、歃漫cosplay、视觉优设等26个品牌社团，让学生的兴趣爱好得到更充分的发展；科技文化活动有科技节、"悦读 科创 社团"文化节活动等。

"学会办事"对标于《义务教育质量评价指标》中《学生发展质量评价》中的A5.劳动与社会实践：劳动习惯、社会体验。围绕"勤劳节俭、自律笃行、诚信友爱、合作担当"的"学会办事"具体精神品质内容，分年级设计教育主题：初一年级"自主管理"、初二年级"公益活动""生涯规划"、初三年级"生涯规划"。相对应设计活动有：自主管理、公益活动、劳动教育、研学活动、生涯规划等。自主管理有校学生会和年级学生会进行的自我管理体系；公益活动有学生志愿者活跃在校园和校园活动的每一个角落、爱心捐款活动；劳动教育有居家学习厨艺大赛活动、社会实践研学插秧活动等；研学活动有行走中的课堂——赴厦门参加"名校课堂面对面"研学活动、优秀学生南京研学活动、筑梦远航　励志研学之旅——北京"筑梦远航"夏令营活动等；生涯规划有班主任的生涯规划指引教育等。

"学会健身"对标于《义务教育质量评价指标》中《学生发展质量评价》中的A3.身心发展：健康生活、身心素质；A4.审美素养：美育实践、审美表达。围绕"敬畏生命、乐观自信、艺体双馨、尚美高雅"的"学会健身"具体精神品质内容，分年级设计教育主题：初一年级"艺术技能"、初二年级"体育技能"、初三年级"心理团辅"。相对应设计活动有：安全教育、艺体技能、才艺展示、挫折教育、心理健康等。安全教育有校园消防安全演习活动、安全知识讲座活动等；艺体技能有体艺节、大课间、拔河比赛、篮球比赛等活动；才艺展示有不忘初心、一中有我更精彩——新生才艺展演晚会、校园个人才艺展示活动等；挫折教育有如何面对青春期专题教育、如何面对挫折主题班会等。

心理健康有"健康教育进校园"主题讲座、助力中考 为梦护航——中考个体心理辅导活动等。

三、坚持实践思维，实践出真知

实践决定认识，实践是认识的基础。实践思维要求我们坚持实践第一的观点，做到知行合一，在实践中培育学生的道德情感，实现知、情、意、行的统一。德育不单纯是知识传授，更加注重情感体验和实践体验。学校在"四个学会"的指引下，系统、全面考虑并设计了一系列的主题德育活动，为培养卓越青少年创造条件。学校德育活动是学校德育教育的重要途径，丰富多彩的德育活动能满足青少年的心理需求，能为他们提供施展才华的好机会，是他们思想对话、感情交流、建立友谊的好场所，使学生在不知不觉中愉快地接受教育，对于培养学生良好的道德品质、锻炼学生坚强的意志、养成良好的行为习惯起着重要的作用。如：社会实践活动、国防教育活动、英语晚会、经典诗语朗诵比赛、红歌大合唱比赛、升国旗活动、体艺节、校园劳动活动、奠基英烈活动等。

总之，在"四个学会"引领下的卓越青少年德育特色培养，既符合马克思主义哲学思维中的整体思维、求实思维和实践思维，又符合青少年的健康成长要求和学校健康可持续高品质发展的需要，实现了理论和实践相统一，应坚持并不断发展深化，以促进学校内涵发展和学生健康成长，为国家培养出更多的卓越人才。

（晏清华 佛山市顺德区第一中学外国语学校）

用马克思主义哲学为学校意识形态教育赋能提效

习近平总书记在全国教育大会上指出，要把立德树人融入思想道德教育、文化知识教育、社会实践教育各环节中。这就要求教育工作者始终围绕着"立德树人"的根本任务进行教育教学，强化理想信念、爱国主义情怀、品德修养等方面的培育，肩负使命，开拓创新，回答好"培养什么人、为谁培养人、怎样培养人"的问题。由于青年人的思想认识事关国家、民族的命运和前途，在他们世界观、人生观形成的关键时期，加强意识形态教育具有极其重要而深远的意义。

在经济快速发展与认识思想多元化的时代，师生的思想观念在一定程度上受到冲击，校园加强意识形态教育也必然面临诸多困难和挑战，具有一定的复杂性和艰巨性，绝不可能一蹴而就。因此，完成这项工作不仅需要立场坚定、持之以恒地努力，更需要集思广益、富有智慧地去实践。智慧从何而来呢？要总结经验，推进实践，还要学习借鉴，取长补短。哲学作为一门关于"智慧"的学科，我们可借力哲学思想，运用其智慧助力校园加强意识形态教育。

一、依托"量变与质变的辩证关系"指导实践，保基础，定局面

习近平总书记形象指出："思想舆论领域……红色地带是我们的主阵地，一定要守住；黑色地带主要是负面的东西，要敢于亮剑，大大压缩其地盘；灰色地带要大张旗鼓争取，使其转化为红色地带。"[①] 由于人的思想认识总是在发展变化之中，难免会有偏离"正确轨道"之时，如"量"的积累达到一定的程度，有可能会引发"质变"，造成不良的后果。因此，校园加强意识形态教育要坚定不移地牢牢守住红色主阵地，大大压缩"黑色地带"，转化"灰色地带"，严守"底线"，为开拓意识形态教育新局面打下坚实的基础，确定良好的开局。

校园的主角是师生，按照教育部和相关部门的要求，学校以《中华人民共和国教师法》《新时代中小学教师职业行为十项准则》《中学生守则（2015年修订）》等法律法规为底线要求，注重师生言行举止的引导和管理，确保不违反法律法规，让校园时时、处处皆是红色主阵地。

言传不如身教，教师的言行对学生"三观"的确立有着潜移默化的作用，一支思想政治素质高、专业素质过硬的教师队伍对加强意识形态教育有着重要的影响。教师一身正气，传播正能量，密切关注学生思想动态变化，才能及时纠正并引导学生，帮助学生摒弃不良的思想意识，确保守住校园"风清气正"的底线。如语文教师在与学生探讨写作时有意识地引导学生坚定理想信念、敢于拼搏担当、肩负青年使命等，守住时代新青年的思想认识底线。当面对如下的情景之时："收看了'智能生活'和'全国劳模表彰大会'后，小华有了困惑：科技越来越发达，生活越来越智能。科技的发展让我们的生活更便捷，工作更轻松，甚至人工智能取代了人的工作。但站在新时代，面对新愿景，我们又大力提倡弘扬劳动精神、工匠精神，这不是矛盾吗？"教师要勇于发声，结合

---

① 王紫潇. 弘扬革命文化　建设文化强国［EB/OL］. 光明网，2021-12-11.

情景，辨明是非，动之以情，晓之以理，引导学生深入理解劳动精神的时代价值，帮助学生树立并认同"劳动最崇高、伟大、美丽"的观念，牢牢守住底线。因为这关系到青年人的道德品质，也是新时代劳动者应具有的基本素养。

无论时代形势和个体认识如何发展变化，要让校园中每一个人的心中有尺，行中有度，始终守住底线，确保良好的局面。这对进一步加强意识形态教育有着深远的影响。

二、借力"价值观具有导向作用"推进实践，互促进，常赋能

我们知道价值观有正确和错误、先进和落后之分，正确的价值观，如远大理想、勤奋进取和造福人类等，会引导人们走向美好的人生道路。身边的人、事、观点、氛围等均会"引导"我们的认识、判断和选择。鉴于此，我们要避免加强形态教育中说教和灌输的通病，积极有效营造健康向上的校园意识形态氛围，强化和凸显"价值观"的导向功能，让有信仰的人讲信仰，以"身边人、身边事、身边的榜样"感染、带动一批人，讲好能感染人、能打动人的故事，让那种"自然的力量"从心底生发出来，一切成为师生自我的觉悟和选择。

"请进来"，让故事贴近人心，为"萌发"蓄力。校园内真实自然的人物事迹典范，一篇动情而催人奋进的学生佳作，一次群文鉴赏活动后的青年深思。如辛弃疾《永遇乐·京口北固亭怀古》中的"想当年，金戈铁马，气吞万里如虎"的豪情；马克思在《人民报》创刊宴会上的动情演讲；林觉民《与妻书》中"为天下人谋永福也"的真情流露……引导学生阅读完这些材料，联系相关的时代背景及我国抗疫防疫的先进人物事迹，就最为动人之处互相交流，写感言感悟，可展示成果，激励人心。不用多言，便耳濡目染，那股正气日渐萌发。校园外精彩动人的人物、时事、故事，师兄师姐鼓舞人心的往事感悟，一封封来自社会福利机构的感谢信等，丰富多彩的"故事"总能打动人，让人生出向往、羡慕、自豪的情感力量，植根心底，蓄力未来。

"走出去"，让认识深入心底，为前行赋能。让身边的榜样讲自己真实的故事、内心的思考，让师生们运用所知，开导和帮助别人。在"传给"别人的时候，自己也思考和领悟，认识会更为深入，精神也会得到一次洗礼。这是互相促进的学习方式，也是成长进步的心灵力量。如此，意识形态教育下的自我教育便悄悄地在心底萌发，向阳而生，也定能茁壮成长。

三、运用"矛盾分析方法"深化实践，抓重点，促提效

受多种因素的影响，人的思想意识处于发展变化的过程中，有认同，也自然会有疑惑。针对学生的问题或疑问，要适时进行交流对话，辨明是非，积极应对，智慧应答，以突出的问题意识、扎实的理论素养、坚定的理论勇气驳斥错误思潮，为高中生的健康成长驱散思想雾霾，营造清朗精神环境。

马克思主义哲学认为"事事有矛盾，时时有矛盾""要敢于分析、揭露矛盾，寻找正确的方法解决矛盾"，的确如此，当面对学生一系列复杂的问题，如很多学生喜欢奇装异服，展示独特的一面；觉得字迹潦草也算一种个性；不管场合、对象，言谈总要不同于别人；总觉得父母不理解自己，不愿同家长沟通，在作文里借机发牢骚；不愿参与班级活动，对很多事情喜欢冷嘲热讽，没有建设性看法等。聚焦这众多问题，应重点解答普遍存在的核心问题。如前面的4个问题，有相似之处，分析其"普遍性"，可从"共性"之处"探究"学生心中的"渴求"，借此找出解决问题的正确方法，帮助学生解决心中的"矛盾"，消除错误的思想意识，树立正确的价值观。同时，针对学生具有鲜明特点的最后一个特殊问题，则需在"普遍性"中把握其"特殊性"，"具体问题具体分析"，走近学生，了解所思，不断分析、追问、辨别，直至抓住问题的核心，引导学生在思考和辨别中提升认识的水平，增进其对核心价值观等意识形态的认同等。

育人重在育心，当学生思想认识方面出现"摇摆不定"或"反复不定"的状况时，承认、分析学生心中的"矛盾"，具体分析其"矛盾的特殊性"，需要教师坚持以发展的眼光看待问题，在充分了解学生心理的基础之上，分析辨别，找到问题真正根源，抓其重点，对症下药，标本兼治，辨证施治，寻求突破，创造条件转变错误思想和巩固正确思想，提升加强教育的效能，方能不断深化推进加强意识形态教育的实践探索和总结。

普通高中学校是培育新时代青年的主要阵地，肩负着落实立德树人根本任务的职责，重视并加强意识形态教育，关系到青年人的人生成长和民族的未来。教育工作者必须牢记为党育人、为国育才的历史使命，不断加强意识形态的引导和管理，巩固发展健康向上的校园主流舆论，培育和践行社会主义核心价值观。立足新时代，关注校园文化，在加强意识形态教育已有经验的基础上，借力哲学思想，聚焦问题，开拓创新，引导学生健康成长，帮助学生系好"人生

的第一粒扣子"，为校园加强意识形态教育增质提效。

（崔柱良　佛山市顺德区罗定邦中学）

第二节　哲学思维与专项德育工作

城镇普通高中加强劳动教育的探索与思考

事物是普遍联系的，德智体美劳"五育并举"是一个有机统一的整体，是党的教育方针的重要内容和立德树人的培养目标。劳动教育是中国特色社会主义教育制度的重要内容，直接决定社会主义建设者和接班人的劳动精神面貌、劳动价值取向和劳动技能水平，具有非常重要的战略意义和现实意义。2020年3月，中共中央、国务院印发《关于全面加强新时代大中小学劳动教育的意见》（以下简称《意见》），强调要以习近平新时代中国特色社会主义思想为指导，全面贯彻党的教育方针，落实全国教育大会精神，坚持立德树人，把劳动教育纳入人才培养全过程，贯通大中小学各学段，贯穿家庭、学校、社会各方面，与德育、智育、体育、美育相融合，紧密结合经济社会发展变化和学生生活实际，积极探索具有中国特色的劳动教育模式。笔者所在的学校是一所地处珠江三角洲的城镇普通高中，在对学生加强劳动教育方面做了许多有益的探索与实践，取得了一定的成绩，同时也存在需要进一步改进和完善的问题。

一、城镇普通高中加强劳动教育的实践背景

（一）新时代党和政府高度重视劳动教育凸显其必要性和重要性

立德树人是习近平新时代中国特色社会主义教育发展的根本任务，全面贯彻落实党的教育方针，必须构建德智体美劳全面培养的教育体系。2018年9月，习近平总书记在全国教育大会上明确提出将劳动教育纳入社会主义建设者和接班人的总体要求。《意见》的发布充分体现了党和政府对大中小学加强劳动教育的高度重视。党的十八大以来，我国各项事业的发展站到了新的历史起点上，中国特色社会主义进入了新时代，国家的综合国力迈上新台阶，人民生活水平

实现新跨越。随着社会经济和信息技术的快速发展，人工智能、互联网+、第五代移动通信技术，这些都在深刻地改变着人们的劳动观念和劳动认知。近年来我国的产业结构不断升级，社会的劳动形态也发生着巨大的改变，脑力劳动、服务性劳动、复合型劳动比重空前增加。新时代条件下如何与时俱进地开展劳动教育，树立正确的劳动意识，提高创造性劳动能力，已经成为学校加强劳动教育面临的新任务、新挑战。

（二）城镇普通高中学校加强劳动教育更具紧迫性和艰巨性

伴随着中国经济发展和城镇化进程的加快，城镇普通高中的学生所占比重越来越大。"城镇"是城市和集镇的简称，通常指的是以非农业人口为主的人口聚居地区。"普通高中"即普通高级中学，属于高级中等教育学校的范畴，用以区别中师、中专、职高、技校等学校，它是我国高级中等教育的主体，是学生进入高等教育学校或社会的过渡阶段。本文中的"城镇普通高中"主要是指经济相对发达地区的普通高中学校，这类学校在珠江三角洲和长江三角洲等地区的大中城市都比较普遍，学校所在的城市一般不具备进行农业生产等劳动教育的条件。一般来说，城镇普通高中的学生家庭经济条件较好，高中阶段的学生也已具备基本的劳动能力，但是要面对沉重的学业负担和高考压力，不少家长把学生的日常生活包办到位，导致学生对劳动的重要性和必要性认识不够，劳动观念淡薄，劳动习惯较差。针对这类学校的学生加强劳动教育的难度更大，任务更艰巨，非常值得我们思考与探索。

（三）当前的现实困境亟待强化劳动教育的可操作性和有效性

《意见》指出，当今社会普遍存在劳动观念不正确、学校劳动教育削弱、家庭劳动教育缺失、社会劳动教育缺位等现象。长期以来，忽视劳动教育的传统观念根深蒂固，人们对于学校的评价标准比较单一。尤其是针对城镇普通高中的评价，社会、家庭、学生、教师、学校都把高考成绩作为衡量一所学校办得好坏的一项重要指标。更有甚者，错误地理解劳动的育人功能，长期把体力劳动作为学生违规违纪的惩罚手段，如学生违纪后要罚打扫卫生等。对于课业负担压力大的普通高中学生来说，学校片面追求升学率，把通用技术课等课程的时间也分给了高考学科，家长尊崇唯学习论，社会保持不干预，从而导致学生的劳动机会越来越少，甚至出现了轻视劳动、不会劳动、不珍惜劳动成果的现象。面对目前的现实困境，急需从思想认识、情感态度、能力习惯等方面强化劳动的综合育人功能，为高中生的全面发展和健康成长进行积极的探索和实践。

二、城镇普通高中加强劳动教育的实践探索

关于新时代劳动教育的基本内涵，《意见》明确实施劳动教育的重点是在系统的文化知识学习之外，有目的、有计划地组织学生参加日常生活劳动、生产劳动和服务性劳动，让学生切实经历，动手实践，出力流汗，接受锻炼，磨炼意志，培养学生正确的劳动价值观和良好劳动品质。笔者所在学校根据劳动教育的基本内涵，实施内容丰富、形式多样的劳动教育，注重围绕丰富的职业体验，开展服务性劳动，参加学农综合实践等生产劳动，掌握一定的劳动技能，努力构建既体现时代特征又符合城镇普通高中实际的劳动教育课程体系，大胆探索加强劳动教育的有效途径，初步形成了具有综合性、实践性、开放性、针对性的劳动教育课程体系。

第一，设立劳动教育必修课程，全面加强劳动教育。结合全寄宿制城镇普通高中的特点设置劳动教育的必修课程，分为校内劳动教育必修课程和校外劳动教育必修课程。

校内劳动教育必修课每周不少于 1 课时，主要包括两大类课程。首先是按照国家教学计划开设的通用技术课和综合实践课，还有各学科教师结合教学内容进行的劳动教育渗透，以及班主任利用班会课进行的劳动教育等。其次是每天安排值日学生进行早晚两次的校园环境卫生清洁、本班教室卫生清洁、学生宿舍内务卫生清洁等卫生劳动。还规定每周三下午的第九节课，全校学生参加校园卫生立体大清洁，包括学校全部的实验室、图书馆、体育馆等各功能场所。上述各项劳动内容都有主管部门的老师或者学生干部进行检查考核，将劳动质量、劳动态度和劳动效果作为班级、宿舍、小组考核评价的依据，形成量化激励机制。

校外劳动教育必修课主要安排在每年的 9 月下旬，组织高二年级的全体师生到距离学校一百多千米的广州市越秀区学农综合实践基地，进行为期三天的学农综合实践劳动教育，老师和学生同吃、同住、同劳动，共同接受劳动教育。学生在学农基地实行半军事化管理，每天开设四门课程，课程内容丰富多彩。其中学农类劳动课程主要有稻田插秧、除草施肥、挖土、挑粪、浇菜、清理淤泥、割草喂鱼、野炊砍柴、烧火做饭、无土栽培、定向越野、家禽养殖等。德育教育类课程主要有国防教育、消防安全教育、青春期教育、禁毒教育、法制教育、爱护环境教育、热爱尊重生命教育等。该项学农综合实践活动自 2012 年

开始实施，至今从未间断，取得了良好的教育教学效果，深得学生及家长的好评，成为学校德育工作的一个示范性品牌。学生离开家庭和学校，到实践基地亲近大自然，与同学伙伴、老师教官共同生活、共同劳动、共同活动，这是在学校和家庭里从来没有过的劳动体验，大家一起收获劳动成功的快乐，在高中的学习生涯留下一段美好而难忘的深刻记忆。

第二开设劳动教育选修课程，完善劳动教育课程体系。劳动教育选修课也分为校内选修课程和校外选修课程两大类。

校内劳动教育选修课主要通过每年4、5月举办的科技文化节实施劳动教育活动。学校在科技文化节期间，邀请许多高等院校的专家教授对师生进行当代最前沿科学的专题报告，进一步提升师生的科技和人文素养。科技文化节还邀请当地的职业中学师生共同参与，开设汽车维修保养、茶艺展示、理发美容化妆、家电维修等日常生活技能方面的劳动体验活动，学生可以根据自己的兴趣爱好，自由选择学习内容，这样既可以掌握一些基本的生活技能，又亲自参与动手实践、出力流汗，得到很好的锻炼。学校的各类学生社团和各班级开展了喜闻乐见的校园活动、爱心超市、水火箭发射、创客教育与机器人大赛等，大大丰富了学生的校园生活，进行了智慧性劳动和服务性劳动的教育。

校外劳动教育选修课主要是充分利用当地经济比较发达、知名企业比较多的优势，发挥学校发展促进会、校友会等社会资源和有利条件，跟10多家知名企业签订学生生涯规划教育基地和假日社会实践基地，组织学生到工厂企业进行学工实践活动，到养老院和社区做志愿者服务等实践类课程。校外课程是学生劳动教育的拓展、延伸、补充；是学生学习综合实践课程的专门课堂；是学生留下集体美好记忆的乐园。

三、城镇普通高中加强劳动教育的实践反思

我国的劳动教育时废时兴，经历了曲折发展的历程。早在20世纪50年代国家提出的教育工作方针中就包含"教育与生产劳动结合"的内容。1995年3月18日，第八届全国人民代表大会第三次会议，通过了《中华人民共和国教育法》（以下简称《教育法》）。《教育法》规定："教育必须为社会主义现代化建设服务，必须与生产劳动相结合，培养德、智、体等方面全面发展的社会主义事业的建设者和接班人。"上述规定对于指导和加强劳动教育工作具有十分重要的意义，在劳动育人方面也取得了一定成效。

但是，新时代中小学生劳动教育的现状却不容乐观，特别是随着新时代城镇化速度加快和信息化智能化时代到来，人们享受着高科技带来的物质成果，思想上却鄙视劳动。家长对小孩过于溺爱，再加上普通高中的高考压力、学校劳动教育课程的缺失、劳动教育教学研究的缺乏、教育观念的偏差导致思想的扭曲等。与德智体美相比，劳动教育受重视程度还不够高，经常处于"说起来重要，做起来次要，考起来不要"的尴尬境地，劳动的独特育人价值在一定程度上被忽视。关注新时代下劳动教育的变化，着重解决城镇普通高中这一重要且特殊的学生群体对劳动教育的独特需求，这是一项非常重要和艰巨的任务。

全面加强新时代大中小学劳动教育，需要各级政府从上至下的推进与落实。学校要切实承担劳动教育主体责任，要在劳动教育中发挥主导作用，树立正确的劳动教育观念。但是，加强劳动教育涉及整个社会的方方面面，涉及每个家庭，需要有健全的经费投入机制和安全保障机制。只有深入领会党和政府有关加强劳动教育的方针政策，认真贯彻执行《意见》精神，才能结合新时代特点和高中生身心发展规律，将劳动素养纳入学生综合素质评价体系，落实我国劳动教育的"硬指标"，打造一支强有力的劳动教育师资队伍，规范教学流程，搭建教师教学交流及课题研究平台，整合劳动教育的教学资源，切实保证劳动教育课程体系可操作、可落实、可评价，需要各级政府、学校、社会、家庭的共同配合，确保劳动教育真正得到有效实施。

"纸上得来终觉浅，绝知此事要躬行。"劳动教育是人生的"必修课"，是学生成长的必要途径，具有树德、增智、强体、育美的综合育人价值。回顾学校近10年来加强劳动教育的实践探索，已经初步构建适合城镇普通高中劳动教育的课程体系，取得了丰硕的教育教学成果，促进学生全面发展，"基于责任教育的体验式德育实践研究"获得广东省教育厅基础教育成果二等奖。我们将继续努力，让劳动教育成就学生更加美好的未来，用心培育爱劳动、会劳动、懂劳动的时代新人。

（刘红　佛山市顺德区罗定邦中学）

做一名具有哲学智慧的年级组长

马克思主义哲学被称为人类的"智慧之学"。生源、师资、氛围是决定教学质量的关键。作为年级管理者的年级组长，虽然无法改变生源情况、师资结构，但却可以运用哲学思维方式，优化教风、改善班风、促进学风，从而提升教学成绩。

一、促进团结合作，提升教风

系统思维是人们运用系统观点，将对象互相联系的各个方面及其结构和功能进行系统认识的一种思维方法。其实就是一种从整体和全局上把握问题的思维方式。要求我们全面地而不是片面地，系统地而不是零散地，普遍联系地而不是孤立地观察事物、分析问题、解决问题，即用综合的思维方式认识和把握事物，统筹考虑，优化组合，选择最佳方案，从而实现最优目标。这要求年级组长加强对班主任、集体备课组和教师的管理与调控，引领教师们顾全大局、团结一致、互帮互助，工作中资源共享，遇到问题群策群力、出谋划策，圆满地解决一个又一个"难题"。

（一）加强团队建设，激励班主任工作

班主任工作烦琐，责任重大，是学生成长的教育者。年级组长既要对班主任工作进行方法指导，又要善于每天表扬激励优秀班主任，让班主任体会到，班级管理这项复杂、艰辛、有趣的工作，是一份创造性极强的工作，可以大力推广优秀班主任管理班级四部曲，即"约规—动情—晓理—导行"：制定班级品德常规、学习常规、工作常规、各种活动常规及评比标准，步步把关，严格要求；用情感去爱学生、教育学生，晓之以理，告诉学生做人的道理，入情入理，口服心服；要求学生养成良好的道德行为习惯，班主任身体力行，每天早读最早到班陪伴学生，默默耕耘，任劳任怨，用严谨治学精神感染、影响学生；用诗一般的语言鼓励学生发奋图强，用尽各种方法让学生苦学乐学，智慧带班，做事细致认真，引导学生走好人生之路。

（二）加强团队引领，提升集体备课实效

"独行快，众行远"，年级组长要充分挖掘每个教师的教学潜能，让他们在教学中发光、发热、提升。注重团队合作提升集体备课组效率，以"说、讲、评"的集体教研活动达到教师思维碰撞的效果，教师们积极发言，有心中的疑惑，也有精彩的点子，共同明确教学目标，把握重难点，发挥集体智慧，制订突破方案，营造团队精神，开展团队备考，创造和谐关系，师生同心备考，规范教研引领，规划知识落实，加强测考跟踪，提要求抓细节。

（三）加强团队服务，凝心聚力履行职责

团队团结才能为实现集体目标奠定基础，可通过常常开展丰富的活动增强年级组教师的凝聚力，激发教师工作的积极性与主动性。年级组经常有教师外出学习、家里的亲人有病或其他事情，同事之间代课、代班主任的工作，出导学案、出小测卷、集体备课的事情经常有，但教师并没有斤斤计较，而总是相互补位……积极营造"团结""合作"氛围。

二、力求脚踏实地，狠抓班风

唯物辩证法认为，量变和质变是事物变化过程中两种不同的状态。量变是质变的必要准备；质变是量变的必然结果。这要求我们重视量的积累，为实现质变创造条件；要抓住时机，促成质变，实现事物质的飞跃，还要坚持适度原则，使事物的变化保持在适当的量的范围内，只有这样，办事情才能取得成功。

（一）坚持不懈，扎实推进年级组工作

开学初，年级组长制定详细的工作行事历，扎实推进年级组工作，制定年级的成绩目标。常规教育，常抓不懈，如早读、家访、手机、仪容仪表、午休纪律、清洁卫生、文明守法等细节问题。重文化引领，营造浓厚的学习氛围。每周周五下午放学前，根据年级组的实际情况，要提醒班主任下周工作要点、注意事项，前瞻性强。

（二）防微杜渐，恰当处理学生问题

年级组的一切工作都离不开组长的管理，管理的最高境界是什么？是让被管理者老老实实地服从，不折不扣地约束和规范大家的行为吗？按现代管理理念，不仅仅是这些。那么，现代教育的管理最高境界是什么？是发现。

高明的管理者应该有敏锐的眼睛、细致入微的洞察力、深刻的思考。例如，通过早读前的巡班，了解科代表交作业给科任老师的情况，就可以知道学生完成作业的情况，善于发现学生不良苗头，及时处理，批评教育学生，遏制不良的习气。学生搞恶作剧，年级组长要适度处理好，重视借助小事涵养学风，对待个别破坏纪律的学生，注重转化后进生。

三、注重精准施策，提升成绩

精准思维强调具体和准确，要求动作精准到位、在一个个具体的点上解决问题，排斥大而化之、笼而统之地抓工作。根据精准思维引导，年级组长需要落实好"精准备考"，对学生的学情、分层辅导、目标管理进行界定，力争做到准确突破，分步骤推行工作。

（一）激扬拼搏精神，推进学生动员工作

学期初的工作思路是以优促优，以点带面，培优工作不可忽略。年级组长应及时召开培优班级家长会，与家委会协商促进举措，要求家委会积极配合。家校合作能有效激发学生学习的动力。例如，每周家委会的成员都会主动送水果、甜品等小零食回校，学生不仅满是惊喜，感恩家长的辛勤付出，同时也能及时调整好心情继续前行。

分阶段、分层次进行班级、年级组考前动员。例如，以"聚力凝心，梦想前行"为主题，第一阶段，各班班长作为活动负责人，用激情澎湃的语言，坚定说目标、定对手、谈实现目标的具体做法。第二阶段，拓展至全班同学均上台，学习班长简要分析本班本次联考优势、劣势，总结成败得失，提出整改做法以及下阶段目标。举行庄重宣读本班的誓言的仪式，激发学生学习的潜能。第三阶段，期末复习期间，引导学生自觉复习，时刻警醒"比你优秀的人还比你努力"，平稳过渡到学生假期自主学习阶段。

考后认真分析，奖励进步学生和优秀学生，营造榜样文化，激发学生的学习动力，让学生收获成功的喜悦。以"奋斗你我，成就梦想"为主题开展分析会。重点分析班风、学法，根据具体数据，总结班级整体、个体目标生等存在的学习问题。

加大对初中升高中考试氛围的渲染力度。在做好防疫工作的前提下，初三老师顶着中考的强大压力，抓教风学风。教学楼横幅激励、楼道宣传栏榜样文化鼓舞；倒计时60天动员围绕主题"责立自我，任当中考，冲刺60天"进行讲话；倒计时53天围绕"学习是需要管理的！"开展讲话，一步步提出计划、预习、听课、复习、作业、错题、难题、考试等不同角度、不同层次的管理方式、方法；倒计时39天围绕"决战中考，改变人生，奋战三十九天，实现中考梦"开展动员大会；倒计时 17 天发表冲刺动员讲话，激发学生的学习动力，让学生收获成功的喜悦。

（二）开好主题班会，培养学生良好习惯

分阶段实时开展宣传展示工作，营造良好的学风，培养学生养成良好学习习惯，提高学生的自律能力。加强学生的思想教育主阵地，轮流落实班主任提前备课，充分利用朗读者、我是演说家等资料，提高班会课实效性，有针对性地进行备考。

（三）强化使命担当，精准辅导临界学生

班主任召开班级科任老师的会议，将目标学生分到每个科任老师手中，在冲刺阶段要对目标学生做好陪跑，确保一生一计划，一生一方案，每个目标学生有责任导师。

针对初三学情精准实施心理档案跟踪、教学成绩精准跟踪等措施，力求精准解决关键问题。针对不同层次的学生，寻找增分点，或"补其短"，或"扬其长"，用优势学科弥补不足。学风调查、周测和培优测调查、低分率确定等一组组数据展示了初三年级高效执行和反馈调整方面所做的工作。

有人说年级组长就像一块饼干的夹心，确实如此，夹层是最难的一方，但夹层也可以最大限度发挥它的糖分，做一名有"哲学智慧"的年级组长，让上下两方都得到甜蜜，实现"走到学校有快乐，走出学校有尊严"。

（江海平　佛山市顺德区容桂四基初级中学）

以"共生精神"引领年轻教师成长的哲学思考

人本思维是习近平总书记反复强调的哲学思维，指的是以人民为中心的价值取向，坚持人民立场，坚持共享发展。就是要坚持一切为了人民、一切依靠人民，充分发挥广大人民群众的积极性、主动性、创造性。

因种种原因，顺德区伦教中学前几年的教师年龄结构显著偏大，青黄不接的情况比较严重。2017 年以来，学校把握机遇，通过扩招、小班化、特色化发展等举措，每年都引进 10 多位新老师，逐渐形成了多达 40 人的 30 岁以下年轻教师群体，逐步实现了教师队伍的年轻化。学校引入的年轻教师都是重点高校的优秀毕业生，综合素质非常高。怎样有效引领年轻教师快速成长，成为学校十分重要的工作任务。同期，学校提出共生精神，推行《伦教中学"共生教育"行动纲领》，大办"共生教育"，以共生精神引领年轻教师向"有情怀、有温度、有智慧"成长，取得了良好的效果。

一、做好精神引领，践行共生理念

"共生精神"是要求全体师生不仅仅要遵循和传承伦常之理，更要发挥潜能，相互负责，相互促进；不仅要有自己的风格，更要接纳和欣赏他人的风格，促进多元特色共同发展；不仅要做好自己，还要为他人成长发展添光彩，为社会做贡献。共生精神充满了人本思维的哲学智慧，那就是为了人，相信人，适合人、激励人，人人都奋发有为、人人都相互支撑、人人都实现发展的共生教育生态。

正所谓"通往梦想的路上，一个人可能走得更快，但是一群人会走得更远。"学校以"共生精神"为引领，以组织化、常态化的举措系统引领年轻老师成长。刚毕业的大学生来到一所新学校，需要理解和认同学校文化、办学理念，并尽快主动融入学校这个大家庭。为此，新老师在初来本校报到时，学校人力资源中心会专门召开新教师座谈会，为他们解读学校办学的方针政策、校园文化和办学理念；教学课程中心安排资深的老师当他们的教学师傅，带领他们熟悉课本、课堂、教学方法等内容；学生成长中心作为德育部门，也会为他们对规章制度进行解读和答疑。

在以后的工作过程中，新老师对部分政策还是会有诸多的不理解，甚至出现一些负面的情绪，从而滋生负能量。学校的校级领导、各部门和各年级负责人会主动地、及时地、有针对性地跟他们作出相应的解释，让新老师从心里理解和认同学校的政策、规则和安排，从而把学校工作政策和工作安排落实到位。特别是当他们听到一些教育的负面评论时，及时沟通交流，减少负能量对新老师的影响，让年轻人有年轻人的精气神！

年轻的班主任，要兼顾教学和班级管理会有更高的要求。年轻人需要榜样，更需要具体的指导。为此，学校在年轻教师自主选择的基础上，为每一个年轻教师安排了"二对一"的指导关系，即安排一位德育师傅、一位教学师傅，对年轻教师的教育教学工作进行示范指导，发挥优秀的资深老师对年轻老师的传帮带作用；同时，学校组建了"年轻教师成长共同体"，年轻老师们相互交流，相互学习，共同成长。

二、多听课多反思，提质共生教育

作为一名老师，教学是根本。新老师在第一年必须站稳讲台，抓好教学质量，这样才会更有说服力。作为新老师，对学生不了解，对教材不熟悉，对教学方法没把握，刚开始也会出现较多的错漏，这是新手的必经之路。但是这个新手期可以通过资深教师的指导来尽量缩短。作为新老师，也要经常去听不同老师的课，看不同教师的教学风格，看他们对教材是如何处理的，如何调动学生学习的积极性等，新老师需要学习的新知识很多，也需要开发很多教师"技能包"。入职第一年也是快速成长的一年，不管多辛苦都是值得的。对于教学的指导，更多是依靠各备课组老师，要教导新教师多虚心学习。给新老师配备一位严格的指导老师是十分有必要的，指导老师必须要求新老师们每周或每月写教学总结和反思，或者是听课的心得。从教材、教法和对学生的了解等方面写反思，坚持一年后，新老师基本可以站稳讲台。在高一这一年，我们还制定了新老师之间互相听课的要求。不同的科目去听课可以从不同的视角发现不同的问题。而我们的听课主要是找问题，并提出针对问题的建议，提高新教师的教学水平。一年下来，新教师们的教学水平都得到了很大的提升。他们也敢于承担校内外的各类公开课，成了备课组内的重要力量，达到了共生共赢效果！

三、做好班级管理，师生共生共进

根据以往的习惯，新老师都安排在高一年级，且都要担任班主任。这对他们来说是一个挑战，毕竟要同时抓好教学和班级管理对新老师的要求很高。如何管理好一个班？如何让班级很好地高效运转？这需要方法、需要经验、更需要班主任针对班级情况做更多的思考。为此，我们让新班主任在本年级内部自由选择班主任导师，平时遇见常规的班级问题，可以立即请教经验丰富的老教师。如果是遇到较大的问题不能处理，则在班主任集体会议上研讨，商量出解决方法后落实。例如，遇到高一新生不适应新环境和新老师怎么办？针对这一问题我们坚持一切从学生的实际出发思考问题，给每位新生发一份"高一新生开学事务一览表"，让每一届新高一班主任借鉴并使用。在每周一次的班主任例会中，我们会针对年级的情况，提前两天把问题发给全体班主任，让大家可以根据本班的情况先进行思考。在会议上，让新班主任先发言并提出解决问题的方案，老班主任再作补充。按照这个模式开例会，新班主任们迅速成长，最重要的是学到了发现问题并解决问题的方法。

集体的力量帮助我们解决了大部分班级的管理问题，年轻人也得到了的成长，后面班级的管理就越来越顺利。新班主任们在高一的依靠年级进行管理，到高二就已经可以完全独立地管理班级，大家都顺利地完成了新教师过渡期，有的新教师还取得了优异的教学成绩和班级管理业绩，被评为顺德区优秀教师或者伦教街道的优秀班主任等。

四、协助年级工作，达成共生共赢

2018级是广东新高考选科走班的第一届学生，没有任何经验可以借鉴，唯有摸着石头过河。高一第二学期具体的选科政策出台后，年级需要做大量的工作如召开全体家长会议、学生会议和教师会议，进行选科分班调研，进行班级和宿舍调整，解决走班上课出现的各类问题等。很多工作都需要提前思考并做好安排，更需要研究和解决新问题。幸运的是，新教师的思维活跃，想法也很新颖，再结合资深班主任的建议，年级和班级在面对新问题的时候，都能找到解决问题的办法。例如，2018级的高一新生按新高考要求进行"3+1+2"的选科。选完科后一个星期内就陆续收到了50多人要换"四选二"科目的申请书，理由五花八门，有不适应新班主任和新老师的，有说对科目不感兴趣的，有说班级没有自己的朋友的，等等。为了稳定年级军心，我们需要用"头脑风暴"解决问题。为此，需要特意召开班主任会议汇总学生情况并思考最好的应对方案。新班主任们更是精心地对学生进行调查问卷，汇报学生情况。经过讨论，大家一致认为如果学生一提出调整科目的意愿就立即做出调整，势必会影响其他的学生，刚稳定下来的班级又会被打乱，会严重影响班级建设，同时也不利于年级工作的开展。为此，我们讨论出了一个较好的方案：一个月内所有学生都是试读，一个月后再提交调整科目的申请，而且每个学生只有一次调整的机会，需要家长和班主任签名核实。最终，本年级只经历了一次的选科调整，后面就再也没有人提出要调整选科了。

到了高二，合格考试是年级的工作重点。因为合格考不同于以往的学业水平考试，合格考要求全体学生都要参加六科考试，且排名最后2%的学生被视为不合格，必须重考。高二的第一学期考四科，第二学期考两科。学校要求全体学生要一次性通过合格考，高三不对合格考安排时间，而是全力备战高考。为此，年级做好了精心的安排：合格考考前两个月进行四次全年级学生的大考，第一次考试后每个科目都选取排名靠后15%的学生安排集中培训和补考，第二次考试后则选排名靠后10%的学生进行针对性复习和补考，第三和第四次考试后选5%的学生做最后的冲刺训练。所涉及的学生和老师安排都精确到具体的名单、时间和地点。经过四次大考的历练和有针对性的查漏补缺工作，在最后的合格考成绩公布后，本年级所有学生都一次性通过了六科的合格考，为接下来备考的学生积累了宝贵的备考经验。

五、总结反思经验，提升综合素养

作为一名新教师，教学遇到问题需要写教学反思，班级管理遇到麻烦也需要写总结反思。写反思的这个理念必须深植新教师的心里。华东师范大学著名的叶澜教授说过："一个老师写一辈子的教案不一定能成为名师，但是写三年的反思则有可能成为名师。"那什么是反思？反思就是教师对自己的教育教学工作的再思考和再认识，并以此提升个人的教育教学质量。特别是在高强度的工作下，惰性是每个人都有的。遇到问题或疑惑的时候，让他们一定写下来。自己解决不了就去请教资深老师，或者在备课组会议和班主任会议上提出来，用集体的智慧解决困难。越是艰难的事情，越要坚持做下去，最终的收获也是巨大的。同时要尽可能地给新教师提供更多的展示平台，让他们在磨炼中得到更好的成长。

培养新教师，是一项十分有意义且责任重大的工作，既可以培养骨干力量为学校的发展提供新动力，又能让自己的一些有利思想和教育方法得到传承。以三年作为一个周期完成对新入职教师的系统性培养，着眼于教师发展的整体性。用三年循环熟悉教学和考试要求，熟悉高中生三年的成长与变化，熟悉不同阶段的教育教学规律。通过三年连续性培养和指导让年轻教师快速成长，有利于他们自身的发展、年级工作的开展，更能让学校保持青春和朝气、迎接新的挑战。全体教师团结一心、一起奋斗，定能共生共荣，共创属于大家的美好。

（刘伙明　佛山市顺德区伦教中学）

第五章

寓言故事蕴含的哲学思维

巧用寓言故事，助推班级管理

寓言故事，因其结构简单，文字简短，多用借喻手法，富含讽喻意义或深刻哲学道理，有很强的吸引力，备受人们喜爱。作为一名班主任，应该适时运用寓言故事进行思想教育和价值引导，培养学生形成正确的世界观、人生观、价值观，让学生在简练明晰的故事中领悟生活、感悟人生，让正确的思想观念在学生心头扎根并且付诸行动。

记得当年接手高一年级的一个班，分班时都是平行班，由各个班主任抽签选班，班主任和学生都是第一次接触，通过开学初的军训、学校规章制度学习等系列教育活动，一个团结紧张、积极向上的班集体初步建立起来了。但是，仍有一些小问题，如中午或晚上风扇未关、教室门没锁、出操人数不齐、垃圾没倒等，在学校每周班级德行量化评比中屡屡被扣分，让我意想不到的是学校运动会举办在即，报名活动不踊跃。如何优化班风班纪，争创先进班级集体？那段时间我日夜思考对策，于是策划了一系列"我为班集体争光"的主题教育活动。其中一个活动就是"讲故事，明道理"，故事题材不限，要求围绕增强学生协作意识和集体观念，有教育意义。每个小组推荐一名选手，全班同学无记名投票，选出三个最佳故事。我作为班主任也分享了一个故事：

三只老鼠一同去偷油喝。到了油缸边看，油缸里的油只剩下薄薄一层，可是缸身太高，谁也喝不到。于是它们想出办法：一只咬着另一只的尾巴，吊下去喝。第一只喝了，上来，再吊第二只下去……并且发誓，谁也不许存半点私心。

第一只老鼠最先吊下去喝，它在下面想："油只有这么一点点，今天总算我幸运，可以喝一个饱。"第二只老鼠在中间想："下面的油是有限的，假如让它喝完了，我还有什么可喝的呢？还是放了它，自己跳下去喝吧！"第三只老鼠在缸边想："油很少，等它俩喝饱，还有我的份吗？不如早点放了它们，自己跳下去喝吧！"

于是，第二只放了第一只的尾巴，第三只放了第二只的尾巴，都只管自己抢先跳下去。结果它们都落在油缸里，永远逃不出来。

学生对我的寓言故事发表看法后，我进一步指出，任何事物都是整体和部分的统一，整体与部分相互联系、密不可分，要求我们树立全局观念，立足整体，统筹全局，选择最佳方案，实现整体的最优目标；同时必须重视部分的作用，搞好局部，用局部的发展推动整体的发展。三只老鼠偷油的故事蕴含着深刻的哲理，它告诉我们，不愿意帮助别人的人，同样得不到别人的帮助。希望同学们乐于助人，团结友爱，发扬中华民族优良的美德。每个同学都是班级集体的一分子，先进班级集体的建设需要同学们贡献出自己的一份力量！在学校学习、班务、舍务等各方面都需要团结协作，才能把事情做得更好。请同学们记住："一个人的努力，是加法效应；一个团队的努力，是乘法效应。"这就是团队的力量！

同学们回以热烈的掌声，表达对老师所述观点的认同。这让我深深体会到相对于枯燥的说教，寓言故事也许更易令人接受，更能潜移默化地将知识与道理传达给学生，从而起到意料不到的良好教育效果。

（刘作彪　佛山市顺德区龙江中学）

班级管理切不可"揠苗助长"

从前宋国有一个农夫，嫌自己田里的秧苗长得太慢，整天忡忡忧忧。有一天，他又荷着锄头下田了，他觉得稻苗似乎一点也没长大，于是苦心思索着有什么办法可以使稻子长高一点。忽然，他灵机一动，毫不犹豫地卷起裤管就往水田里跳，开始把每一棵秧苗拉高一点。

傍晚，农夫好不容易才完成他自以为聪明的杰作，得意扬扬地跑回家，迫不及待地告诉他太太说："告诉你一件了不起的事，我今天想到一个好点子，让咱们田里的稻苗长高了不少。"农夫的太太半信半疑，就叫儿子到田里去看究竟是怎么回事。儿子听到家里的稻子长高了，兴奋地飞也似的跑到田里去看。这时，他发现稻苗是长高了，但是却一棵棵低垂着，眼看着就要枯萎了。

揠苗助长的故事蕴含着哲学智慧。第一，客观事物的发展自有它的规律，纯靠良好的愿望和热情是不够的，很可能效果还会与主观愿望相反，"欲速则不达"。第二，人们对于一切事物都必须按照客观规律去发挥自己的主观能动性，才能把事情做好。反之，单凭自己的主观愿望去做，即使有善良的愿望、美好的动机，结果也只能适得其反。

一个有心、有行、有方法的"智慧"型班主任，如能将揠苗助长蕴含的哲学智慧运用到班级管理，可以更好地为孩子们的成功奠基。

一、制订整体计划，班级管理运作科学有序

（一）制订整体计划

整体计划是指对初中三年的整体设计。依据时代发展的要求，符合"为党育人，为国育才"需要，符合初中生的特点，落实"三年一盘棋"理念，提出管理的宏观目标。比如，聚焦学生三年后的成长，为孩子终身发展服务，三年内建立一个团结向上、全面发展、健康活泼的班级集体。

总目标确立之后，积极地探索，尝试以一个比较科学缜密的行动方案指导前进，预判漏洞，规避错误，拥抱未来。在每个目标下又把内容切分为若干方面，从而构成"初中三年班级管理目标一览表"。值得注意的是，学年、学期目标要有层次梯度，由低到高，由易到难，逐步深化，目标尽量切合学生的实际水平，切莫拔苗助长，拉牛上树。

（二）制订阶段计划

"未雨绸缪早当先，居安思危谋长远"，不打无准备之仗。开学前就做好充分的准备，为下个学期的班级管理作好谋划，对下个学期可能遇到的各种波折做好最扎实的准备，心中才有底气应对未来发生的各种变故，才能在处理各种突发事件时游刃有余，为自己赢得更多的机会，为未来铺就一条阳光大道。

二、组成领导核心，实现管理科学化程序化

组成强有力的班级领导核心，制定科学的班纪班规，实现班级管理制度化、科学化。

第一，组成强有力的班级领导核心。班级管理中，最重要、最关键的因素，

是在班级管理中起决定性作用的领导团队。班长是班级的灵魂人物，是班级舆论的风向标，是班级正向价值观的传播者，也是班级管理框架之中的支撑者。如果说班长是班级管理框架里的擎天柱，那么学习委员、纪律委员、宣传委员、劳动委员就是班级管理框架之中的四根定海神针。管理者必须要"强势"，是因为刚上初中的孩子，自我管理能力比较弱，心智还不成熟，在自我控制能力形成之前，需要外部推动。如果管理者性格柔弱，多数孩子是不会买账的。

第二，制定科学合理的班纪班规，依"法"治班。利用班会时间让学生讨论班纪班规，给他们参与班级管理的机会，让他们意识到自己是班级的主人，然后再结合学校常规管理方法，结合本班学生的实际情况制定出了适合自己班的班规。有了新教学理念，再执行好班规，班级的管理才会井井有条。

三、学生自我管理，达到班级管理自动化

当前，"双减"政策下，需要树立现代的全面素质教育思想，实现"班级自动化管理"。《史记》有云："虽不能至，然心向往之。"虽然是"理想"，但我们希望能通过努力更接近理想。规范而有序的学习生活从养成教育开始，发挥小组长的作用，让更多学生参与班级管理，合理利用"小礼物"，激发学生热情，强化好习惯，利用好班级文化和微信公众平台，对自己近期的行为做出评价，利用班级微信公众号，给学生一个锻炼自己的机会和展示自己的平台。班级管理更上一层楼，培养成就了学生，而班主任也相对轻松，既注重课堂教学，又加强课外活动，促进学生全面发展。

（江海平　佛山市顺德区容桂四基初级中学）

把握转化条件，促进学生向好发展

靠近边境一带居住的人中有一个精通术数的人，他们家的马无缘无故跑到了胡人的住地。人们都前来慰问他。那个老人说："这怎么就不能是一件好事呢？"

过了几个月，那匹马带着胡人的良马回来了。人们都前来祝贺他们一家。那个老人说："这怎么就不能是一件坏事呢？"

他家中有很多好马，他的儿子喜欢骑马，结果从马上掉下来摔得大腿骨折。人们都前来安慰他们一家。那个老人说："这怎么就不能是一件好事呢？"

过了一年，胡人大举入侵边境一带，壮年男子都拿起弓箭去作战。靠近边境一带的人，绝大部分都死了。唯独老人的儿子因为腿瘸的缘故免于征战，父子得以保全生命。

"塞翁失马，焉知非福"的故事包含着深刻的哲学道理：事物具有两面性，我们要用一分为二的观点看待事物，在一定条件下，事物的好坏是会互相转换的。班主任对班级的管理应该用积极的心态应对事物的不同变化。

一、用爱心感染学生

作为班主任，关心学生就应该像关心自己的子女一样，既要关心他们的生活、健康，还要关心他们是否懂得学习的方法。了解学生的喜好，从而拉近与学生之间的距离，形成良好的师生关系，成为孩子的良师益友。要从有利于学生成长的角度，用包容的心态来看待学生的错误，教会学生把错误变成成长的财富。对于学生在学校的饥寒冷暖、喜怒哀乐几乎事事关心。学生生病时，带他去看病，家长感激，学生感动，我认为：这些看起来很平常的事，是一个班主任最基本的工作，也是一个班主任爱心的具体体现。

二、善于做学生的思想工作

班主任一直把思想工作当作班级工作的首要问题来抓。学会与学生谈心，因材施教，充分发掘学生的闪光点，经常利用班会课对学生进行身心教育，帮助学生澄清思想上的模糊认识，提高学生的思想境界；充分利用课余时间和有关学生谈心，及时对学生进行有针对性的教育；积极开展理想教育、感恩教育、养成教育等各种行之有效的教育活动，让每个学生找到目标、树立理想，挖掘他们的潜能，激发他们的斗志！班级常常开展活动，充分利用各种节日给学生创造一些仪式感，减轻他们的压力，让学生快乐成长。

三、善于动员和激励学生

班主任必须明确学期任务，做好思想工作，让孩子心中有一杆秤；学会正确关爱学生，构建温馨班级，让孩子慢慢地获得自我成就感，营造和谐氛围，及时发现问题，充分发挥学生在班级管理中的主体地位，让学生真正成为班级的主人，培养学生的主人翁意识并利用好班级小帮手。了解每一位学生，做到知人善任，并且定期举行班干部例会，制定加分、贴星、班级货币等激励措施。

四、善于做后进生的转化工作

首先，与任课老师以及生活老师及时沟通，全方面了解学生近况；其次，要舍得在学生身上投入，付出一定会有回报，以身作则，给学生树立榜样；再次，通过日常小事，建立起学生对老师的信任；最后，还要善于挖掘学生身上的闪光点，打造班级高能量场，让学生处在一个自信而又积极向上的氛围中。

五、做好联系班级和任课老师的纽带

班主任必须有意地向学生介绍任课老师的一些优点。如性格、爱好、特长、教育教学方面的成绩等，以博得学生对任课老师的尊敬和信任，使他们因尊其师而重其教。同时自己要与任课老师密切配合，要经常与任课老师取得联系，以了解学生的特长、爱好，课堂纪律如何，学习态度如何，能否按时按量完成作业等。对于这些，班主任心底都要有数，因为这样有利于更好地、恰当地抓好班级工作。

六、做学生和家长的朋友

班主任是联系学校、家庭、社会的纽带。充分做好家长的工作，通过电话、微信、家访、家长会等方式加强与家长之间的沟通，外塑良好形象，赢得家长的信任。

班主任要有正确坚定的育人方向，创新班级管理的方法，遵循学生的成长规律，尊重学生的成长差异，善于掌握转化学生的条件，做好学生成长路上的贵人，为党育人，为国育才。

（江海平　佛山市顺德区容桂四基初级中学）

善用"破窗效应"，优化育人环境

研究犯罪学的专家凯琳曾注意到一个现象：在她上班的路旁，有一座非常漂亮的大楼。有一天，她注意到楼上有一扇窗子的玻璃被打破了，那扇破窗与整座大楼的整洁美丽极不谐调，显得格外刺眼。又过了一段时间，她惊奇地发现：那扇破窗不但没得到及时的维修，大楼上反而又多了几个带烂玻璃的窗子……

这一发现使她忽有所悟：如果有人打坏了一座建筑物的窗户玻璃，而这扇窗户又得不到及时维修的话，别人就会受到某些暗示性的纵容去打烂更多的玻璃。久而久之，这些破窗户就给人造成一种无序的感觉。其结果是：在这种麻木不仁的氛围中，犯罪就会滋生。这就是凯琳著名的"破窗效应"理论。

"破窗效应"蕴含着深刻的哲学道理，对班主任加强和完善班级建设有着十分有益的启示。

一、及时制止歪风邪气，优化育人环境

唯物辩证法告诉我们，任何事物的发展都是内因和外因共同作用的结果，内因是事物发展的根据，外因是事物发展的条件，外因必须通过内因才能起作用。这要求我们在分析事物发展的原因时，要着重抓住事物发展的内因，又不能忽视事物发展的外因，坚持内外因相结合的观点。要对外因作"一分为二"的分析，反对割裂内外因辩证关系，忽视内因在事物变化中的根本作用而一味强调外因的重要性；反对单纯强调内因的决定作用而忽视外部条件在事物变化中重要作用。"破窗效应"体现了外因对事物变化发展的重要作用。由于第一块"被打破的玻璃"没有及时修复，第一个"打破窗户"的人没有得到应有的惩罚，于是，在这种"环境的暗示和诱导下"，就会有第二个、第三个乃至更多的人违章操作，屡禁不止，致使校纪班规制度有如"稻草人"成为摆设，正所谓"小洞不补，大洞吃苦"。"破窗效应"理论强调的是利用外在的环境来教育人，因为环境具有强烈的暗示性和诱导性。把"破窗效应"理论运用到班级建设，就是必须高度重视藐视纪律甚至放任违纪发生的危害并全力制止，构建人人自觉遵规守纪的良好环境。就一所学校而言，当学生处于一个优雅、整洁的环境中，环境就会给我们一种不自觉的暗示：这里不能随地吐痰，不能随手乱扔纸屑果壳；当学生处于一个上课认真听讲、课下不追逐打逗、人人以班级荣誉为重的班级环境中，这种气氛就会给我们一种不自觉的暗示：这里是学习的地方，不能破坏学习氛围，不能损坏班级荣誉。反之，如果地面有一张废纸没及时被清理掉，有学生违反课堂纪律没有得到制止，"破窗效应"就出现了，就会有越来越多的学生乱扔废纸屑及出现课堂违纪行为，我们好不容易建立起来的美丽校园环境和良好课堂秩序就会被破坏，学生就失去了能够安心学习的氛围。

再如，考试是学生经常面对的事情，考风不正则学风必然不佳，普通班尤甚！班主任如果不重视狠抓考风，会使作弊之风越演越烈，造成大面积泛滥。

因为刚开始时学生可能厌恶作弊之人，但是当看到其长期不劳而获之后，心理也会不平衡，一试成功之后便容易一发而不可收。长此以往，弄虚作假之风盛行，勤学苦学之人寥寥无几，教学质量必将"一泻千里"。

二、重在预防，及时堵住管理漏洞

量变和质变是事物变化发展过程中两种不同的状态，事物的发展总是从量变开始的，量变是质变的必要准备，质变是量变的必然结果。质变又为新的量变开辟道路，使事物在新质的基础上开始新的量变。事物的发展就是这样由量变到质变，又在新质的基础上开始新的量变，如此循环往复，不断前进。这要求我们积极做好量的积累，为实现事物的质变创造条件，反对急于求成的错误倾向。"破窗效应"告诉我们这样一个道理：如果社会上出现一种不良现象，同时对这种不良现象不闻不问、不及时加以纠正阻止，那么就可能暗示人们这种不良现象是被允许的，从而导致更多的人"去打烂更多的窗户玻璃"，即这种不良行为会在社会上蔓延开来，从而造成社会的无序，阻碍社会的发展。所以我们必须及时发现那些看起来是偶然的、个别的过错，及时纠正和补救正在发生的社会问题。这启示我们要注意事物量的变化，重视积累，防微杜渐。在日常班级管理中，一旦发现问题，我们要及时补救，马上处理，堵塞管理漏洞，避免"破窗效应"对学生的负面影响。千万不能放任，使班级处于疏于管理甚至失控的状态，从而影响到学生的健康成长。所以只有把问题扼杀在萌芽状态，才是正确的选择。

为此，班主任一要让学生树立"违纪无小事"的观念，绝不当"破窗"者，增强"护窗"的自觉性，养成遵规守纪的好习惯。二要严惩"第一个破窗"者及其之后的犯规者，维护校纪班规的严肃性。违纪不究，只能是养痈遗患；违纪必究，才能以儆效尤。违纪者即使没有造成严重后果，也应"小题大作"，给予必要的惩处，才能使规章制度得到不折不扣的执行。三要及时"补窗"。它包含两层含义，第一层指必须认认真真地加强日常行为监督检查，及时并善于发现"破窗"，切不可使检查成为例行公事，敷衍塞责。第二层指要举一反三、"亡羊补牢"，弥补原来规定之不足，进一步健全完善规章制度，使"窗户"无懈可击。

总之，班主任要加强心理学理论学习，并善于运用"破窗效应"等理论教育引导学生，从而避免学生的"破窗"，让其茁壮成长。

（刘作彪　佛山市顺德区龙江中学）

"一粒沙子"与培养学生良好习惯的哲学思考

有一位长跑运动员比赛经过一片沙滩时，鞋子里进了不少沙子，为了赶时间，这位运动员匆匆倒掉鞋里的沙子后就继续赶路。但鞋子里还有一颗沙子，虽然走路时有些不舒服，为了不耽误时间，他并没有选择倒出这颗沙子，而是继续往前奔跑。过一段路程后，他的脚被这颗沙子磨破了以至于不能前进，最后他与胜利失之交臂。

故事中的运动员目标是要赢得比赛，速度是他所要关心的事情。但是影响速度或者说影响他的比赛成绩的，除了运动员本身的体能状况、天气、路况等，还有其他很多细小的事物，例如鞋子里面的沙，假如处理不好，都会成为影响成绩的一大因素。

唯物辩证法认为，世界是一个普遍联系的有机整体，任何事物都与周围其他事物有着这样或那样的联系；任何事物的变化发展都是量变和质变的统一，量的积累到达一定的程度必然会导致质变。沙子虽然是微不足道的小东西，不清除，短时间只会感觉有一点点不舒服，但是长时间任由其存在，不断与脚摩擦，最终会把脚皮磨破。因此，不要忽视一些细小的危险因素的存在，所谓千里之堤溃于蚁穴，一些看起来微不足道的事情不及时处理，积累起来的危害是滔天的。

在平时教学中，学生也会遇到类似的看起来微不足道，但是却影响大局的坏习惯，如写作业拖拉不专注，没有对资料进行整理，课堂只动耳朵和嘴巴不动笔等，这些坏习惯会导致学习效率低下，学习效果差，成绩越来越落后，因为成绩落后而慢慢失去学习信心，甚至变成问题学生。教育家叶圣陶先生说："什么是教育？一句话就是要养成良好的学习习惯。"多一个好习惯，学生心中就多一份自信；多一个好习惯，人生就会多一份成功可能，多一个好习惯，生命中就多了一份享受美好生活的能力。

为了有效培养学生的良好行为习惯，我们要以哲学思维为指导，找出上述问题的根源，有针对性地采取措施去解决，并巩固效果。

一、用求实思维找到学生坏习惯的根源

世界的本质是物质的，物质决定意识，意识是对物质的反映。这就要求我

们想问题办事情要从客观存在的事实出发，实事求是，做到主观与客观具体的统一，反对主观主义。

为什么会出现学生找不出资料的现象呢？老师很容易在主观上认为是学生对本学科不重视，学习态度不好，甚至是因为学生对自己有意见，不服从管理。但客观上看，排除滥发滥印资料的现象，随着教学的深入，时间长了发给学生的资料必然也会多。资料多而没有及时整理，需要时不能及时找出来虽然不正确，但也是正常的现象。从学生的角度，客观来说，资料太多了又没有养成及时整理的习惯，或者缺乏整理的方法指导，关键时刻不可能立刻就找出来。主观来说，平时没有养成收拾整理的习惯，面对茫茫资料，缺乏寻找的动力也是正常的反应。所以，问题的根源在于学习资料的数量太多与整理工具的提供和方法训练没跟上来。

二、用运动与静止的思维提出培养好习惯的办法

马克思辩证唯物主义认为，一切事物都处在运动和变化之中，我们要坚持用变化发展的眼光看问题。有问题不是问题，如何解决问题才是问题。如果面对学生资料不能及时找出来这种情况，老师只是一味地指责，开始学生可能会担心老师批评惩罚而加快找资料的速度，但是该找不出的还是找不出。次数多了，老师的批评对学生不仅没能起到该有的督促作用，反而会产生逆反心理，老师越催，学生就越慢。

所以当问题出现时，要相信学生的行为是能通过训练得到改正的。此外，要对症下药，班主任可以建议各科老师适当控制资料发放的量，更好的办法就是教会学生资料整理的方法，把对学生的指责变成指导。

第一步，按学科分类。使用文件袋以学科为单位，一科一个文件袋，每次课后把该科的资料放到文件袋里，这样就不会再出现在茫茫试卷堆中"寻宝"的情况，起码上语文课，翻出数学试卷的概率就小很多了。

第二步，把学科试卷按功能分类。常见类型有日常练习卷、定期考试题、知识归类整理类。确实不知道怎样分的，就都放到其他类去吧。到了初中，学生的知识变多了，需要经常梳理，这时候脑子也好似一个抽屉，学生需要有一个好的习惯，把知识梳理好。养成物品的归类思维，可以让学生培养出对于知识的归类能力，这种能力对于初中段的学生来说挺重要的。

第三步，把试卷按时间顺序叠放。让学生养成刚刚用完的资料放上面的习惯，这样时间长了之后，到学期末，又变成基本按学习顺序整理好的学科资料了。

三、用适度思维促成学生良好习惯的养成

怎样才能促使学生积极去做，把这些小方法付诸行动，变成习惯？行为心理学研究表明持续3周以上的重复会形成习惯，3个月以上的重复形成稳定的习惯。

量变和质变是事物发展过程中两种不同的状态，量变是质变的必要准备，质变是量变的必然结果；量变在一定的范围和限度之内，使事物保持其原有的性质，所以对于这些习惯的养成，我们要坚持适度的原则，将哲学思维与心理学的操作方式结合，让学生在老师有意识的组织下重复行为，养成习惯。

心理学的刺激反应论认为，将示范、教导、奖励和惩罚结合起来能让儿童学习复杂的行为。儿童心理的发展是行为的习得与改变，是经验的积累。所以在习惯养成的初始阶段，宜采用示范的方式，告诉学生怎样的做法才是正确的，然后手把手地教，反复检查、纠正，对于表现得好的学生可以张榜表彰以起到榜样效应。在习惯培养过程中，要把定时检查与突击检查结合起来，把个人表彰与集体荣誉结合起来，让学生在不断激励中形成正确的行为反应，多次训练，让学生把这些行为变成自身的习惯。习惯基本养成后，要偶尔提醒，防止时间长了后，习惯被弱化。

四、用对立统一的思维找到学生的良好习惯养成点

矛盾就是对立统一。任何事物都有既对立又统一的两个方面，矛盾存在于一切事物中，并且贯穿于每一事物发展过程的始终，即事事有矛盾，时时有矛盾。而对于矛盾的发现与处理，正是进步的契机。

在教学中类似的不起眼但是影响大的坏习惯还有很多。例如，讲评试卷时，一些常见的知识点、易错点，老师反反复复在讲，学生反反复复做错。破解方法就是让学生养成用不同颜色的笔更正试卷的习惯：第一遍答案用黑色做，经过小组合作讨论出来更正的答案用蓝色的笔，老师公布结果更正的用红笔。通过用不同颜色的笔呈现，更好地解决从"讲"到"会"之间的矛盾。

因为书写潦草的习惯，导致考试成绩提升受阻；由于语言不文明的习惯，导致学生冲突的发生；由于对学校规章制度不了解，学生触犯违纪的红线而不自知……作为班主任，如果不在预防上下功夫，而是把自己变成灭火队员，哪里有火往哪里跑，就会处于被动的状态。伏尔泰也说过，使人疲惫的不是远方

的高山，而是鞋子里的一粒沙子。所以，及时察觉鞋子里的小沙粒，及时清理，才能更好地带着学生攀登远方的山峰。结合实际，培养学生良好的学习习惯，才能更有利于学生的终身发展。

（何玉芝　佛山市顺德区北滘镇君兰中学）

底线思维助你避免"冲动的惩罚"

有一头驴子和一头野牛，它们是关系不错的好朋友，经常一起出去玩耍、寻找食物。这一天，它们发现了一个大果园，果园里不仅有鲜嫩的青草，还有甘甜的果子。于是，驴子和野牛避开负责看守的园丁，偷偷地溜进了果园，在果园里面大快朵颐，一会吃草，一会吃果子，在远处偷懒的园丁竟然完全没有发现。

在把肚子吃得滚圆之后，兴奋的驴子突然来了兴致，想要引吭高歌，以表达自己的高兴和满足之情。野牛赶紧劝阻它，说道："我说，老朋友呀，咱在这个危险的地方，还是忍耐一下吧，等出去后你再唱，到时我一定做你最忠实的听众，拜托了！"

驴子却听不进去，说道："我现在真的是太想唱歌了，这也是我最大的爱好，作为朋友，你应该无条件地支持我才行呀！"野牛回答："是是是，我是要支持你，问题是你一唱，肯定会惊动园丁，那时我们就麻烦了，很可能会被他抓住，要么沦为家畜，要么成为人类的桌上餐，结局会很悲惨呀！"

然而，驴子的情绪已经忍耐不住了，它觉得野牛不够朋友，根本不能理解自己现在的心情，于是就说道："在我看来，天底下最享受的事情，不是食物，而是音乐，遗憾的是你五音不全，对音乐一窍不通，要不人们也不会说对牛弹琴了，我现在真是后悔，怎么和你交了朋友……"

最终，驴子还是没有听进去野牛的忠告，扯开嗓子，就唱了起来，结果，园丁被惊动后，叫来伙伴，带着工具，把它们全逮住了。

在这个故事中，驴子在吃饱肚子之后，想要通过唱歌表达一下兴奋和满足之情，以及它对唱歌的热爱，这都是可以理解的。但是，为了一时情绪的宣泄，而不管场合，也不顾朋友的警告，肆意放纵自己的冲动情绪，却是大错特错的，不仅害了自己，也害了朋友。

这个故事中的驴子，为了唱歌而让自己和朋友陷入危险，看起来是不可理喻的。可现实生活中，这样的人其实并不在少数。这些人常常控制不住自己的情绪，不顾场合，也不注意潜在的危险，而肆意发泄情绪，冲动行事，结果引火烧身，给自己带来麻烦和祸患，也会波及朋友。这样的人没有底线思维，没有敬畏意识。

哲学家培根说，冲动就像是一颗地雷，碰到任何东西，都会与其一同毁灭。现实生活中，我们一定要有底线思维，时刻保持沉着、冷静、理智，不可冲动行事，这就是上面的寓言故事要告诉大家的道理。

这个故事启发班主任应用底线思维控制好自己的情绪，因为情绪不仅是一种情感表达，也是一种很重要的生存智慧。在平时的班级管理中，难免会遇见很多棘手的问题，学困生、表现差的学生、各种违纪事件、班级成绩、班务管理等，总是让班主任措手不及，甚至难以面对。遇到困难，少发脾气，低下身价，在与学生的沟通中智取，低声高育。无论遇见何等棘手的事情，减少抱怨，静观其变，矮化视角，与生为友，提升修养，班主任良好的个人修养和专业素养、良好的品格特质和高雅的言行都是学生的榜样，是学生模仿的样本。

班主任情绪良好、乐观向上是建立一个阳光、幸福、魅力班级的重要维度。班主任控制住自己情绪，才能避免因为情绪失控而带来的麻烦和祸患，甚至化险为夷。相反，如果控制不住自己的情绪，冲动行事，那么，结局恐怕就会和故事中那头驴子一样了。

（江海平　佛山市顺德区容桂四基初级中学）

给荒芜的土地种庄稼的哲学寓意和应用

一位哲学家问他的弟子："你们将如何除掉旷野上的杂草呢？"一个弟子说："用手拔掉即可。"另一个弟子答道："用铲子铲掉会省力些。"第三个弟子回答得更干脆："用火烧最为彻底。"听完弟子们的回答，哲学家说道："那好吧，你们就各自按照自己的方法除去一片杂草，一年后我们在这儿再相聚。"一年后，学生们再次来到这里时，那里已不再是杂草丛生，而是长出了一片庄稼。这时候，弟子们看到哲学家留下的字条，上面写道："要想除掉旷野里的杂草，方法只有一种，那就是在上面种上庄稼。"

上述哲学寓言告诉我们，让灵魂无纷扰的最好方法，就是用美德去占据它。驱离假恶丑的最佳办法，是植入真善美。以马克思主义哲学的矛盾思维看来，任何事物都包含对立统一的两个方面，矛盾双方既相互排斥、相互对立，又相互吸引、相互转化。正是因为矛盾双方既对立又统一，由此才能推动事物运动、变化和发展。为此我们要用一分为二的观点看问题，善于把握和利用矛盾双方转化的条件和效果，促进事物向我们希望的方向变化发展。

学生本身的行为与外在的规则要求之间存在矛盾。这种矛盾反映在班级管理中，就是学生自己本身的惰性与班级学校规章制度之间的相互对立、相互融合。人本身都有惰性，或者说，人都有趋利避害的本能，都希望自己活得舒适，所以往往学生会为了让自己舒服，而迟到、值日时偷懒、不倒垃圾、自习课讲话、上课看课外书或睡觉、打架、吸烟甚至欺凌同学，其实归根到底都是学生自己追求舒适的要求与集体生活和社会生活中的规则、责任之间的矛盾。

当学生出现上述情况时，老师就要进行处理，其中一种必不可少的手段是惩戒，就类似上面故事中把杂草清除的方法。在进行班级惩戒教育时，可以运用矛盾思维，从以下几个方面优化班级管理的惩戒教育，引导学生从错误中汲取营养，促进学生成长。

一、情绪与事情：厘清惩戒的对象

被惩戒的学生往往并不是初犯，有的已经多次迟到，有的昨天才提醒了要准时倒垃圾，今天又没做到……老师想到这些的时候，容易产生愤怒、失望、懊恼等情绪，心理学告诉我们，假如被负面情绪包围容易使自己的感知面收窄，容易做出或者讲出一些错误的话。例如，说一些狠话、采用威胁的方法让学生就犯、贬低学生的人格、对学生全盘否定。

所以，我们要审视一下自己，惩戒是否是带着情绪进行的？是否对这个被罚的学生带着偏见？是在惩戒他这个人还是惩戒他所做错的事？往往惩戒之前还会伴随着批评和教育，这时候，你批评教育的是他这个人还是他做的事？不要带着情绪惩戒学生，不要因为学生做的错事而全盘否定学生，否则学生只会越罚违纪越多，因为他的内心没有进驻新的正念，没有真正认同你的处理。

二、力度与效果：惩戒要与过错程度相当

教育部最新发布的《中小学教育惩戒规则（试行）》里规定："实施教育惩戒应当符合教育规律，注重育人效果……选择适当措施，与学生过错程度相

适应。"

在惩戒学生时，我们有时想要狠狠地罚，罚得他怕，以后就不敢再犯了。这种是希望通过"脱敏"的方法，让学生产生害怕的条件反射的结果。但是我们在日常生活中，会发现有一种奇怪的现象，就是当你对学生狠狠惩戒了之后，可能暂时学生不会再犯，但时间长了后，同样的错误会重新出现。

这是因为正所谓人向高处，人本能上对自己都会有一种向上的期望，当他自己没做作业的时候，其实内心是有愧疚的，但是假如老师用很重的手段进行惩戒，学生在接受完惩戒后，他的大脑会倾向于已经完成了任务，认为自己行为的后果已经通过惩戒得到了很好的平衡，付出了代价，不需要再进行反思，他会花更少的力气去改正，那么通过惩戒让他反省从而改正自己行为的目的就没能达到。

同时，驱使学生完成某一项任务的动力，往往是内部动机比外部动机更加持久。假如以严厉的惩戒手段使学生持续去做好，这就是一种外部动机，时间长了，反而会损害学生的内驱力，效果难以持久，甚至因为惩戒力度超过学生认知的程度的而让其心生埋怨，就更加适得其反了。

三、惩戒与成长：惩戒是为了育人

一次讲座上，一位来自香港的老师分享了他的教育小故事。他们学校是一所教会学校，几个调皮的学生在学校的耶稣像里写了"南无阿弥陀佛"，这可是一个大忌。班主任被校长批评了之后，被责令处罚那几个学生。于是那个周六，班主任就带着几个违纪的学生一起回到学校，让他们把自己写的字擦去，并且把礼堂清洁了一遍。因为知道自己的班主任由于这件事情被批评，所以学生们在清洁时都老老实实，闷不作声地干活。清洁完毕后，班主任请参加清洁的学生喝汽水，学生们当然是欢呼雀跃，其中一个学生问：老师，处罚我们还请我们喝汽水，你就不怕我们为了喝汽水再去写"阿弥陀佛"吗？老师说：那你们会吗？学生互相看看，说：当然不会了。老师说：这就对了。回来搞清洁是对你们不尊重耶稣像的惩戒，你们认真完成清洁，已经为自己的错误付出了代价。而请你们喝汽水，是对刚才大家认真搞清洁的奖励，这是两件不同的事情啊……

这个故事跟陶行知先生的"三颗糖"的故事本质上是一致的，在学生犯错的时候，惩戒只是一种手段，不是目的。是希望通过惩戒的手段让学生意识到自己的错误，树立正确的价值观，有正确的行为，只要能达到这个目的，那么就算是惩戒流程没有走完，也是可以的，而且不能为了惩戒而忽视学生的感受。如果在某个时间段，某个学生老是挨批评，他的内心是不好受的，他要么觉得这段时间比较倒霉，要么觉得管理者有毛病。这个时候，作为班主任的你得找个机会，找到他的某个亮点表扬一下，让他找回一些自信，让他感觉自己其实没有那么差，生活也没有那么糟糕，还是有好有坏嘛！即使没有机会表扬，你也要给这个孩子安排一点事做。让孩子感觉到：班主任惩戒我，不是对我这个人有成见，你看，回头他就喊我做这做那。

在惩戒中时刻关注学生的感受，这样的惩戒才有利于学生的反思、有利于矫正行为，才是有意义的。如果是为惩戒而惩戒，甚至把惩戒变成目的，为了让学生完成惩戒任务，衍生出其他的事端来，除了让自己麻烦，还会导致学生"躺平"。

就如本文提到的哲理小故事中讲到的，要土地不长杂草，最好的方法不是铲平、消灭，而是替代、植入。要让学生改掉坏毛病，就要用真善美去占据它。学生本身也是在处理自身"舒适"与外在制度约束的矛盾之间得到成长的。

四、规划与实施：惩戒要明确规则积极管教

可能有老师会问：就这样轻轻地罚就行了吗？学生就会变好了，就会不再违纪了吗？请问，上面故事里的哲人只是在土地上撒下种子，草就会自己消失了吗？中间不需要除草，不需要对庄稼施肥吗？

对学生的惩戒是没有绝招的，只有连续不断地出新招。如果想要一招走天下、一招定乾坤，这种思维是错误且危险的，有些太不尊重学生的成长过程和社会的发展规律了。

另外，也有些班主任经常充当"灭火员"的角色，跟着班级出现的问题跑。班上有 50 个学生，就有 50 种问题出现，累而被动。这是因为在带班时缺乏自己的思考与规划，有句话说："今天之所以显得毫不费力，是因为以前竭尽全力。"也有句话叫"凡事预则立，不预则废"。所以作为班主任，要提前规划，有自己的想法理念，给全班学生定好行为底线与规范，利用班会以及其他适当方式，向学生和家长宣传班规校纪，在漫长琐碎的日常中把这些规则要求贯彻落实，过程中的反复就是矛盾发展过程中的此消彼长，绵绵用力，久久为功，方能行稳致远，学生心中的"野草"才会因为庄稼的种植和维护得以清除。

（何玉芝 佛山市顺德区北滘镇君兰中学）

做一个"幸福让路者"

在一座独木桥上面，有两只羊相遇，一只白色的羊和一只黑色的羊。两只羊去的方向相反，但互不相让。白色的羊说："你给我让。"黑色的羊说："你给我让。"双方僵持不下，独木桥下面是万丈深渊，这意味着如果耗到天黑，筋疲力尽，双方都会死。

那么到底是谁让呢？很难有完美的答案。因为两只羊的基本信息都一样，很难直接决定。如果，我们再把这两只羊的信息稍微改一下。其中黑色的羊得了绝症，活不过一个星期，而白色的羊中了5000万大奖，那么谁应该让？

到底是得大奖的让路还是得绝症的让路？

唯物辩证法认为，一切事物的内部都包含两个方面。这两个方面是不同的、相互对立的，同时又是相互依赖、相互统一的。就像要过河的两只羊，两个方面存在既对立又统一的矛盾关系。矛盾双方相互贯通，在一定条件下可以相互转化。在此，舍与得、吃亏与享福就是一对矛盾，得大奖的让路，表面上是吃了小亏，但却保全了巨额财富，得绝症的看似占便宜，实际的结果与幸福程度却并不相似。

因而，答案很显而易见。当然是得大奖的让路，因为这只羊更幸福，但从辩证法的另一个角度上来说，如果两只羊同时坠入深渊，那么得了大奖的那只羊会"更亏"。所以，最后得出一个很有意思的理论："幸福让"，谁幸福谁让路。

以此类推，在我们因为一些小事争执的时候，"更幸福"的那个应该先让，因为他们起争执的时候，事件本身的价值是一样的，是矛盾的共同体，占用着彼此的时间，心情都是生气，但如果在这件事上有了"5000万的大奖"，有了更重要的大事作对比，双方失去的东西不一样，也许得奖的那个人或者说有更重要事情做的那个人会先让路，而且不会生气、没有怨言。这跟理论、人品、道德、价值观都没有关系，而是一个成本分析的问题，谁幸福，谁损失更多，谁就应该让。

班里纪律不好，我不是一味地端起班主任的权威架子，而是运用"幸福让路"，先是和班里学生商量好如何做，因为魏老师说"一个当班主任的，如果凡事都和学生商量，一定容易成功"，成功的前提是尊重他们的意愿，尊重他们的人格，把他们当作实实在在的人，而不是驯服物。在这一过程中学生想了许多办法，我们一起定下了目标，我开始激发学生进行自我教育，全班总动员，让全班同学参与管理，努力实现全员自我管理，班级全体学生人人都参加管理工作，将我的管理和学生的自我管理结合起来。把班级目标内化为学生的内在需求，通过学生内在的努力而实现。我是外因，学生是内因，外因只有通过内因才能起作用。

班主任的工作是一项非常烦琐而又艰辛的工作。班主任管理中有太多容易有争议的地方，学生早恋、追星、上学带手机、沉迷于电视或网吧、互相攀比……其实很多问题或烦恼都可以归结为"两只羊"的问题。在忧郁、焦虑、烦闷等负面情绪占据主导地位的时候都是因为我们没有看清舍与得的关系。班主任有时也要静待花开，智慧的人不会把时间浪费在明明可以退一步解决的小事上，班主任要学会做出"幸福让"，平凡的工作中不断发现新奇、新鲜、新意，才能体会到自己的教育智慧在学生身上得以验证的满足感和成就感。

无论做人还是做事，懂得"幸福让"是一种境界，所谓退一步海阔天空，退的是豁达，收获的是愉悦的心情和幸福人生。只要人人都能"幸福让"，那么大同社会也就指日可待了。

（江海平　佛山市顺德区容桂四基初级中学）

后　记

　　中小学班主任是学校管理的关键终端，是跟学生及其家长接触最多的教师，在贯彻党的教育方针、落实立德树人根本任务的教育实践中发挥着不可或缺的关键作用。班主任既要处理繁杂的班级管理事务，又要承担教书育人的使命责任，特别需要坚持正确的育人价值导向，特别需要科学世界观与方法论的指导。将马克思主义哲学这门"智慧之学"运用到班主任的教育教学实践中，构建符合新时代发展要求和学生成长规律的哲学思维体系，对于提升班主任的育人智慧和工作效率，增强班主任的责任感和幸福感，具有非常重要的意义。

　　鉴于此，我们在 2018 年 12 月成功申报《新时代班主任哲学思维体系构建的实践研究》。该课题是顺德区教育科学"十三五规划"立项的重点课题，课题批准号为 SDGH2018006。经过近三年多的研究实践，已经圆满完成了课题结题工作，现将课题研究成果整理形成本书的主要内容。

　　《哲学思维与班主任工作智慧》是一本主要面向中小学教师（特别是班主任）的通俗读物。主要介绍马克思主义哲学的主要内容、主要特征和主要功能，马克思主义哲学指导下的班主任职业观、学生观、工作智慧、德育特色，以及寓言故事里蕴含的哲学思维等。

　　本书由刘彦担任主编，陈钊、刘作彪担任副主编，刘红、颜莉燕、江海平、王玉香、何玉芝、晏清华担任编委，大家共同参与课题研究和书稿撰写等工作。对各位成员的辛勤付出，深表谢意！

　　本书的编写出版得到了单位领导和同事的大力支持，还参考了其他专家学者的相关研究成果，如韩庆祥教授的《哲学思维方式与领导工作方法》等，同时还得到了光明日报出版社的鼎力支持与帮助，在此一并致谢！